La Une

라윤 프랑스어
문법과 해석연구

이욱재 지음

어문학사

|머 리 말|

세계가 더욱 가까워지고 게다가 지식과 정보가 더욱 빠른 속도로 교환되고 있다. 그래서 외국어에 있어서도 2 내지 3개 외국어를 구사하는 것이 앞으로는 당연시 될 것이다. 특히 고급 지식과 정보를 습득하기 위해서는 제 1 외국어 이외에 제 2 외국어, 특히 프랑스어에 대한 비중이 높아져야 할 것이다. 유럽의 통합과 이에 따른 프랑스의 영향력 등의 요소가 더욱 더 프랑스어를 가까이 하게 만든다.

국제 무대에서도 한국의 위상을 높이기 위해서는 국제 외교 언어에 필수언어인 프랑스어의 실력이 수준급 이상의 구사력을 가진 사람이 활약해야 한다. 아직까지 많은 국제 전문인력이 부족한 상태에서 프랑스어는 더욱 더 그 가치가 높다 할 것이다.

이러한 실용적인 언어로서의 필요성 뿐만아니라 학문적인 가치가 있는 언어이다. 프랑스는 모든 학문, 즉 인문과학, 사회과학, 자연과학, 예술분야 등 다방면에서 선진국임에 틀림없다. 그들이 가진 지식과 정보를 우리 것으로 만들고 활용하는 데에는 깊은 프랑스어 지식이 필요하다. 이제 대학도 대학원 중심으로 운영되며, 따라서 제 2 외국어로서 프랑스어가 더욱 더 많은 비중을 차지하게 되었다. 프랑스어를 전공으로 하는 사람에게는 물론이거니와, 특히 유학이나 대학원 진학을 준비하는 사람들에와 여러가지 시험을 준비하는 사람에게 불어가 유용하다 할 것이다.

그러나 이러한 목표를 가지고 있는 사람들을 위한 관련 서적이 많이 부족한 것이 현실이다. 게다가 독해를 보다 쉽게, 보다 분명하게 정리한 책도 부족하여, 독해를 하고자 하는 이에게 많은 어려움이 있었다. 본서는 이러한 목적에 맞추어 독해에 꼭 필요한 문법, 핵심적인 문법을 따로 정리하여 독해를 더 효과적으로 할 수 있도록 정리를 하였다. 이 문법이 실전 독해에 그대로 적용될 것이다. 본서로 공부하는 모든 이에게 좋은 결과가 있기를 소망한다.

이 욱 재

|일 러 두 기|

이 책은 불어를 전공으로 하거나, 대학원에 진학을 목표로 하는
사람, 여러가지 시험 불어를 준비하는 사람들을 위하여 집필된
것이다.
이 책의 구성은 다음과 같이 되어 있다.

1. 문법은 독해에 꼭 필요한 문법내용만을 수준있게 정리하였다.
   그러므로 어느정도 문법이 정리되어 있는 사람에게 긴요하게
   사용 될 수 있다.

2. 지문 해설은 지문을 먼저 제시한 다음, 그 후에 주로 적용된 문
   법사항을 제시하고,
   〈단어〉, 〈구문 : 관용표현, 숙어〉 등을 정리하였고, 이 해설 부
   분의 백미는 바로 〈초점 : 독해 **주안점**〉의 제시와 상세한 해설
   에 있다.
   이 부분만 잘 공부하더라도 독해가 정교하게 되어 자신감을
   갖게 될 것이다.

3. 지문 독해를 할 때, 바로 〈해설〉 부분을 볼 것이 아니라, 먼저
   스스로 사전을 참조하며 독해하는 습관을 기르기를 권한다.

4. 〈해설〉 부분의 〈초점〉은 지문에 〈Bold〉체로 표시되어 있으며,
   그 순서에 따라 설명을 하였다.

| 차　례 |

● 머리말.....................................02
● 일러두기.................................04
● 독해요령.................................06
● 문장구조 파악하기.......................08

La Une 라윤 프랑스어 문법과 해석 연구

❶ 관사 11
❷ 형용사 37
❸ 소유형용사, 소유대명사 67
❹ 지시형용사, 지시대명사 85
❺ 부정형용사, 부정대명사 103
❻ 인칭대명사, 중성대명사 127
❼ 관계대명사 153
❽ 동사 185
❾ 직설법의 시제 221
❿ 현재분사와 제롱디프 253
⓫ 부정법 275
⓬ 조건법 303
⓭ 접속법 327

● 단순시제의 동사 어미변화표 353

|독 해 요 령|

번역 및 독해는 실전훈련이 중요하다.
프랑스어 문장을 사전을 이용하여 자신이 직접 고민해야 한다.

1. **첫 문장을 명확히 하라.** 연결된 앞의 지문이 없으므로 첫 문장을
   잘 해석해야, 다음에 나오는 문장과 내용을 파악할 수 있는 열쇠
   가 된다.

2. **문장구조를 분석하라.** 번역, 독해에 있어서 가장 중요한 것은 문
   장구조 분석이다. 주어, 동사, 목적어, 상황보어(부사어), 관계사
   절 등의 문장성분을 정확히 분석할 때만 정확한 독해가 가능하
   다. 물론 이것은 문법지식이 좌우한다.

3. **주어를 찾아라.** 특히 접속사이건 관계대명사이건 qui 를 제외한
   다른 관계사, 혹은 접속사 뒤에서 반드시, 제일 먼저, 주어를 찾
   아야 한다. 문어체에서 주어, 동사가 도치된 경우가 허다하며, 주
   어를 목적어로 오인하는 경우도 많다. 찾는 요령은 동사의 변화
   형에 달려있다.

4. **등위접속사를 주시하라.** 문장이 복잡할수록 등위접속사 et, ou
   의 위력은 대단하다. 이것은 대단히 많은 힌트를 제공한다. 등위
   접속사는 명사와 명사, 형용사와 형용사, 동사와 동사, 전치사구
   와 전치사구 등의 같은 기능을 연결시키므로 문장구조 분석하는

데 도움을 준다. 그러므로 문장이 복잡할수록 오히려 단순해질
수 있다.

5. **모든 상관어구를 표시하라.** 예를들면 어떤 동사가 관용적으로
요구하는 전치사, 비교의 que, c'est … qui, c'est … que 강조구
문, 최상급 뒤의 전치사 de, si … c'est que, si … que, tellement …
que 의 결과구문 등에 표시를 해서 <u>전체 문장이 시야에 들어오
도록</u> 하면, 문장의 큰 오류는 거의 생기지 않는다.

6. **대명사가 무엇을 받는지 깊이 생각하라.** 그것이 인칭대명사이
건, 중성대명사이건, 관계대명사이건 무엇인가 대신하는 단어
혹은 내용이 있으므로 그것을 잘 이해해야 <u>정확한 해석이 나올
수 있다.</u>

7. **관계대명사인지 접속사인지 구별하라.** 관계대명사와 접속사의
형태가 같은 것이 있다. que 가 관계대명사라면 앞에 선행사가
있을 것이고, 그 선행사에 해당하는 문장성분이 관계사절 안에
는 빠져있을 것이다. que 가 접속사라면 그 절 안에 빠진 문장성
분이 없다.

8. **동사시제표를 숙지하라.** 동사시제를 잘 알고 있으면 별 문제 없
지만, 그렇지 않은 경우는 시제관계를 잘 익혀두어야 한다. 최
소한 시제어미만 잘 익혀두어도 <u>시제 상호관계를 알 수 있으며,
문장 해석에 전후관계를 결정할 수 있다.</u>

| 문장구조 파악하기 |

사전에서 어휘를 다 찾아놓아도 해석이 잘 안되는 경우가 있다. 이런 경우는 대개 문장구조가 분석이 되지 않았기 때문이다. 즉 문장에서 주어와 동사, 그리고 동사에 따른 보어들의 연결관계가 명확하게 보이지 않았기 때문이다. 다음 문장을 통하여 문장구조를 분석하여 보자.

Jules Verne a écrit plus de soixante livres. La plupart rassemblés sous le titre de Voyage extraordinaire et publiés par Jules Hetzel sous des couvertures chatoyantes qui valent aujourd'hui un prix d'or.

【어휘】

écrire 쓰다	la plupart 대부분의
rassembler 모으다	publier 출판하다
couverture 책의 표지	chatoyant 반짝이는, 빛나는
valoir 가치가 있다.	prix 값, 가격 or 금

두 번째 문장의 구조를 이해하기 위해 몇가지 질문을 하자면,

1. rassemblés 가 복수로 된 이유는?
2. et publiés에서 et 는 무엇을 연결시키는가?
3. qui valent가 가리키는 것은 무엇인가? 관계대명사 qui의 선행사는 무엇인가?
4. 두 번째 문장의 주어와 동사를 찾으시오.

위의 질문들에 정확하게 답변할 수 있다면 이미 문장구조를 파악했을 것이다.

1번 질문의 답은 la plupart가 복수이기 때문이다. 원래는 la plupart des livres 였는데, 앞 문장에서 livres가 반복되어 생략되었다.

2번 질문의 답은 la plupart에 걸린다. 등위접속사 et는 앞과 뒤 같은 기능을 하는 문법어를 연결시킨다. 따라서 rassemblés와 연결시켜 la plupart에 걸린다. 게다가 수동적인 의미의 과거분사이어서, 동작주보어 par Jules Hetzel이 연결된 것이다.

3번 금값만큼 오늘날 소중한 값어치가 나가는 것이 qui 바로 앞에 있는 couvertures chatoyantes(화려한 책표지)일까? 아니다. qui의 선행사는 la plupart이다. Jules Verne가 쓴 대부분의 책들이 금값만큼이나 소중하다는 뜻이다.

4번 질문은 최종적인 질문으로 문장구조 분석이 되면 저절로 해결되는 것이다. 그런데 주어와 동사 찾기가 쉽지 않다. qui valent 이하는 La plupart를 수식하므로 La plupart를 주어로 보면 동사가 없다. 그렇다. 이 문장은 주어가 없다. 강조구문 Ce sont la plupart qui valent~ 에서 Ce sont이 생략된 문장이다. 그래서 위 문장은 주어와 동사(Ce sont)가 생략된 불완전한 문장이다.

왜 이런 불완전한 문장을 쓰는가? 완전한 문장보다 불완전한 문장이 의미를 전달하는 능력이 더 강력하다. 다음 두 문장을 비교해 보라 : 이 달의 베스트셀러 / 아래의 책들은 이 달의 베스트셀러입니다.

위 문장에서 뼈대만 연결하여 다시 써본다면 다음과 같이 된다.

La plupart rassemblés et publiés par Jules Hetzel valent un prix d'or.

La plupart	rassemblés et publiés	par Jules Hetzel	valent	un prix d'or.
주 어	la plupart 수식		동 사	

이 문장에서 주어를 강조하기 위해 〈Ce sont ~ qui〉를 적용하면 다음과 같이 된다.

Ce sont la plupart rassemblés et publiés par Jules Hetzel qui valent un prix d'or.

Ce sont	la plupart	rassemblés et publiés	par Jules Hetzel	qui	valent un prix d'or.

【해석】

Jules Verne는 60권 이상의 책을 썼다. Jules Hetzel이 〈특별한 여행〉이라는 타이틀로 모아서 화려한 책표지를 붙여 출판한 바로 그 대부분의 책들은 오늘날 금값만큼의 가치가 있다.

❶ 관사

(Les Articles)

A. 정관사 (L'Article Défini – LE, LA, LES, L')

① 세상에서 유일한 사물

　le **soleil** (태양), la **terre** (지구), la **lune** (달)

② 상대방이 잘 알고 있는 사물이나 사실

　Servez **les fruits**. (과일 드세요)

③ 한정이 된(수식받는) 어떤 특정 종류의 보통명사

　Le chien du voisin a gueulé toute la journée. (이웃집 개는 온종일 짖었다.)

④ 추상명사와 전체를 나타내는 보편적인 의미

　Les passions tyrannisent **l'homme**. (정열이 인간을 억압한다.)

⑤ 최상급 앞에서

　C'est **la plus noble conquête** que l'homme ait jamais faite.

　(인간이 이제껏 이룩한 가장 훌륭한 정복이다.)

B. 부정관사 (L'Article Indéfini – UN, UNE, DES)

① 같은 종류 가운데서 불특정의 하나(단수) 혹은 여러 개체(복수)임을
　가리킨다(카테고리).

　On a trouvé **une méthode** efficace pour cultiver **des melons** dans le
　désert.(사막에서 메론을 경작하기 위한 효과적인 방법을 발견했다.)

② 대표단수 : 이때의 의미는 n'importe quel (그 어떤), tout (모든) 의 뜻.

　Une mère peut-elle haïr son enfant? (어느 어머니가 자기 자식을 미워
　할 수 있을까?)

　Un triangle a trois côtés et trois angles. (삼각형은 세 변과 세 각이 있다.)

③ 단수에서 certain, quelque (어떤)의 뜻으로 사용된다.

　J'entends **un oiseau** qui chante. (어떤 새 한마리가 노래하는 소리가 들린다.)

C. 부분관사 (L'Article Partitif – DU, DE LA, DE L')

① 물질명사 앞에서 불특정의 양을 나타낸다.

Il mange **du poisson** chaque dimanche.

(그는 일요일마다 약간의 생선을 먹는다.)

cf. **un** poisson (생선 한마리 전체), **le** poisson (항상 똑같은 생선)

② 날씨와 관련된 명사 앞에 쓰인다.

Sortons tant qu'il y a **du** soleil. (햇빛이 있을때 나갑시다.)

Il y a **du** sable jaune dans le vent. (황사 바람이 분다.)

③ 불가산명사, 즉 물질명사, 추상명사 앞에서 막연한 부분의 뜻을 나타
낸다.

Nous avons fait **du bruit** alors que les voisins essayaient de faire **de la
musique**. (우리는 소란을 피웠는데도 이웃사람들은 음악을 연주하려 애썼다.)

cf. 1. 일반적인, 보편적인 의미의 추상명사는 정관사를 쓴다.

Le sacrifice est ce qu'il y a de plus beau au monde.

(희생이란 세상에서 가장 아름다운 것이다. – 일반적인, 보편적인 의미)

2. 명사의 종류, 성질을 나타낼 때는 정관사를 사용:보편적인 의미부가
형용사를 동반할 때는 부정관사를 사용:카테고리, 불특정의 의미

Je mange **du chocolat**. (나는 초콜릿을 먹는다. – <u>불특정의 분량</u>)

Je préfère **le chocolat au bonbon**.(나는 사탕보다 초콜릿을 더 좋아한다.
– <u>명사의 종류</u>)

C'est **un chocolat ordinaire**. (그것은 평범한 초콜릿이다. – <u>부가형용사
동반</u>)

D. de 또는 d' 로 대치되는 부정관사와 부분관사

① **분량의 DE** : beaucoup de, (un) peu de, combien de, trop de, assez
de, plus de, moins de 와 같은 분량부사의 〈de〉 뒤에 <u>무관사 명사</u>가 온다.

Les Français mangent **beaucoup de** pain. (프랑스인들은 빵을 많이 먹는다.)

② **부정의 DE** : 부정문에서 타동사의 직접목적보어로 쓰인 명사 앞에서 〈de〉로 대치된다.

Je mange **du pain**. (나는 약간의 빵을 먹는다.)

⇒ Je ne mange pas **de pain**.

③ **복수의 DE** : 〈형용사＋명사〉 앞에 오는 부정관사 des 와 부분관사는 〈de〉로 바뀐다.

J'ai acheté **de belles pommes** et **de bonnes fraises**.

(나는 탐스런 사과와 맛있는 딸기를 샀다.)

de grandes pertes (des ⇒ de), **de bonne viande** (de la ⇒ de)

cf. 1. 한 단어처럼 굳어진 표현은 예외

　　　des jeunes gens (청년들), **des jeunes filles** (소녀들)

　　2. 전치사 de 뒤에 오는 복수의 de, 부정관사의 복수형, 부분관사는 발음상 생략된다.

　　　　de ＋ (**de, des, du, de la, de l'**) ⇒ **de**

　　　　Le ciel était couvert **de nuages**. (de ＋ des ⇒ de)

　　　　(하늘은 구름으로 덮혀 있었다.)

　　　　Cette bouteille est pleine **de vin**. (de ＋ du ⇒ de)

　　3. 부정관사의 단수형은 생략되지 않고 모음축약이 된다.

　　　　de ＋ (**un, une**) ⇒ **d'un, d'une**

　　　　J'ai besoin **d'un** bon dictionnaire. (de ＋ un ⇒ d'un)

E. 관사의 생략

관사가 생략되는 것은 특별한 의미를 전달하기 위해서이다.

그러므로 해석에 많은 힌트가 될 수 있다.

① 부가형용사 역할만 하는 동격명사와, 신분, 직업을 나타내는 속사명사 앞에서.

Le lion, **terreur** des forêts. (숲의 공포인 사자)

Il est **avocat**. (그는 변호사이다.)

② 호격으로 쓰인 명사 앞에서.

Cieux, écoutez ma voix ; **terre**, prête l'oreille.

(하늘이시여, 내 말을 들으시고, 땅이여 귀를 기울일지어다.)

③ 동사나 전치사에 밀접하게 연결된 <u>동사구나 전치사구</u>(숙어)의 보어 명사 앞에서.

avoir **faim** (배고프다), tenir **parole** (약속을 지키다),

rendre **justice** (옳다고 인정하다), par **hasard** (우연히), avec **soin** (정성들여)

F. 주의 사항

① 부정문에서 부정관사, 부분관사의 사용은 강조용법이다.

Je n'ai pas **un sou**. (나에겐 단 한 푼의 돈도 없다.)

Je n'ai pas **de l'argent** à gaspiller. (돈은 있지만 낭비할 돈은 없다.)

② 부분부정이 되거나, 부정의문문이 반어적으로 쓰여 긍정의 뜻으로 쓰일 때는 부정문이라 할지라도 부분관사를 제대로 쓴다. (<u>부정의 DE</u> 는 완전부정이다.)

Je ne mange pas **de la viande tous les jours**.

(나는 매일 고기를 먹는 것은 아니다.)

cf. Je ne mange pas **de viande**.

(나는 고기를 먹지 않는다.)

Ne vous avais-je pas fait **des remontrances** à ce sujet?

(내가 당신에게 이 문제에 대해 충고하지 않았습니까?)

③ 동사구나 관용표현에서 부분관사의 용법이 확대되고 있다.

avoir **du chagrin** = être très triste (대단히 슬프다)

faire **du bien** = soulager (원조하다) (※ faire le bien 선행을 하다)

se faire **du souci** = s'en faire = s'inquiéter (걱정하다)

faire **de son mieux** = faire son possible (최선을 다하다)

avoir **du mal** à + inf = avoir des difficultés à + inf (..하기 힘들다)

1. 관사의 의미

> Si **l'épouse** gagne sa vie, le système qui **donnait** pleins pouvoirs **au mari** est ébranlé et si elle gagne plus que lui, **l'homme** se sent humilié ; il a l'impression de "perdre la face". "**L'homme** n'**épouse** pas **une femme** supérieure, parce qu'il se veut viril", me **disait** un employé de bureau.

【주안점1】 정관사와 부정관사의 의미
【주안점2】 조건의 Si, 관계대명사 qui, 반과거 시제의 의미
【어휘】
    épouse 신부, 부인   ébranler 흔들리게 하다
    humilier 모욕하다   épouser 결혼하다
    viril 남성적인   employé 사무원

【구문】
    ① gagner sa vie : 생계를 벌다
    ② pleins pouvoirs : 전권
    ③ se sentir ＋형용사 : ...하다고 느끼다
    ④ perdre la face : 체면을 잃다
    ⑤ se vouloir ＋ 형용사 : 스스로 ... 이기를 바라다
    ⑥ avoir l'impression de : ..라는 인상을 받다, ..라는 느낌을 갖다

【초점】
    ① l'épouse, le mari, l'homme, une femme : 정관사, 부정관사 단수형이
       같은 종족의 다른 모든 개체를 대표하여 쓰이는 대표단수 용법.
    ② épouser : 우리 말로는 〈..와 결혼하다〉이지만 사람을 직목으로 취한
       다. avec 를 쓰지 않는다. (＝se marier avec ＋ 사람)
    ③ donnait, disait : 반과거 시제의 의미를 알아야 한다. donnait 는 〈동
       작의 지속〉을 나타내고, disait 는 〈반복〉을 나타낸다.

【해석】

만약 부인이 생계를 번다면, 남편에게 전권을 부여하고 있었던 체계가 흔들리게 된다. 그리고 만약 부인이 남편보다 더 많이 번다면, 남자는 모욕을 느낀다. 즉, 그는 "체면을 잃는다"는 인상을 갖게 된다. "남성은 보다 뛰어난 여성과 결혼하지 않는다. 왜냐하면 남성은 스스로 남성적이기를 바라기 때문이다."라고 한 사무실 직원이 나에게 말하곤 했다.

2. 정관사와 부정관사의 의미

L'homme moderne **n'a pas tout à fait perdu** l'attachement au sol. **Il ne craint ni la pluie ni la boue** à **condition qu'il soit** à la campagne. L'achat d'une maison de campagne est pour lui **une dernière preuve** de sa personnalité et de sa liberté. Le Parisien aime avoir sa maison de campagne dans un coin reculé, sur la pente de **quelque agréable colline**.

【주안점1】 보편적인 의미의 정관사와 불특정의 부정관사의 의미
【주안점2】 접속법 soit, 등위접속사 ni, et 의 의미, 주어 il이 가리키는 것
【어휘】

perdre 잃다	attachement 애착
sol 토양	craindre 두려워하다
boue 진창	achat 구매
personnalité 개성	coin 구석
reculé 멀리 떨어진	pente 경사, 사면
colline 언덕	

【구문】

① tout à fait : 완전히 (=complètement)

② ne 동사 ni A ni B : A도 B도 ~ 않다

③ à condition que + sub : …한다는 조건으로, …이라면

【초점】

①n´a pas tout à fait perdu : tout à fait 와 함께 쓰인 부정문은 〈부분부정〉이다.

②Il ne craint ni la pluie ni la boue : 부정의 등위접속사 〈ni〉 뒤에서, 〈부정관사, 부분관사〉는 일반적으로 생략하지만, 〈정관사〉는 생략되지 않는다.

③à condition qu´il soit : 조건을 나타내는 〈à condition que〉 뒤에는 항상 〈접속법〉을 사용한다.

④une dernière preuve : dernier 가 명사 뒤에 있으면 〈지나간〉의 의미이고, dernier 가 명사 앞에 있으면 〈마지막의, 최근의〉의 의미이다.

⑤quelque agréable colline : quelque 가 단수로 쓰이면 〈어떤〉의 의미.

【해석】

현대인은 땅에 대한 애착을 완전히 잃지는 않았다. 그가 시골에 있다면 비도 진창도 두려워하지 않는다. 시골집의 구매가 그에게 있어서 그의 개성과 자유에 대한 마지막 증거이다. 빠리 사람은 멀리 떨어진 한쪽 구석에, 어떤 쾌적한 언덕의 경사 위에 자기 시골집을 가지고 싶어한다.

3. 축약관사와 관사의 생략

Les libertés ne doivent jamais être revendiquées dans l'abstrait. Certaines critiques des régimes du Tiers Monde ne tiennent pas assez compte des conséquences de la colonisation et de l'impérialisme, **ainsi que du déséquilibre** entre le Nord industrialisé et le Sud sous-développé. **C'est, en effet, l'avidité de puissance et de consommation des grands États industriels qui** a entraîné certains pays dans une situation de dépendance et d'exploitation.

【주안점1】 보편적인 의미의 정관사와 축약관사의 연결과 관사의 생략에 대한 이해

【주안점2】 부정형용사 certaines, 등위접속사 et, ainsi que, 강조구문 c´est
　　　　　 ~ qui

【어휘】

libertés 자주권, 자치권　　　　　revendiquer 요구하다
abstrait 추상　　　　　　　　　　régime 체제, 제도, 다이어트
colonisation 식민지 건설　　　　　déséquilibre 불균형
avidité 탐욕　　　　　　　　　　dépendance 종속
exploitation 착취, 개발

【구문】

① dans l´abstrait : 추상적으로
② le Tiers Monde : 제 3세계
③ tenir compte de : 고려하다, 참작하다
④ ainsi que : ..처럼
⑤ entre A et B : A 와 B 사이에
⑥ le Nord industrialisé, le Sud sous-développé : 산업화된 북반구, 저
　 개발된 남반구
⑦ les grands États industriels : 산업 강대국들

【초점】

① ainsi que du déséquilibre : du déséquilibre 는 des conséquences 에
　 걸린다.
② C´est l´avidité de puissance et de consommation ... qui : c´est ...
　 qui 강조 구문 속에 주어가 강조되고 있다.

【해석】

자치권은 절대로 추상적으로 요구되어져서는 안된다. 제 3세계의 체제에 대한
몇몇 비평들은 마치 산업화된 북반구와 저개발된 남반구 사이의 불균형에 대
해서 처럼, 식민지 건설과 제국주의의 결과를 꽤 고려하지 못하고 있다. 사실
몇몇 나라들을 종속과 착취의 상태로 끌어넣은 것은 강대국들의 힘과 소비의
탐욕인 것이다.

4. 관사의 생략과 부정관사의 의미

Théorie de l'interprétation, l'herméneutique littéraire affirme également l'impossibilité d'une véritable méthodologie. Elle ne propose pas de ˝recette˝. Lire est **un art**, qui dépend du talent, de l'expérience, de la culture de l'individu. Mais **si la lecture dépend de l'intuition et si celle-ci est fonction de facteurs individuels**, il existe cependant des critères de validation des lectures. En premier lieu, toute lecture doit posséder sa cohérence interne, qui rend compte de la cohérence de l'œuvre. Mais il existe aussi une cohérence externe : une lecture ne peut pas contredire certaines données objectives (d'ordre historique, linguistique, etc.) concernant l'œuvre. **En fonction de quoi** des lectures différentes peuvent être confrontées, car ˝**une interprétation** ne doit pas être seulement probable, mais plus probable qu'une autre.˝

【주안점1】 관사의 생략의 의미, 부정관사 un, une의 의미, 축약관사의 연결
　　　　　 의미
【주안점2】 지시대명사, Si의 의미, 관계대명사 quoi, une autre, 비교급
【어휘】
interprétation 해석	herméneutique 해석학
recette 비결	lecture 독서, 책
intuition 직관	critères 기준
validation 유효성의 인증	cohérence 일관성
contredire 모순되다	donnée 자료
concernant ..에 대하여	confronter 대조하다

【구문】
　　① dépendre de : ...에 달려있다
　　② être fonction de : ...따라 결정되다
　　③ En premier lieu : 우선(=d´abord)
　　④ rendre compte de : 설명, 해설하다
【초점】
　　① un art, une interprétation : 부정관사를 해석해 주어야 한다. (일종의, 하나의)

② si la lecture … et si celle-ci : celle-ci(후자) 는 l'intuition 을 받는다. 본문의 si 는 〈조건〉이 아니라, 〈대립, 양보〉의 의미, cependant이 그 의미를 강조해 준다.

③ En fonction de quoi : quoi는 앞 문장을 받는 관계대명사. (그런 내용과 관련하여)

【해석】

해석의 이론인 문학해석학은 또한 진정한 방법론의 불가능성을 단언하고 있다. 그 해석학은 비결을 제공하지 않는다. 읽는다는 것은 개인의 재능, 경험 그리고 교양에 달려있는 일종의 기술이다. 그러나 독서가 직관에 달려있고, 그 직관이 개인적인 요인에 따라 결정된다 하더라도, 독서들에 대한 유효성의 인증기준은 존재하는 것이다. 우선, 모든 책은 그 작품의 일관성을 설명해 주는 그 책의 내적 일관성을 가지고 있어야 한다. 그러나 외적 일관성도 또한 존재하는데, 하나의 책이 그 작품에 관한 (역사적인, 언어학적인 순서라고 하는) 몇몇 객관적인 자료들과 모순될 수는 없는 것이다. 그런 내용과 관련하여 다른 책들은 대조될 수 있는 것이다. 왜냐하면 하나의 해석이 그럴 듯해야 할 뿐만 아니라, 다른 해석보다 더 그럴 듯해야 하기 때문이다.

5. 관사의 생략과 동격

La ville est d'abord un héritage culturel, une source d'identité, contre la banalisation née d'un cosmopolitisme marchand. La beauté des lieux publics, la qualité de l'architecture, le soin mis à la gestion quotidienne des espaces collectifs et du patrimoine contribuent directement à l'insertion culturelle et sociale de l'individu. **Est-il trop hardi d'écrire** que la rue, **lieu de vie** du pauvre et du marginal, **doit être conçu et gérée** comme son salon?

【주안점1】 관사의 생략, 정관사와 부정관사, 축약관사
【주안점2】 비인칭구문, que절에서 주어와 동사 찾기, 수동태

【어휘】

héritage 유산	identité 일치
banalisation 평범화	cosmopolitisme 세계주의
marchand 상업의	architecture 건축물
soin 관리, 정성	gestion 운영
quotidien 나날의	patrimoine 세습재산
contribuer 공헌하다	insertion 동화, 삽입
hardi 대담한	marginal 주변인
concevoir 생각하다	gérer 관리하다

【구문】

① d'abord : 우선

② mis à la gestion : 관리되는

③ contribuer à : ..에 공헌하다, ..을 위해 힘이 되다

【초점】

① Est-il trop hardi d'écrire : d'écrire 가 진주어이고, il 은 가주어이다.

② lieu de vie : lieu 앞에 관사가 없는 것은 앞의 la rue 와 〈동격〉이기 때문이다.

③ doit être conçu et gérée : devoir 는 준조동사로서 〈의무〉를 나타내고, 등위접속사 et 는 conçu 와 gérée 를 être 에 연결시켜 〈수동 구문〉으로 만든다.

【해석】

우선 도시란 상업적 세계주의에서 나온 평범화에 반대되는 문화적인 유산이며, 일치의 근원이다. 공공장소들의 아름다움, 건축물의 고급스런 품격, 공동의 장소와 세습재산에 대한 나날의 관리되는 정성이 개인의 문화적 사회적인 동화를 위해 직접적으로 힘이 된다. 가난한 사람들과 주변인의 삶의 장소인 거리가 자기들의 거실처럼 생각되어지고 관리되어져야 한다 라고 쓰는 것은 너무 대담한 것일까?

6. 관사와 관사의 생략

> L'humanisme est **une éthique de confiance** en la nature humaine. Il commande
> à l'homme un effort constant pour réaliser **en lui** le type idéal de l'homme, à la
> société un effort constant pour réaliser la perfection des rapports humains. **Ainsi
> conçu**, il exige **un immense effort de culture**, il suppose une science de l'homme
> et du monde, il fonde une morale et un droit, il aboutit à une politique.

【주안점1】 관사의 생략, 보편적인 의미의 정관사, 불특정의 부정관사(대개
　　　　　 형용사로 수식받음)

【주안점2】 추상적인 장소의미의 en, 비인칭 주어 il (existe)

【어휘】

humanisme 인본주의	éthique 윤리학
effort 노력	constant 끊임없는
réaliser 실현하다	perfection 완전함
concevoir 마음에 품다	exiger 요구하다
fonder ..의 기초가 되다	

【구문】

① la nature humaine : 인간 본성

② le type idéal : 이상형

③ ainsi conçu : 따라서(= par conséquent), 그렇기 때문에, 다음과 같이

④ aboutir à : 귀착하다

【초점】

① une éthique de confiance, un immense effort de culture : 전치사 de
　 뒤에 오는 명사 앞에 관사가 없을 때는 앞의 명사의 특징을 나타내며,
　 본문은 〈동격 관계〉를 나타내고 있다.

② en lui : 전치사 en은 추상적인 장소를 나타낸다. lui는 l'homme를 가
　 리킨다. 따라서, 〈사람의 마음 속에〉 라고 번역한다.

③ Ainsi conçu : 문두에 쓰이면 〈따라서, 그래서〉의 뜻으로 쓰이며, 명

사 뒤나 동사 뒤에 쓰이면 〈다음과 같이〉 라는 뜻이 된다.

lettre ainsi conçue (다음과 같이 쓰여진 편지)

L'article 21 est ainsi conçu : La personne humaine est sacrée et inviolable. (21조는 다음과 같다 : 인간은 성스러우며 침해할 수 없다.)

【해석】

인본주의란 인간본성에의 신뢰라는 (인간본성을 신뢰하는) 일종의 윤리학이다. 그것은 인간의 이상형을 인간 속에 실현시키기 위한 끊임없는 노력을 인간에게 요구하며, 사회에게는 인간관계의 완전함을 실현시키기 위한 끊임없는 노력을 요구한다. 따라서, 그것은 문화라고 하는 거대한 노력을 요구하고, 인간과 세상에 대한 학문을 전제로 하며, 도덕과 법을 확립하며, 결국 정치에 귀착한다.

7. 정관사와 부정관사

Tout comme le libéralisme, **l'anarchisme** nous apparaît comme constant dans toutes les sociétés, et non simplement lié à la société industrielle comme le socialisme et le fascisme. Il se définit par le refus global de l'État et des institutions qui régissent la vie en société. Comme dans le libéralisme, la valeur suprême est la liberté, **mais la liberté prise absolument et non pas simplement dans son acception politique**. A certains égards, l'anarchisme est un libéralisme porté à la limite.

【주안점1】 보편적인 의미의 정관사, 불특정의 의미의 부정관사
【주안점2】 과거분사 lié에 걸리는 어휘 찾기, 대명동사의 수동적 의미
【어휘】

anarchisme 무정부주의   constant 변함없는
socialisme 사회주의   fascisme 파시즘
global 총체적인   institution 기관
régir 지배하다   suprême 최고의
acception 의미

【구문】

① apparaître : 속사와 함께 쓰이면 〈..인 것 처럼 보이다〉의 뜻.

② lié à : ..에 연관된

③ se définir par : ..로 정의되다

④ A certains égards : 어떤 점에서는

【초점】

① Tout comme : tout 는 comme 를 강조한다.

② l'anarchisme..., et non simplement lié à la société industrielle : lié 가 l'anarchisme 에 걸린다.

③ mais la liberté prise absolument et non pas simplement dans son acception politique : 원래 〈non (pas) A mais B(A가 아니고 B이다)〉 구문인데, 도치가 된 형태이다. non pas 뒤에 la liberté prise 가 생략 되었다.

【해석】

자유주의처럼 무정부주의는 사회주의와 파시즘처럼 산업사회에 단순히 연관되지 않은 것이 아니라 모든 사회에서 불변인 것처럼 우리에게는 보인다. 무정부주의는 사회생활을 지배하는 국가와 기관들에 대한 총체적인 거부로 정의된다. 자유주의에서처럼 최고의 가치는 자유이다. 그렇긴 하지만 정치적인 의미에서 단순히 취해진 자유가 아니라 절대적으로 취해진 자유인 것이다. 어떤 점에서는, 무정부주의는 극한에까지 도달한 일종의 자유주의이다.

8. 부정관사의 의미

Un intellectuel, tel que l'Affaire Dreyfus l'a symbolisé, est un **professionnel** de la culture qui décide de prendre publiquement position sur **un ou des problèmes** de société ou de politique **ne relevant pas forcément de sa compétence** professionnelle. Cette intervention publique se fait au nom de la légitimité acquise antérieurement dans la sphère professionnelle.

【주안점1】 보편적인 의미와 불특정의 의미로 쓰인 부정관사
【주안점2】 현재분사의 의미, se faire
【어휘】

sphère 범위, 영역

professionnel 전문인, 직업인

forcément 불가피하게, 필연적으로

intervention 간섭, 개입, 중재

acquis 얻어진, 획득된

intellectuel 지식인, 지식계급

symboliser 상징으로 나타내다, .의 상징이다

publiquement 공개적으로, 공공연하게

compétence 권한, 능력, 권위자

légitimité 정당성, 합법성

antérieurement : 이전에

【구문】

① tel que : ..처럼, ..와 같이 (= comme)

② décider de + inf : ..하기로 결정하다

③ prendre position sur : (문제 등에 대하여) 결정적인 태도를 취하다

④ relever de sa compétence : 그의 권한(관할)에 속하다

⑤ ne ... pas forcément : 반드시 ... 한 것은 아니다

⑥ se faire : 이루어지다

⑦ au nom de : ..의 이름으로

⑧ dans la sphère professionnelle : 전문적인 분야에서

【초점】

① Un intellectuel, un professionnel : 여기에 사용되어진 부정관사는 "대표단수"이다.

② ... l'a symbolisé, : 직목으로 쓰인 〈l'〉는 앞의 〈Un intellectuel〉를 가리킨다.

③ un ou des problèmes : 하나 혹은 여러 문제

④ ne relevant pas forcément de sa compétence : 현재분사(relevant)에는 "동시성, 대립·양보, 이유, 조건" 등의 의미가 있는데, 여기서는 "대립·양보"의 의미로 쓰여 〈...한다 할지라도〉의 뜻이다. 소유형용사 〈sa〉는 앞의 Un intellectuel 를 가리킨다.

【해석】

지식인이란, 마치 드레퓌스 사건이 지식인의 상징인 것처럼, 사회 혹은 정치의 하나 혹은 여러 문제에 대하여, 비록 그러한 문제들이 반드시 지식인의 권한에 속하는 것은 아니라 할지라도, 공식적으로 결정적인 태도를 취하기로 결정하는 문화의 전문인이다. 이러한 공식적인 개입은 전문적인 분야에서 이전에 획득된 정당성의 이름으로 이루어진다.

9. 관사의 생략

> Au sommet de Cologne, le G7 a décidé d'alléger une grande partie de **la dette des pays les plus pauvres**. Les bénéficiaires sont une quarantaine d'Etats **sans ressources. Trop pauvres pour retenir l'intérêt** des investtisseurs privés, ils sont très dépendants de l'aide publique internationale. Dans ces pays, le revenu de la population ne dépasse pas un dollar **par jour et par habitant**.

【주안점1】 전치사 뒤에서 부정관사의 생략, 최상급에서 정관사 사용
【주안점2】 trop + 형용사 + pour + inf
【어휘】

sommet 정상, 수뇌	alléger 경감하다
dette 빚, 채무	pauvre 가난한
bénéficiaire 수익가	ressources 자원

retenir 받아들이다, 공제하다   investisseurs 투자가

dépendant 종속적인   revenu 수입, 소득

population 인구, 국민   dépasser : 넘다, 초과하다

【구문】

① décider de + inf : ~하기로 결정하다

② une grande partie de : 대부분의

③ trop ~ pour : 너무 ~ 해서 ~ 할 수 없다

④ par jour : 하루에

⑤ par habitant : 주민 1인당

【초점】

① la dette des pays les plus pauvres : 가장 가난한 나라들의 빚, 〈des pays〉는 "de + les pays"가 합쳐진 것이고, 거기에 les plus pauvres 라는 최상급이 적용되었다.

② Trop pauvres pour retenir l'intérêt : 너무 가난해서 이자를 감당할 수 없는, 〈pauvres〉는 주어 "ils(=les pays les plus pauvres)"에 걸린다.

③ sans ressources, par jour et par habitant : 전치사 sans 뒤에서 부정 관사, 부분관사가 생략된다. par는 〈분배〉의 의미이며, 〈하루에 1인당〉 의 뜻.

【해석】

퀼른의 정상회담에서, 선진 7개국은 가장 가난한 나라들의 대부분의 빚들을 삭감해주기로 결정했다. 수혜국가들은 자원이 없는 40개 가량의 나라들이다. 너무나 가난해서 개인투자가들의 이자를 감당할 수 없는 그들은 국제 민간 구제에 많이 의존한다. 이러한 나라들에서, 국민소득은 하루에 그리고 주민 1인당 1 달러도 되지 않는다.

10. 정관사와 부정관사의 의미

Le **Français** est étonnamment individuel dans sa conception de l'intelligence, en ce sens que, sauf s'il est dévoué par fidélité partisane à **un tel groupement ou à un tel parti**, c'est un homme qui **se fait son jugement** par lui-même. C'est un esprit critique, un esprit anticonformiste, un esprit antitotalitaire. Il ne s'incline volontairement devant aucun mandarinat, que ce soit l'Etat, que ce soit un prêtre, que ce soit un professeur : il écoute courtoisement, mais il n'en fait qu'à sa tête.

【주안점1】 보편적인 의미의 정관사, 불특정의 부정관사, 소유형용사의 특별
　　　　　용법
【주안점2】 부정형용사 tel, 대명사 il, 접속법이 쓰인 que ce soit, 삽입구문에
　　　　　대한 이해

【어휘】

étonnamment 놀랍게도	conception 개념
dévouer 헌신하다, 몰두하다	fidélité 충성, 충직
partisan 당파적인, 편향적인	groupement 단체, 연합
parti 정당	anticonformiste 반순응주의의
antitotalitaire 반전체주의의	s'incliner 굴복하다
volontairement 자발적으로	mandarinat 고급관리의 직
prêtre 사제, 신부	courtoisement 정중하게

【구문】

① en ce sens que : ~라는 의미에서

② sauf si : ~ 라면 그것만 제외하고

③ se faire + 명사 : (생각을) 가지다, 품다

④ par lui-même : 독력으로, 자기 스스로

⑤ que ce soit A, que ce soit B : A이든지 B이든지간에

⑥ en faire à sa tête : 남의 말을 듣지 않고 자기 마음대로 하다, 제 고집
　대로 하다

【초점】

①Le Français : 대표단수로 쓰였으며, 뒤에 나오는 주어인칭대명사
〈il〉은 모두 다 〈Le Français〉를 가리킨다.

②à un tel groupement ou à un tel parti : 〈tel〉이 부정관사와 함께 쓰여
명사를 수식하면 〈이러한, 저러한〉의 뜻이다.

③se fait son jugement : 소유형용사는 〈습관〉의 의미도 있다. 여기서
는 〈언제나 ~ 판단을 하게 되다〉는 의미이다.

해석

프랑스 사람이 이런저런 단체나 이런저런 정당에 편향적인 충성심으로 몰두되
어 있다면 그런 경우를 제외하고, 사람이란 언제나 자기 스스로 판단을 하게
된다는 의미에서 프랑스인은 자신의 지성관념에서는 놀랍도록 개인적이다. 그
것은 비판정신이며, 반순응주의 정신이며, 반전체주의 정신이다. 프랑스인은 자
발적으로 어떠한 고급 관리직에 굴복하지 않는다, 그것이 국가든, 그것이 신부
이든, 그것이 교수이든 말이다. 정중하게 듣기는 한다. 그러나 제 고집대로만
한다.

11. 관사의 생략

Apollinaire évoque la ville par **ses plus récentes innovations**, utilise son
vocabulaire et se soumet à son rythme. Les formes joyeuses de la vie
contemporaine participent à une célébration de la modernité **qui ne devrait pas
contredire** la foi chrétienne. En ce début du XIXe siècle, la fantaisie et la ferveur
du poète semblent communiquer à **la ville santé et optimisme**.

【주안점1】확정의 의미를 주는 정관사, 간결한 의미를 주기 위한 관사의 생략
【주안점1】소유형용사와 최상급, 어조완화의 조건법

【어휘】

évoquer 연상시키다	récent 최근의
innovation 혁신, 쇄신	vocabulaire 어휘, 단어
contemporain 동시대의, 현대의	participer 관여하다
célébration 축전, 거행, 축하	modernité 근대성
contredire ~와 모순되다, 어긋나다	foi 믿음, 신앙
chrétien 기독교의	début 처음, 시초
fantaisie 상상력, 몽상	ferveur 열정, 정열
communiquer ~와 통하다, 연결되다	santé 건강
optimisme 낙관주의	

【구문】

① se soumettre à : 복종하다, 순응하다

② participer à : ~에 참여하다, 관여하다

③ en ce début du XIXe siècle : 이 19세기 초에

④ sembler + inf : ~하는 것 같다

【초점】

① ses plus récentes innovations : 자신의 가장 최근의 혁신. 〈소유형용사＋비교급〉은 소유의 의미를 가진 최상급 표현이다

② qui ne devrait pas contredire : 관계대명사 〈qui〉의 선행사는 〈modernité〉이며, 〈devrait〉는 조건법 현재시제이며, 어조완화의 의미이다.

③ à la ville santé et optimisme : 명사 〈santé et optimisme〉가 직목이며, 문장 뒤로 위치 되었고, 무관사를 써서 간결함을 강조하였다.

【해석】

아폴리네르는 자신의 가장 최근의 혁신으로 도회지를 연상시키고, 자신의 어휘(시어)를 사용하며, 자신의 리듬(운율)에 순응한다. 현대생활의 즐거운 태도는 기독교 신앙과 모순되어서는 안 될 근대화의 축전에 관여하는 것이다. 이 19세기 초에, 이 시인의 상상력과 열정은 건강과 낙관주의를 도회지와 연결하는 것 같다.

12. 보편적인 의미의 정관사

En somme, si le Romancier d'hier **choisissait et racontait** les crises de la vie, les états aigus de l'âme et du cœur, le Romancier d'aujourd'hui écrit l'histoire du cœur à l'état normal. Pour produire **l'effet qu'il poursuit**, c'est-à-dire l'émotion de la simple réalité, et pour dégager **l'enseignement artistique qu'il veut en tirer**, c'est-à-dire la révélation de **ce qu'est véritablement l'homme contemporain** devant ses yeux, il devra n'employer que des faits d'une vérité irrécusable et constante.

【주안점1】 보편적인, 확정된 의미의 정관사, 인칭대명사 il 이 받는 것
【주안점2】 Si의 의미, 관계대명사 que, ce que, ne ~ que, 중성대명사 en
【어휘】

romancier 소설가	choisir 선택하다
raconter 이야기하다	crise 위기
aigu 심각한, 극심한	produire 야기하다
effet 효과, 영향, 결과	poursuivre 추구하다
émotion 감정, 감동	dégager 얻다, 끌어내다
enseignement 교훈, 교육	tirer 꺼내다
révélation 폭로, 정보	véritablement 진정으로
contemporain 현대의	employer 사용하다
constant 일정한, 확실한	irrécusable 반박할 수 없는, 명백한

【구문】

① en somme : 결국

② c'est-à-dire : 즉, 다시 말하자면

③ ne ~ que : 단지

【초점】

① choisissait et racontait : 두 동사는 공동으로 〈les crises de la vie, les états aigus〉을 직목으로 취하고 있다. si는 même si의 의미.

② l'effet qu'il poursuit : l'effet는 〈l'émotion〉과 동격이고, 주어 〈il〉은

⟨le Romancier d′aujourd′hui⟩이다.

③ l′enseignement artistique qu′il veut en tirer : l′enseignement은 ⟨la révélation⟩과 동격, 중성대명사 ⟨en⟩은 ⟨tirer de cet effet⟩를 받은 것이다.

④ ce qu′est véritablement l′homme contemporain : 진실로 오늘날 현대인의 모습 (※ ce que je suis : 현재의 나, ce que j′étais : 과거의 나)

【해석】

결국, 과거의 소설가는 삶의 위기와 영혼과 마음의 심각한 상태를 선택하고 이야기한 반면, 오늘날의 소설가는 정상적인 상태에 있는 마음의 이야기를 쓴다. 그가 추구하는 효과, 즉 단순한 현실의 감동을 만들어내기 위하여, 그리고 그것에서 끄집어내고 싶은 예술적인 교훈, 즉 자신의 눈앞에서 진실로 오늘날 현대의 인간의 모습에 대한 정보를 끌어내기 위하여 그는 반박할 수 없고 확실한 진리에 대한 사실들만을 사용해야 할 것이다.

13. 관사의 생략

En France, **les musées et monuments** sont généralement ouverts tous les jours, **sauf le lundi ou le mardi**, de 10 à 12 heures et de 14 à 18 heures en été. Ces horaires peuvent varier. **La plupart sont fermés** les jours fériés. L'entrée est gratuite pour les enfants de moins de 18 ans. Les étudiants ont droit à une réduction et quelquefois l'entrée est gratuite un jour par semaine.

【주안점1】 2개의 명사에 1개의 관사 사용, 요일 앞의 정관사
【주안점2】 de A à B, la plupart, 분배의 의미의 전치사 par
【어휘】

musée 박물관	monument 기념물
généralement 일반적으로	sauf ~을 제외하고
horaire 업무시간	varier 변화하다
férié 공휴일로 정해진	entrée 입장

gratuit 무료의   réduction 할인

quelquefois 가끔

【구문】

① de A à B : A에서 B까지

② moins de : 이하

③ avoir droit à 명사 ~ : ~을 받을 권리가 있다

④ un jour par semaine : 일주일에 하루

【초점】

① les musées et monuments : 〈musées et monuments〉을 하나의 의미
단위로 보아 정관사 〈les〉를 하나만 사용하였다.

② sauf le lundi ou le mardi : 문장에서 삽입된 부분이며, 〈le lundi, le
mardi〉의 정관사는 〈습관〉을 나타내어 "~마다"의 뜻이다. 뒤에 나오
는 시간들은 문을 개방하는 업무시간을 나타낸다.

③ La plupart sont fermés : 〈La plupart〉 뒤에 des musées et monu-
ments이 생략되었다. 〈La plupart〉는 일반적으로 항상 복수로 사용
된다.

【해석】

프랑스에서, 박물관과 기념물들은, 매 월요일 혹은 화요일을 제외하고, 여름에
일반적으로 매일 10시에서 12시 그리고 14시에서 18시까지 문을 연다. 이 업무
시간들은 변할 수 있다. 대부분의 박물관과 기념물들은 휴일에는 문을 닫는다.
18세 이하의 아이들에게 있어서 입장은 무료이다. 대학생들은 할인을 받을 권
리가 있으며, 가끔 일주일에 하루는 입장이 무료이다.

14. 관사의 생략

> La Révolution française a été un bouleversement total. **C'est l'événement qui a le plus marqué les esprits** à travers le monde. **Mouvement de libération et dictature, fête et terreur, révolution bourgeoise et mouvement populaire, la Révolution française contient** toutes les formes de révolutions qui ont suivi jusqu'à aujourdh'hui.

【주안점1】무관사로 쓰인 명사의 의미, 확정의 정관사, 최상급의 정관사

【주안점2】C′est ~ qui 강조구문, 복합과거

【어휘】

bouleversement 전복, 격변	événement 사건
marquer 깊이 영향을 미치다	esprit 사람, 정신
libération 해방 석방	dictature 독재, 독재권력
terreur 공포, 폭정	populaire 민중의, 인민의, 인기있는
contenir 포함하다	suivre 뒤따르다

【구문】

① à travers le monde : 세계 각처에

② C′est 주어 qui : qui~ 하는 것은 바로 〈주어〉이다

③ révolution bourgeoise : 부르주아 혁명, 사회주의 혁명

④ jusqu′à aujourdh′hui : 오늘날까지

【초점】

① C′est l′événement qui a le plus marqué les esprits : 주어 l′événement을 강조하는 C′est ~ qui 강조구문이 적용되었고, 최상급 le plus는 본동사 p.p인 marqué를 수식하며 〈가장 많이 영향을 끼쳤다〉로 해석한다. 이때 les esprits는 〈사람〉으로 해석해야 문맥이 자연스럽다.

② Mouvement de libération ~ et mouvement populaire : toutes les formes de révolutions의 여러형태들을 예를 들면서 〈동격〉으로 연결되고 있다.

③ la Révolution française contient : 동사 contenir의 변화형태가 3인칭 단수이므로, 주어는 la Révolution français이다. 앞에 열거된 Mouvement de libération ~ et mouvement populaire이 절대로 주어가 아니다.

【해석】

프랑스 대혁명은 완전한 대격변이었다. 바로 그 사건은 세계 각처의 사람들에게 가장 지대하게 영향을 미쳤다. 해방운동과 독재, 축제와 공포, 부르주아 혁명과 인민운동 등, 프랑스 대혁명은 오늘날까지 뒤따라온 혁명들의 모든 형태를 포함하고 있다.

❷ 형용사

(L'Adjectif Qualificatif)

❷ 형용사 (L'Adjectif Qualificatif)

A. 품질형용사의 일치

품질형용사는 명사를 수식하는 <u>부가형용사</u>, 주어나 목적어의 속성을 나타내는 <u>속사형용사</u>의 두 가지 기능이 있으며, 이 때, 관계하는 <u>명사, 대명사의 성과 수에 일치</u>해야 한다.

① 비교의 접속사 comme, ainsi que, de même que 와 결합된 명사에 형용사가 관계할 때, 접속사가 비교의 의미가 있으면 비교되는 첫째 명사와 일치하고, 접속사가 〈그리고(=et)〉의 의미이면 일치는 동시에 이루어진다.

L'aigle a **le bec** ; **ainsi que** les serres, **puissant et acéré**.
(독수리는 부리가 발톱처럼 힘세고 날카롭다.)
Il a **la main ainsi que l'avant-bras noirs** de poussières.
(그는 손과 아랫팔이 먼지로 더럽혀져 있다.)

② 의미에 따라 앞의 명사에 혹은 한정보어명사에 일치시키는 경우가 있다.

un homme à **figure ronde** (둥근 얼굴을 한 남자)
des **boutons** de métal **ronds** (금속으로 만든 둥근 단추들)

③ 형용사가 부사적으로 사용되었을때는 일치하지 않는다.

coûter **cher** (값이 비싸다)	voir **clair** (명백히 보이다)
couper **court** (짧게 자르다)	marcher **droit** (똑바로 걷다)
refuser **net** (단호히 거절하다)	crier **haut** (크게 외치다)
frapper **fort** (세게 때리다)	parler **fort** (큰 소리로 말하다)

B. 형용사의 위치

① 대부분의 형용사는 뒤에 온다. 색깔, 형태, 맛, 온도, 국적, 지방, 종교, 학문등에 관계된 형용사와 분사에서 전환된 형용사들이 그러하다.

une robe **noire** (검은색 드레스)   la cuisine **française** (프랑스 요리)

un roseau **pensant** (생각하는 갈대)   un texte **poétique** (시적인 대사)

② 명사와의 결합이 밀접하며, 자주 쓰이는 짧은 음절의 형용사는 앞에 온다.

un **beau** paysage (아름다운 풍경)   un **grand** arbre (큰 나무)

※ 복수의 〈de〉 주의 : de beaux paysages, de grands arbres

③ 위치에 따라서 의미가 달라지는 형용사들이 있다.

un soldat **brave** (용감한 군인)   un **brave** homme (정직한 사람)

l'année **dernière** (작년)   la **dernière** lettre (최근의 편지)

un homme **grand** (키 큰 사람)   un **grand** homme (위대한 사람)

une fille **pauvre** (가난한 소녀)   un **pauvre** homme (가련한 사람)

C. 비교급

S + V	plus (+) aussi (=) moins (-)	+ 형용사 + 부사	+ que + 비교대상
S + V	plus (+) autant (=) moins (-)	+ de + 명사 + 동사 수식	+ que + 비교대상

① 〈형용사, 부사, de + 명사〉 혹은 〈동사를 수식〉하는 것은 동사의 성질에 달려있다.

Sylvie **est** plus **grande** que Jean. (형용사)

Sylvie **est** aussi **rapide** que Paul. (형용사)

Sylvie **court** plus **rapidement** que Jean. (부사)

Sylvie **court** aussi **vite** que Paul. (부사)

Sylvie **a** autant **de livres** que Jean. (de + 명사)

Sylvie **travaille** autant que Paul. (동사수식)

② 비교의 대상 <u>que 이하가 생략</u>될 수 있다. que 이하 내용을 잘 아는 경우나 앞 문장에서 반복되었을때 생략된다. 이 때, 주의할 것은 aussi 는 형용사를 수식하지 않으므로 〈또한〉 이라고 해선 안된다. 즉 que 이하가 생략된 〈동등비교급〉인 것이다.

On aurait désiré un **plus** grand chef d'État.

(국민들은 더 위대한 국가 수반을 원했을 것이다.)

Je ne te croyais pas **aussi** bête.

(나는 네가 그만큼 어리석다고는 생각지 않았다.)

Il fait **moins** froid aujourd'hui. (오늘은 덜 춥다. — qu'hier 생략)

cf. 1. 동등비교급 **si … que** 와 같은 형태로 다른 의미를 가지는 구문이 있다.

Je trouve cela **si** beau **que** je me sens vraiment très émus. (결과)

(나는 그것이 너무나 아름답다고 생각되어 정말로 매우 감동을 느낀다.)

Si mal **qu'**il ait agi, il faut lui pardonner. (양보)

(그가 아무리 나쁘게 행동했다 할지라도 그를 용서해야 한다.)

Rien n'est **si** dangereux **qu'**un ignorant ami. (동등비교)

(무식한 친구만큼 위험한 것은 아무것도 없다.)

2. **moins** 의 부정은 동등비교를 나타내는 긍정의 뜻이다.

Il **n'est pas moins** riche **que** vous. (당신보다 덜 부자가 아니다.)

3. **n'en pas moins** 은 〈그럼에도 불구하고〉의 뜻이다. (이때, en 은 허사)
   Napoléon était peu instruit, mais ses entreprises **n'en étaient pas moins** grandes. (나폴레옹은 배우지 못한 사람임에도 불구하고 그의 포부는 위대했다.)

D. 최상급

① 우등비교급과 열등비교급 앞에 정관사를 선행시키며, 비교의 보어는 de 에 의해 유도된다. 〔le, la, les + plus / moins + 형용사 + de〕
   Ils étaient **les moins turbulents de** la classe. (그들이 학급에서 가장 덜 소란했다.)

② 소유형용사가 정관사를 대신한다.
   Je te présente un de **mes meilleurs amis**.
   (나는 너에게 가장 훌륭한 친구들 가운데 한 명을 소개한다.)

③ 다음 표현도 관용적인 표현으로 최상급의 의미이다.
   Le sacrifice est **ce qu'il y a de plus beau** au monde.
   (희생이란 세상에서 가장 아름다운 것이다.)
   C′est **tout ce que** j′ai acheté **de moins cher**. (그것은 내가 가장 싸게 산 것이다.)
   Il n'y a rien de tel qu′un bon repas. (훌륭한 식사만큼 좋은 것은 없다.)

E. 관용구문

① **Plus** elle tardait, **plus** je désirais sa venue.
   (그녀가 늦을수록 더 나는 그녀가 오기를 열망하고 있었다.)
   Moins on a d′activité, **moins** on a envie d′en avoir.
   (사람이 활동을 하지 않을수록 더 활동하고 싶어하지 않는다.)

② Il la regarde avec **de plus en plus** de curiosité.

(그는 점점 더 많은 호기심으로 그녀를 바라본다.)

de mieux en mieux (점점 더 잘),　de moins en moins (점점 더 적게)

de mal en pis (설상가상으로)

③ Cette montre m′est **d'autant plus** chère **que** c′est un souvenir de mon père.

(이 시계는 아버지의 선물이기 때문에 나에겐 그 만큼 더 소중하다.)

④ Le regret est **d'autant plus** vif **que** la faute est **plus** grave.

(잘못이 크면 클수록 후회는 그만큼 더욱 격렬하다.)

⑤ inférieur, supérieur, antérieur, postérieur, intérieur, extérieur 등은 〈à〉로 비교의 보어를 유도한다.

Le résultat est **inférieur à** nos prévisions. (결과는 우리의 예상보다 못하다.)

⑥ comparé, préférable, semblable, par rapport 등은 〈à〉로, différent 은 〈de〉로 비교의 보어를 유도한다.

Votre projet est **préférable au** mien. (당신 계획이 내 계획보다 낫다.)

Votre voiture est **différente de** la mienne. (당신 차는 내 차와 다르다.)

1. 형용사의 위치

> **Il faudrait** d'abord **savoir ce que** vous appelez civilisation. Je peux bien vous demander cela **à vous**, d'abord parce que vous êtes un homme intelligent et instruit, ensuite parce que vous **en** parlez tout le temps, de cette **fameuse** civilisation.

【주안점1】 형용사의 위치에 따른 의미 변화

【주안점2】 어조완화의 조건법, 간접의문절의 이해, 강조용법, 중성대명사 en

【어휘】

d'abord 우선	ensuite 다음에
appeler 부르다	civilisation 문화
instruit 교양있는	fameuse 유명한, 굉장한

【구문】

① Il faut + inf : …해야 한다

② tout le temps : 항상

【초점】

① Il faudrait d'abord savoir : 조건법 현재로 되어 있으니 어조완화가 되었다.

② savoir ce que : savoir, dire, demander 뒤에 오는 명사절에 주의하여야 한다.

que 는 서술적인 사실(평서문)을 설명하고,

qui 는 사람을 받으며, 직접의문문 Qui, Qui est-ce que를 대신 받는다.

pourquoi, quand, où 등은 의문사 있는 의문문에서 그 의문사를 그대로 쓴 것이며,

si 는 의문사 없는 의문문을 간접의문으로 만든 것이다.

ce qui 는 주어로 쓰이며 직접의문문 qu'est-ce qui 를 대신받으며,

ce que 는 직목이나 속사로 쓰이며, 직접의문문 qu'est-ce que 를 대신하며, 이것과 관계대명사 선행사로 쓰인 ce que 와는 구별해야 한다.

③ Je peux bien vous demander cela à vous : vous 를 강조하기 위해 문미에 à vous 로 다시 받았다.

④ vous en parlez tout le temps, de cette fameuse civilisation : en 은 de cette fameuse civilisation 를 대신받고 있다.

⑤ fameux : 명사 뒤에서는 〈유명한(=célèbre, illustre, renommé)〉의 뜻이고, 명사 앞에서는 비꼬는 투로 쓰여 〈터무니 없는, 굉장한〉의 뜻이다.

【해석】

우선 당신이 무엇을 문화라고 부르는 것인지 알아야 할 것입니다. 나는 정말로 그 내용을 당신에게 물을 수 있습니다. 첫 번째 이유는 당신이 지성인이고 교양을 갖춘 사람이기 때문이고, 그 다음 이유는 당신이 항상 그 잘난 문화에 대해서 말하기 때문입니다.

2. 형용사의 위치

> **Certaines boutiques**, en particulier à Paris, se sont spécialisées dans des créations de luxe présentées dans un cadre hautement raffiné. Il s'agit de boutiques où les grands couturiers (Dior, Cardin, etc...) proposent à une riche clientèle une gamme exclusive d'accessoires. Dans cette catégorie, il faut inclure également les boutiques **des grands joailliers** et orfèvres **ainsi que celles des antiquaires spécialisés** s'adressant aux collectionneurs.

【주안점1】 pp에서 온 형용사, 현재분사
【주안점2】 부정형용사 certain, ainsi que, 지시대명사, 비인칭구문
【어휘】

luxe 사치	cadre 틀, 테두리, 범위, 기준, 간부사원
hautement 고도로, 극도로	raffiné 우아한
couturier 재단사	proposer 제안하다, 출시하다(=lancer)

clientèle 고객

gamme 한 벌, 전 범위

exclusif 배타적인, 유일한

accessoire 액세서리

inclure 포함시키다(=comprendre)

joaillier 보석상인

orfèvre 금은세공사

antiquaire 골동품상

collectionneur 수집가

【구문】

① en particulier : 특히

② se spécialiser dans : …을 전문으로 하다

③ créations de luxe : 사치품

④ Il s'agit de : …이 문제이다. …이 중요하다

⑤ s'adresser à : …에게 호소하다

【초점】

① Certaines boutiques : certaines 가 명사 앞에 쓰이면 "몇몇의" 라는 뜻이다.

② les grands couturiers, des grands joailliers : grands 은 명사 앞에서 "위대한"의 뜻.

③ ainsi que celles des antiquaires spécialisés : ainsi que 는 〈처럼〉 혹은 〈그리고〉의 두 가지 의미가 있는데, 문맥상 "그리고"로 해석해야 자연스럽다. 지시대명사 〈celles〉는 boutiques 를 가리키고 있다.

【해석】

특히 파리에서 몇몇 가게들은 고도로 우아한 틀 속에 제시된 사치품을 전문으로 했다. 문제가 되는 것은 가게들인데, 거기서 Dior나 Cardin 같은 위대한 재단사들이 부유한 고객들에게 유일한 한 세트의 액세서리를 제안한다. 마찬가지로 이러한 범주 속에 대단한 보석상인과 보석 상인들의 가게들 그리고 수집가들에게 호소하는 전문 골동품 상인들의 가게들을 포함시켜야 한다.

3. 형용사의 위치

> Pour tenter de **faire face à la multiplication et à l'élargissement des actions humanitaires ainsi qu'aux** nouveaux défis soulevés par la mondialisation et l'hégémonisme américain, **la société civile a, durant les 20 dernières années, considérablement accru** ses moyens. **D'abord, en nombre, tant sur le plan national qu'international**. Dans le seul cadre français, le nombre des créations annuelles d'associations a triplé entre le milieu des années 1970 et la fin des années 1990.

【주안점1】 형용사 dernier 의 위치에 따른 의미

【주안점2】 등위접속사 et, ainsi que

【어휘】

multiplication 증가, 증대, 번식	élargissement 확장, 확대, 석방
défi 도전, 도발	soulever 제기하다, 들어 올리다
mondialisation 세계화	hégémonisme 패권주의
civile 시민의, 민법상의	considérablement 현저하게
accroître 증가하다, 성장시키다	durant ~동안 내내
moyens 힘, 능력	cadre 틀, 범위, 한계, 간부사원
association 단체, 협회	tripler 3배가 되다

【구문】

① tenter de + inf : ~하려고 애쓰다 (= essayer de, chercher à)

② faire face à : 대처하다, 직면하다

③ ainsi que : ~처럼, 그리고 (=comme, de même que)

④ en nombre : 수적으로, 다수의

⑤ sur le plan national : 대내적으로는

⑥ tant ~ que : ~도, ~도 또한

【초점】

① faire face à ~ et à ~ ainsi qu'aux : 전치사 〈à〉는 〈faire face à〉에

걸린다.

② la société civile a, durant ~, considérablement accru : 복합과거 〈a accru〉 사이에 전치사구와 부사가 삽입되었다.

③ D´abord, en nombre, tant sur le plan national qu´international : 동사가 없는 문장이다. 앞 문장에 연결하여 해석해야 하며, 이 부분을 강조하기 위한 용법이다.

【해석】

인도주의적인 활동의 증가와 확대에 대처하려고, 그리고 또한 미국의 세계화와 패권주의에서 제기된 새로운 도전에 대처하려고 애쓰기 위해서, 최근 20여 년 동안 내내, 시민사회는 자신의 힘을 현저하게 성장시켰다. 우선 대내적으로 뿐만 아니라 국제적으로 수적으로 성장시켰다. 프랑스의 범위 내에서만, 단체들이 매년 만들어지는 수가 1970년대 중반과 1990년대 후반 사이에 3배가 되었다.

4. 전화된 형용사

> **Les processus** de mondialisation, **facilités** par l'évolution rapide des technologies de l'information et de la communication, **s'ils créent** les conditions inédites d'une interaction **renforcée** entre les cultures, **représentent** aussi un défi pour la diversité culturelle, notamment au regard des risques de déséquilibres entre pays riches et pays pauvres.

【주안점1】 형용사적으로 쓰이는 과거분사
【주안점2】 전체 문장에서 주어와 동사 찾기
【어휘】

processus 과정, 절차	mondialisation 세계화
faciliter 용이하게 하다	évolution 변화, 발달 (= développement)
rapide 빠른	technologie 기술
communication 의사소통, 통신	créer 만들다

inédit 참신한, 공개되지 않은   interaction 상호작용

renforcer 확고히 하다   représenter 나타내다 (= montrer)

défi 도전   diversité 다양성

notamment 특히(= surtout)   déséquilibre 불균형

【구문】

① au regard de : ~의 견지에서, ~에 비추어보아

② entre A et B : A와 B 사이에

【초점】

① 전체가 한 문장이며, Si절이 주어와 동사 사이에 삽입되어 있다. 주어는 〈Les processus de mondialisation〉이고, 동사는 〈représentent〉이다.

② facilités ~, renforcée ~ : 동사의 과거분사 형태로 각각 〈les processus, une interaction〉에 걸린다.

③ s'ils créent ~ : 〈si〉는 〈조건〉과 〈대립, 양보〉의 의미를 나타낼 수 있다. 〈조건〉과 〈대립, 양보〉의 의미는 문맥을 살펴야 알 수 있다. 〈interaction 상호작용〉과 〈défi 도전〉가 〈조건과 결과〉가 아닌, 〈대립적인 의미〉로 쓰였으므로, 〈si〉는 〈대립, 양보〉의 의미로 해석해야 한다.

【해석】

정보와 통신 기술의 급속한 발달로 용이하게 된 세계화의 과정들은, 만약 그 과정들이 문화들 사이에서 강화된 상호작용의 참신한 조건들을 만들어낸다 하더라도, 또한 그것들은 특히 부유한 나라와 가난한 나라 사이의 불균형의 위험성의 견지에서, 문화의 다양성을 위한 한 도전을 나타낸다.

5. 형용사의 위치

À l'école, **le jeune Français** apprend deux fois son orthographe. D'abord pour la lecture. Cette compétence est acquise au début de la formation primaire. Mais cet apprentissage, dit 'orthographe passive', ne suffit pas pour écrire **sans faire** de fautes. Puis **l'élève** apprend à nouveau **l'orthographe et ses règles** de grammaire pour apprendre à écrire: c'est l'orthographe 'active'. L'enseignement de l'orthographe active est une discipline scolaire qui s'est formée au cours des trois ou quatre **derniers siècles**.

【주안점1】 형용사의 위치에 따른 의미
【주안점2】 보편적인 의미의 정관사, 사물을 받는 소유형용사, 부정의 de
【어휘】

apprendre 배우다	orthographe 철자법, 정서법
lecture 독서	compétence 능력
acquérir 획득하다, 취득하다	formation 교육
apprentissage 학습, 실습, 수련	dit 소위, 이른바
enseignement 교육	discipline 학과목
se former 형성되다	siècle 세기

【구문】

① deux fois : 두 번, 이중으로

② au début de : ~의 초기에

③ suffire pour + inf : ~하기에 충분하다

④ à nouveau : 다시

⑤ apprendre à + inf : ~하는 법을 배우다

⑥ au cours de : ~ 동안

【초점】

① le jeune Français, l'élève : 정관사 〈le, l'〉는 대표단수의 의미로 쓰였다.

② d'abord, puis : 앞 문장의 deux fois에 걸려 "첫 번째는, 그 다음에는" 의 뜻이다.

③ sans faire de fautes : 〈sans〉 뒤에서 "부정의 de"가 적용되었다.

④ l'orthographe et ses règles : 소유형용사 〈ses〉는 앞의 l'orthographe
를 지칭.

⑤ au cours des trois ou quatre derniers siècles : 형용사 〈dernier〉가 명
사 뒤에 오면 〈지나간〉의 뜻이지만, 명사 앞에 쓰이면 〈최근의, 마지막의〉 뜻.

【해석】

학교에서 프랑스 청년들은 자신의 철자법을 두 번 배운다. 첫 번째로는, 독서를
하기위하여 배운다. 이러한 능력은 초등교육 시작할 때에 습득된다. 그러나 소
위 "수동적 철자법"이라고 하는 이러한 학습은 틀리지 않고 글을 쓰기에는 충
분하지 않다. 그 다음으로는, 학생들은 쓰는 법을 배우기 위한 철자법과 그 문
법규칙을 다시 배운다. 이것이 "능동적 철자법"이다. 능동적 철자법 교육은 최
근 3~4세기 동안에 형성된 학교의 한 학과목이다.

6. 형용사와 부사의 비교표현

Sommes-nous plus heureux que nos ancêtres? Personne ne pourrait l'affirmer. Le
bonheur dépend **plus** des sentiments intérieurs **que** des avantages extérieurs. Notre
vie est **mieux** organisée **que celle de nos pères** ; mais **semblables aux enfants
trop riches élevés** dans le luxe, nous nous sommes habitués au bien-être et n'en
sentons plus guère le charme.

【주안점1】 형용사의 비교, 부사 bien의 비교, 유사성을 나타내는 semblable à
【주안점2】 중성대명사 le 와 en, 지시대명사 celle, 부정의 표현 guère
【어휘】

heureux 행복한	ancêtres 조상	personne 아무도
affirmer 단언하다	bonheur 행복	avantage 장점
organiser 조직하다	pères 조상	élever 양육하다, 기르다
luxe 사치	bien-être 안락	charme 매력

【구문】

① dépendre de : ...에 달려있다

② être semblable à : ...을 닮다(=ressembler à, tenir de, avoir de)

③ s'habituer à : ...에 익숙해지다(=se faire à, s'accoutumer à)

【초점】

① Personne ne pourrait l'affirmer : l' 는 앞 문장을 받는 중성대명사.

② plus ... que, mieux ... que : 비교구문을 잘 익혀 두어야 한다.

③ celle de nos pères : celle 는 la vie 를 받는 지시대명사.

④ semblables aux enfants trop riches élevés : semblables 는 뒷 문장의 주어 nous 에 걸린다. riches élevés 에서 과거분사 앞에 쓰인 형용사는 부사적으로 해석하는 것이 요령이다.

⑤ n'en sentons plus guère le charme : en 은 le charme de ce bien-être 에서 de ce bien-être 를 받는 중성대명사.

【해석】

우리는 조상들보다 더 행복한가? 누구도 그 사실을 확신할 수 없을 것이다. 행복이란 외적 장점 보다는 내적 감정에 더 많이 달려 있다. 우리의 삶은 우리 조상들의 삶 보다 더 잘 조정되어 있다. 그렇긴 하지만 우리는 사치 속에서 대단히 부유하게 자란 어린이들을 닮았기 때문에 안락에 익숙해 졌으며 그 안락의 매력을 이제 더 이상 거의 느끼지 못한다.

7. 동사의 비교구문

Pendant longtemps, les Français ont été **pour la plupart** des paysans, **pensant plus** à accumuler l'argent **qu'**à l'investir et **tournés davantage** vers le passé **que** vers l'avenir. La révolution industrielle et l'explosion urbaine ont eu lieu **beaucoup plus tard en France que** dans les autres pays "industrialisés". En 1850, il n'y avait qu'un quart de la population dans les villes. Aujourd'hui, il n'y a plus qu'un quart de la population à la campagne.

【주안점1】 동사(분사)를 수식하는 비교표현과 비교의 강조
【주안점2】 현재분사와 과거분사로 이루어진 분사구문, ne~que, ne~plus que

【어휘】

paysan 농부	accumuler 축적하다
investir 투자하다	davantage 더 많이 (beaucoup 의 비교급)
révolution 혁명	explosion 개발
urbain 도시의	industrialiser 산업화하다
population 인구	campagne 시골

【구문】

① penser à + inf : ..하기를 생각하다

② tourner vers : ..로 관심을 기울이다

③ avoir lieu : ..이 일어나다

【초점】

① pour la plupart : 주어를 강조하는 구문이다. 이것을 la plupart des paysans 으로 연결하여 생각해서는 안된다. des paysans 은 être 동사의 속사이다.

② pensant, tournés : 현재분사 pensant 과 과거분사 tournés 는 둘 다 des paysans 에 걸린다. tournés 는 앞에 étant 이 생략되었다.

③ plus ... que, davantage ... que : 동일 의미의 비교급 구문. plus, davantage 는 둘 다 beaucoup 의 비교급이다.

④ beaucoup plus tard en France que : beaucoup 는 비교급을 강조한다.

【해석】

오랫동안 프랑스인들은 대부분 농부들이었다. 그들은 돈을 투자하는 것 보다 축적하기를 더 생각했으며, 미래쪽 보다는 과거쪽으로 더 향해 있었다. 산업혁명과 도시개발은 프랑스에서는 다른 산업화된 나라들에서 보다도 훨씬 더 늦게 일어났다. 1850년에는 도회지에 4분의 1의 인구만이 있었다. 반면에 오늘날은 시골에 이제 더 이상 4분의 1의 인구밖에는 없다.

8. 비교의 관용적인 표현

Les hommes consomment **de plus en plus d'énergie** : **hier**, du charbon, **aujourd'hui** du pétrole et de l'énergie nucléaire. Ils construisent **de plus en plus d'usine** parce qu'ils se servent d'un plus grand nombre de machines. Ces machines «dépensent» de l'électricité, de l'essence, du gaz. Il faut produire de plus en plus au nom du progrès. Mais nous pouvons peut-être nous passer de pétrole et **le remplacer par** de nouvelles sources d'énergie qui ne pollueront pas : le soleil, le vent, l'eau.

【주안점1】 de plus en plus, un plus grand nombre de

【주안점2】 se servir de, 비인칭 il faut + 동사원형, 복수의 de

【어휘】

consommer 소비하다   charbon 석탄

pétrole 석유   nucléaire 원자핵의

construire 건설하다   dépenser 사용하다, 소비하다

essence 휘발유   remplacer 교체하다

polluer 오염시키다

【구문】

① de plus en plus : 점점 더 많이

② se servir de : 사용하다 (= utiliser, employer)

③ un plus grand nombre de : 보다 많은 수의

④ se passer de : ..없이 지내다

⑤ au nom de : ..의 이름으로

⑥ remplacer A par B : A 를 B 로 바꾸다

【초점】

① de plus en plus d'énergie : de plus en plus 뒤에 명사가 오면 〈de + 무관사명사〉 형태를 취하며, 〈점점 더 많은 양의〉 라는 뜻.

② hier, aujourd'hui : 문자적인 어제와 오늘이 아니므로 〈과거, 현재〉로 해석.

③ le remplacer par : le 는 앞의 le pétrole 를 받는다.

【해석】

사람들은 점점 더 많은 에너지를 소비한다. 과거에는 석탄을 소비했지만, 오늘날은 석유와 핵에너지를 소비한다. 사람들은 대단히 많은 수의 기계를 사용하기 때문에 점점 더 많은 공장을 짓는다. 이러한 기계들은 전기, 기름, 가스를 소비한다. 진보라는 이름으로 점점 더 많이 만들어야 한다. 그러나 인간들은 아마도 석유가 없이도 잘 지낼 수 있을 것이며 그리고 태양, 바람, 물과 같이 오염시키지 않는 새로운 에너지원으로 석유를 대체할 수 있을 것이다.

9. 비교의 관용적인 표현

> **Si les adultes, plus ils sont jeunes, et moins** ils ont été scolarisés, **risquent, faute de pratiquer la lecture, de redevenir** analphabètes, cela remonte, en réalité, à une scolarité mal vécue entraînant un dégoût pour les livres **considérés, surtout dans une famille où on ne lit pas, comme** indissociables de l'école. C'est donc avant l'âge scolaire que le livre doit devenir partie intégrante de la vie et des plaisirs de l'enfant.

【주안점1】plus ~, moins ~

【주안점2】삽입구문 찾아내어 문맥 연결시키기, c′est ~ que 강조구문

【어휘】

adulte 성인, 기성세대   scolariser 상급학교에 취학시키다

analphabète 문맹   scolarité 수학, 취학

vécu 경험한   entraîndre 이끌다

dégoût 거부감   indissociable 분리할 수 없는

【구문】

① plus A, et moins B : A 하면 할수록 점점 덜 B 한다

② faute de + inf : ..하지 않으므로, ..하지 않으면

③ pratiquer la lecture : 독서를 자주하다

④ considérer A comme B : A 를 B 로 여기다

⑤ partie intégrante : 구성요소

【초점】

① Si les adultes, plus ils sont jeunes, et moins : si 절에 plus A, et moins B 구문이 삽입되어 있어서, 〈부사적인 의미〉로 해석한다.

② risquent, faute de pratiquer la lecture, de redevenir : 삽입구문을 생략하고 나면, de 와 연결된 risquer de + inf (..할 위험이 있다) 구문을 찾을 수 있다.

③ considérés, surtout dans une famille où on ne lit pas, comme : 삽입구문을 생략하고 나면, comme 와 연결된 considérer A comme B 구문을 찾을 수 있다.

【해석】

성인들이 젊으면 젊을수록 상급학교에 덜 진학되기 때문에, 독서를 자주 할 수 없게 되므로 성인들이 문맹이 다시 될 위험이 있다면, 그것은 특히 책을 읽지 않는 가정에서, 학교와 분리할 수 없는 것으로 여겨지는 책들에 대해 거부감을 이끌어 내는 잘못 경험된 학업으로 실제 거슬러 올라가는 것이다. 그러므로 책이 어린 아이의 삶과 즐거움의 구성요소가 되어야 하는 것은 취학연령 전이다.

10. 다양한 비교표현과 최상급

La "passivité" sociale est liée à ce qu'on nomme la commercialisation des loisirs. **Il serait plus exact de dire, en termes plus généraux, que** le consommateur ne possède le plus souvent qu'un très faible contrôle sur le producteur. La seule sanction **dont il dispose** est le refus de consommer ; **encore ce refus est-il d'autant plus** faiblement exercé **que** l'attitude du consommateur est **plus** passive.

【주안점1】 d'autant plus ~ que ~ plus

【주안점2】 어조완화의 조건법, encore 동사 + 주어

【어휘】

passivité 수동성   commercialisation 상업화

consommateur 소비자   producteur 생산자

sanction 제재   refus 거부

faiblement 미약하게   exercer 행사하다

【구문】

① nommer A B : A 를 B 라고 부르다

② en termes généraux : 보편적으로 말하자면

③ le plus souvent : 대개, 십중팔구는

④ d'autant plus A que B est plus C : B가 C할수록 그 만큼 더 A하다

【초점】

① Il serait plus exact de dire, en termes plus généraux, que : 삽입구문
   en termes plus généraux 를 빼고 나면, dire 동사는 직접목적절 que와
   연결된다.

② dont il dispose : disposer de la seule sanction 에서 de la seule
   sanction 을 관계대명사 dont 으로 받았다.

③ encore ce refus est-il : ainsi, aussi, encore, toujours 등이 문두에 쓰
   이면 주어와 동사가 도치되며, 특히 그 의미에 주의해야 한다.
   ainsi (그렇게-도치, 그래서-정치), aussi (그러므로)
   encore (그렇지만), toujours (그래도, 어쨌든)

【해석】

사회적인 수동성은 여가의 상업화라고 부르는 것에 연관이 있다. 보다 보편적
으로 말하자면, 소비자는 생산자에 대해 단지 대단히 미약한 통제력만을 가지
고 있다라고 말하는 것이 보다 정확할 것이다. 소비자가 가지고 있는 유일한
제재는 소비를 거부하는 것이다. 그렇지만 그 소비라는 것이 소비자의 태도가
보다 수동적일수록 그 만큼 더 미약하게 행사된다.

11. 동사 수식하는 비교표현과 petit의 비교

Malgré le principe "à travail égal, salaire égal", les femmes gagnent en moyenne un quart de moins que les hommes.

Cela s'explique en partie par le fait que les femmes sont plus nombreuses **à travailler** dans les petites entreprises et dans la fonction publique, où les salaires sont faibles.

Mais même à fonction égal, les femmes ont souvent un poste de qualification inférieure et de moindre responsabilité. Lorsque les femmes sont cadres, elles gagnent en moyenne moins que les hommes et l'écart tend à s'accroître avec l'âge, **ce qui montre qu'**elles n'ont pas les mêmes possibilités de carrière.

【주안점1】 동사 수식하는 비교표현, petit의 비교 moindre, même의 뜻
【주안점2】 주어로 쓰이는 지시대명사, 대명동사의 수동적 의미, 관계대명사 ce qui
【어휘】

principe 원칙	salaire 임금	entreprise 기업
faible 미약한	qualification 기능	cadre 간부, 상사
écart 차이, 격차	s'accroître 증가하다	carrière 직업

【구문】
    ① en moyenne : 평균적으로
    ② en partie : 부분적으로
    ③ la fonction publique : 공무원
    ④ tendre à + inf : ..하는 경향이 있다

【초점】
    ① Cela s'explique : cela 는 앞의 내용을 받는다.
    ② à travailler : 전치사 à 는 〈의무〉를 나타내며, les femmes 에 걸린다.
    ③ même à fonction égal : même 가 부사로 사용되어, 〈..하더라도〉의 의미이다.
    ④ ce qui montre que : 관계대명사 qui 의 선행사는 앞 문장 전체이며, 그 앞 문장을 〈동격의 ce〉로 다시 받은 것이다.

"동일한 근로에 동일한 임금"이라는 원칙에도 불구하고, 여성들은 남성들보다 평균 4분의 1이나 더 적게 번다. 이러한 사실은 부분적으로 임금이 박한 작은 회사와 공무원직에서 일해야 하는 여성들의 수가 더 많다는 사실로 설명된다. 그러나 같은 직능에 근무한다 하더라도 여성들은 종종 더 열등한 기능 그리고 더 열등한 직무를 가지게 된다. 여성들이 간부직일 때도 남성들 보다 평균적으로 덜 벌며, 그 편차는 연령과 함께 증가하는 경향이 있으며, 그 사실은 여성들이 남성과 똑 같은 직업적 가능성을 갖고 있지 않다라는 사실을 보여준다.

12. 비교문에서 que의 생략

La nation peut être une fugure collective du Sujet. **Elle l'est** quand elle **se définit** à la fois **par** la volonté de vivre ensemble dans le cadre d'institutions libres **et par** une mémoire collective. Il est devenu habituel d'opposer une conception française de la nation, **fondée sur** un libre choix **et sur** l'affirmation révolutionnaire de la souveraineté nationale **contre** le roi, et une conception allemande de la nation comme communauté de destin.

Rien n'est **plus artificiel et même dangereux**.

【주안점1】 비교문에서 que의 생략, même의 뜻
【주안점2】 중성대명사 le, 대명동사의 수동적 의미, 등위접속사 et의 역할
【어휘】

fugure 모습, 형상	volonté 의지
institution 체제, 제도	habituel 습관의
opposer 대조하다	affirmation 선언
souveraineté 주권	communauté 공동체
destin 운명	artificiel 인공의, 부자연스러운

【구문】

① se définir par : ...로 정의되다

② dans le cadre de : ..의 범위내에서, ..의 일환으로

③ fonder qc sur : ..위에 근거를 두다

【초점】

① Elle l'est : l' 는 la fugure collective du Sujet 를 받는다.

② et par, et sur : 등위접속사 〈et〉 는 se définit par 와 fondée sur 에 연결된다.

③ contre : 〈대항하여, 반대하여〉의 뜻으로 쓰이고 있다.

④ plus artificiel et même dangereux : 비교의 que 이하가 생략되어 있다. 생략은 앞문장에서 반복되었거나, 상황적으로 잘 알고 있는 경우에 이루어진다. 본문의 même 는 que 이하 비교구문과 상관없다. 부사로 쓰였기 때문에 〈심지어〉의 뜻으로 강조하고 있다.

【해석】

민족이란 주체의 하나의 공통적인 모습일 수 있다. 민족이 자유체제라는 범위내에서 함께 살아가는 의지에 의해서, 그리고 하나의 공통적인 기억에 의해서 정의될 때는 그렇다. 자유로운 선택에 기초한, 그리고 왕에 대한 주권재민의 혁명적인 선언 위에 기초한 민족에 대한 프랑스의 개념과, 그리고 운명 공동체처럼 민족에 대한 독일의 개념을 대립시키는 것이 관례가 되었다. 이 보다 부자연스럽고 심지어 위험한 것은 아무 것도 없다.

13. 최상급

Le problème actuel le plus vital **à résoudre** est peut-être, **celui de la répartition** des richesses du globe et de **sa surpopulation prochaine** ; mais il n'est pas trop tôt pour se pencher sur **les questions que se posera demain l'humanité** tout entière, au fur et à mesure qu'elle parviendra à faire de la vie **autre chose qu'**un déchet de la survie quotidienne.

【주안점1】 최상급 + à + inf

【주안점2】 지시대명사, à + inf 의 의미, 관계절 que 이하에서 주어 찾기

vital 중대한   résoudre 해결하다

répartition 분배   globe 지구, 구형

surpopulation 인구과밀   prochain 임박한, 가까운

déchet 찌꺼기, 쓰레기   survie 생존

quotidien 나날의

【구문】

① trop … pour : 너무 ..해서 ..하지 않다

② se pencher sur : 연구하다, 관심을 가지다

③ au fur et à mesure que : ..에 따라서, ..에 응하여

④ parvenir à + inf : ..하기에 이르다

⑤ faire A de B : B 를 A 로 만들다

【초점】

① à résoudre : 전치사 à 는 여기서는 〈의무〉의 뜻으로 쓰였다.

② celui de la répartition : celui 는 le problème 를 받는다.

③ sa surpopulation prochaine : prochain은 명사 앞에 오면 순서를, 명사 뒤에 오면 시간을 나타낸다. (le prochain candidat 다음 후보자, le mois prochain 다음 달)

④ les questions que se posera demain l'humanité : 동사 se posera 의 주어는 l'humanité 이며, 직목은 les questions 이 된다.

⑤ autre chose que : autre chose 는 〈부정대명사〉로 취급하며, 함께 쓰인 que 는 〈비교〉를 나타낸다.

【해석】

해결해야 할 가장 중대한 현실문제는 아마도 지구촌의 부의 분배와 지구촌의 임박한 인구과밀에 대한 문제이다. 그러나 그 문제는 인류가 생활을 나날의 생존의 찌꺼기와는 다른 것을 만들 수 있을 것임에 따라서 미래에 전적으로 제기하게 될 문제들에 관심을 가지기에는 너무 이른 것이 아니다. (그러나 그 문제는 인류가 미래에 전적으로 제기하게 될 문제들에 관심을 가지기에는 너무 이른 것이 아니며, 그 후 그에 따라서 인류는 생활을 나날의 생존의 찌꺼기와는 다른 것을 만들 수 있을 것이다.)

14. 비교의 même 와 최상급

L'attitude la plus ancienne consiste à répudier les formes culturelles qui nous sont étrangères. **L'Antiquité confondait-elle tout ce qui** ne participait pas de la culture gréco-romaine **sous le même nom de barbare** ; et la civilisation occidentale a ensuite utilisé le terme de sauvage dans le même sens. Il est probable que le mot barbare se réfère étymologiquement à la confusion et à l'inarticulation du chant des oiseaux, **opposées** à la valeur signifiante du langage humain ; et sauvage, qui veut dire «de la forêt», évoque aussi un genre de vie animale, par opposition à la culture humaine.

【주안점1】〈~와 같은〉의 뜻으로 쓰인 même, 최상급

【주안점2】도치되면 대립, 양보의 의미, 과거분사 opposées가 연결되는 단어

【어휘】

répudier 거부하다(=refuser)	antiquité 고대, 고대문명
confondre 혼합하다	barbare 야만의
terme 용어	étymologiquement 어원적으로
confusion 불명료	inarticulation 비분절음
forêt 숲, 삼림	évoquer 상기시키다(=rappeler)

【구문】

① consister à + inf : ...하는데 있다

② participer de : ..의 성질을 띠고 있다, 특징을 갖다

③ sous le nom de : ...의 이름으로

④ se référer à : 관계하다, 의거하다, ..에게 의견을 묻다

⑤ vouloir dire : 의미하다 (= signifier)

⑥ par opposition à : ...와는 대조적으로

【초점】

① L'Antiquité confondait-elle : 주어, 동사가 도치되어 〈대립, 양보〉의 의미이다.

② sous le même nom de barbare, le terme de sauvage dans le même sens : 명사 앞에 쓰인 même 는 〈..와 같은〉의 뜻, 전치사 de 는 〈동격〉으로 쓰였다.

③ opposées : opposées 가 걸리는 것은 la confusion 과 l'inarticulation 이다.

【해석】

가장 고루한 태도는 우리에게는 낯선 문화양식을 거부하는 것이다. 고대문명은 똑같은 〈야만적인〉이라는 이름으로 그리스 로마 문화의 성질을 띠고 있지 않았던 모든 것을 혼합하고 있었다 할지라도, 그 후에 서구 문화는 똑같은 의미로 〈원시적인〉이라는 용어를 사용했다. 십중팔구는 〈야만적인〉이라는 말은 어원적으로 인간 언어의 의미적 가치와는 상반되는 새들의 노래소리의 불명확함과 비분절음에 관계한다. 게다가 〈삼림의〉를 의미하는 〈원시적인〉이라는 말은 인간 문화와는 대조적으로 일종의 동물적인 삶을 연상시킨다.

15. 비교급과 최상급

Vingt-cinq ans ont suffi à détruire le plus grand lac d'Europe **qui était créé par des glaciers** il y a cent vingt siècles. Le Léman est devenu un grand malade, **même s'il offre encore une impression de santé** grâce aux belles montagnes qui l'entourent. Les scientifiques ont commencé à s'apercevoir du problème. Ils essaient de contrôler la pollution apportée **aussi bien par les centres urbains que par les industries**.

【주안점1】 같은 속성끼리의 비교, 동등비교, 최상급
【주안점2】 수동태, 대립, 양보의 표현
【어휘】

détruire 파괴하다	lac 호수
créer 만들다, 창조하다	glacier 빙하
malade 환자	impression 인상, 느낌
santé 건강	entourer 둘러싸다

scientifique 과학자   pollution 오염, 공해
apporter 운반하다, 초래하다   urbain 도시의 (≠rural)
industrie 산업, 공장

【구문】

① suffir à + inf : ~하기에 충분하다

② il y a + 시간 : ~전에

③ même si : ~이다 하더라도

④ grâce à : ~덕분에 (≠ à cause de : ~때문에)

⑤ commencer à + inf : ~하기 시작하다

⑥ s'apercevoir de : 깨닫다, 알아차리다

⑦ essayer de + inf : ~하려고 애쓰다(=tenter de, tâcher de, chercher à)

⑧ aussi ~ que : ~만큼 ~하다

【초점】

① qui était créé par des glaciers : 빙하에 의해 만들어진, 〈수동태 반 과거〉이며, 주격관계대명사 〈qui〉의 선행사는 "le plus grand lac d'Europe"이다.

② même s'il offre encore une impression de santé : 〈il〉은 "le Léman" 을 가리키고, 부사 〈encore〉는 "여전히"의 뜻.

③ aussi bien par les centres urbains que par les industries : 〈bien〉의 동 등비교 "aussi bien que"가 적용되었고, bien 은 apporté 를 수식한다.

【해석】

25년의 시간은 120세기 전에 빙하에 의해 만들어졌던 유럽에서 가장 큰 호수 를 파괴하기에 충분했다. 레만 호는 중환자가 되었다. 레만 호를 둘러싸고 있는 아름다운 산들 덕분에 여전히 건강하다는 느낌을 주더라도 말이다. 과학자들은 이 문제를 알아차리기 시작했다. 그들은 공장들에 의해서 만큼이나 도회지에 의해서 잘 운반된 공해를 통제하려고 노력하고 있다.

16. 비교의 관용적인 표현

> Pendant plus de mille ans, la France a tenu un rôle prépondérant dans les affaires européennes et mondiales. Son histoire, comme l'océan, s'étend en une série de flux et de reflux, **et il semble que plus bas elle tombe, plus haut elle remonte**. Par exemple, la Guerre de Cent Ans **a été suivie de** la Renaissance et **les Guerres de Religion, de l'Age Classique**.

【주안점1】 plus ~ , plus ~
【주안점2】 수동태, 대명동사의 수동적 의미
【어휘】

prépondérant 탁월한, 우세한	affaire 일, 사건	mondial 세계의
s'étendre 펼쳐지다	flux 밀물	reflux 썰물
tomber 떨어지다	remonter 다시 올라가다	suivre 뒤따르다

【구문】

① plus de : ~이상

② tenir un rôle : 역할을 맡다 (=jouer un rôle)

③ une série de : 일련의

④ il semble que + 접속법 : ~인 것 같다

⑤ la Guerre de Cent Ans : 1337~1453년 프랑스와 영국이 왕위계승에 따른 전쟁

⑥ la Renaissance : 14세기 후반과 15세기에 이태리에서 시작된 이 운동이 프랑스와 전 유럽에 전파되어 근대 유럽문화 태동의 기반이 되었다.

⑦ les Guerres de Religion : 1562~1598년 프랑스에서 가톨릭과 프로테스탄트 사이에 일어난 최초의 종교전쟁으로, 〈위그노전쟁〉이라고도 한다.

⑧ l'Age Classique : 고전주의시대. 17세기 프랑스의 대표적인 문예사조

【초점】

① et il semble que : 접속사 〈et〉는 문맥상 〈그래서〉로 해석해야 한다.

il semble que는 비인칭구문으로 뒤에 접속법을 요구한다.

②plus bas elle tombe, plus haut elle remonte : 프랑스가 낮게 떨어질 수록 더 높이 다시 올라간다. 〈비교급 + 비교급〉이 적용된 문장이다. 〈elle〉은 프랑스.

③a été suivie de : suivre 동사의 수동태가 적용되었다. 상태를 나타내는 경우에는 동작주보어를 유도하는 〈par〉 대신 〈de〉가 사용된다.

④les Guerres de Religion, de l'Age Classique : 동사 〈a été suivie〉가 반복되어 생략된 문장이다. 전치사 〈de〉는 〈a été suivie〉에 걸려 동작주보어를 유도한다.

【해석】

1000년 이상 동안 프랑스는 유럽과 세계의 사건들 속에서 탁월한 역할을 맡았다. 프랑스의 역사는, 마치 바다처럼, 일련의 밀물과 썰물로 펼쳐진다. 그래서 프랑스가 낮게 떨어질수록 더 높이 다시 올라가는 것 같다. 예를 들면, 100년 전쟁 이후에 르네상스, 그리고 종교전쟁 이후에 고전주의 시대가 뒤따라 왔다.

17. 열등비교급

La Sécurité sociale (la <Sécu>) a été créée en 1945. Elle couvre les dépenses de santé en cas de maladie, d'hospitalisation ou d'accident du travail. **Chez les médecins conventionnés par la <Sécu>, les tarifs sont moins élevés**. Les frais de traitement dans les hôpitaux publics sont **moins élevé** que dans les cliniques privées. Le Parlement vote le financement de la Sécurité sociale. **Celle-ci** rembourse 70% des soins médicaux.

【주안점1】 열등비교급과 que 이하의 생략
【주안점2】 chez 의 다양한 의미, 수동적 표현, 지시대명사 celle-ci

【어휘】

couvrir 보장하다, 덮다

santé 건강

conventionné 협정을 맺은

élevé 비싼, 높은

clinique 개인병원, 진료소

financement 자금조달

soins 치료, 진료

dépense 비용, 소비

hospitalisation 입원

tarif 가격(=frais)

traitement 치료, 처치

voter 투표하다, 표결하다

rembourser 환불하다

【구문】

① la Sécurité sociale : 사회보장제도, 국민건강보험

② en cas de : ~하는 경우에

③ accident du travail : 업무상 사고, 노동재해

④ hôpitaux publics : 국립병원

⑤ moins + 형용사 + que : que 이하보다 덜 ~한 (열등비교급)

【초점】

① Chez les médecins conventionnés par la 〈Sécu〉: 〈전치사 chez〉가 일반적으로 〈~의 집에〉이지만, 여기서는 〈사람이나 기관에게 있어서〉의 뜻이다.

② les tarifs sont moins élevés : 비교대상을 연결하는 〈que〉이하가 생략되었다. 너무나 당연한 경우 혹은 앞에서 반복된 경우엔 생략이 가능하다.

③ Celle-ci : 2개이 비교대상 중에서 가까운 것을 나타낸다. 여기서는 〈la Sécurité sociale〉을 가리킨다.

【해석】

사회보장제도는 1945년에 만들어졌다. 이것은 병이나 입원 혹은 업무상 사고가 나는 경우에 건강비용을 보장해준다. 사회보장제도와 협정을 맺은 진료기관에서는 그 비용이 더 싸다. 국립병원에서의 치료비용은 사설개인병원에서 보다 더 싸다. 의회는 사회보장제도의 자금조달을 표결한다. 사회보장제도는 70%의 진료비를 환불해준다.

❸ 소유형용사와 소유대명사

(Les Possessifs)

❸ 소유형용사와 소유대명사 (Les Possessifs)

A. 소유형용사의 의미

mon	ma	mes	notre	nos
ton	ta	tes	votre	vos
son	sa	ses	leur	leurs

① 가장 일반적인 의미로써, 구체적 혹은 정신적 <u>소유나 소속관계를</u> 나타낸다.

Prenez **mon** cahier. (내 노트를 가지세요)

Tu aimeras **ton père** et **ta mère**. (네 아버지와 어머니를 사랑하여라.)

② 문맥상 소유관계가 명백한 경우 <u>신체부위의 명사 앞에 정관사를</u> 쓴다.

Il a été blessé à **la jambe** droite. (그는 오른쪽 다리를 다쳤다.)

③ <u>습관</u>의 의미를 나타내며, 이 때 정관사로 대신하면 습관의 의미는 사라진다.

Tu ne veux pas me jouer **tes préludes** de Chopin?

(네가 늘 연주하던 쇼팽의 전주곡들을 연주해 주지 않겠니?)

J'ai mal à **ma tête**. (머리가 또 아파오는군.)

J'ai mal à **la tête**. (머리가 아프군.)

④ 소유의 관념이 없이 명사가 나타내는 <u>동작의 주체 또는 객체</u>가 된다.

J'attends **son retour**. (나는 그가 돌아오기를 기다린다. ― 주체)

À **ma vue**, le voleur s'enfuit. (나를 보자 도둑은 도망쳤다. ― 객체)

B. 소유형용사와 중성대명사 〈en〉

소유자가 사람일때는 당연히 소유형용사를 쓰지만, 소유자가 사물일 때는 그 관계가 복잡하므로 명확히 익혀야 정확한 독해가 가능하다.

① 소유자가 사물이고 동일절 내에 있지 않을 때, 피소유물(Les pièces)이 연결동사(être)의 주어이면, 소유자(le château)를 중성대명사 〈en〉으로 쓰는 것이 원칙이다.

J'ai visité **le château. Les pièces en sont** belles.

(나는 그 성을 방문했다. 그 성들의 방은 아름답다. – les pièces **de ce château**)

② 소유자가 사물이고 동일절 내에 있지 않을 때, 피소유물(le nom)이 타동사(connaître)의 직접목적보어이면, 소유자(cette ville)를 중성대명사 〈en〉으로 쓰는 것이 원칙이다.

Je ne savais rien de **cette ville**, j'**en connaissais le nom**.

(나는 그 도시에 대해 아무것도 몰랐지만 그 이름은 알고 있었다. – le nom **de cette ville**)

③ 소유자가 사물일 때 소유형용사를 쓰는 경우는 다음과 같다.

　a. 소유자와 동일절에 있는 경우

　　Le château est beau dans toutes **ses parties**.

　　(그 성은 모든 부분에 있어서 아름답다.)

　b. 타동사의 주어인 경우

　　Le soleil se leva ; **ses rayons caressèrent** la cime de la montagne.

　　(태양이 떠올랐다. 그 햇살이 그 산꼭대기를 스쳤다.)

　c. 의인화 된 경우

　　Plantez **un saule** au cimetière. J'aime **son feuillage**.

　　(무덤에 버드나무 한 그루를 심어다오. 나는 그 잎들을 좋아해.)

d. 전치사 뒤에 오는 경우

　　J'ai visité **ce musée** et j'ai admiré la richesse **de ses collections**.

　　(나는 그 박물관을 방문했는데 그 소장품의 풍부함에 감탄했다.)

④ 〈propre〉를 명사 앞에, 또는 〈à + 강세인칭대명사〉로써 소유형용사를 강조한다.

　　Il a bâti **sa propre** maison. (그는 자기 자신의 집을 지었다.)

　　C'est **sa** faute **à lui**. (그것은 그 사람 자신의 잘못이다.)

⑤ 하나의 절 안에 주어와 소유형용사가 동일인일 때 lui-même 로써 재귀적 의미를 강조한다.

　　Il a bâti **lui-même sa** maison. (그는 직접 자신의 집을 지었다.)

C. 소유대명사 (Les pronoms possessifs)

소유자	단 수		복 수	
	남 성	여 성	남 성	여 성
je	le mien	la mienne	les miens	les miennes
tu	le tien	la tienne	les tiens	les tiennes
il/elle	le sien	la sienne	les siens	les siennes
nous	le nôtre	la nôtre	les nôtres	
vous	le vôtre	la vôtre	les vôtres	
ils/elles	le leur	la leur	les leurs	

① 〈소유의 개념이 있는 명사〉의 반복을 피하기 위해 사용된다.

　　À qui est cette voiture ? — C'est **la mienne**. (= c'est ma voiture.)

　　(이 자동차 누구의 것입니까? — 그것은 나의 것입니다.)

② 명사의 반복이 없이 쓰여, 〈가족, 친척, 소속〉을 나타낸다.

　　Je suis **des vôtres**, si vous êtes **des miens**. (être de : 소속, 소유의 의미)

　　(당신들이 내 편이라면 나도 당신들의 편입니다.)

1. 소유형용사의 강조

En mai 68, dans les années qui ont suivi, la "presse pourrie" a été l'objet de critique, de menaces ; des manifestations ont eu lieu contre les journaux. **Que reprochaient principalement les étudiants? Deux choses** : une collusion de la presse avec les institutions et les pouvoirs ; un silence quasi-total sur **leurs propres conditions** d'existence, leur vie quotidienne ou leur avenir. Ces jeunes n'avait pas tort.

【주안점1】propre의 소유형용사 강조
【주안점2】avoir, être 동사의 복합과거
【어휘】

suivre 뒤따르다	presse 언론
pourri 부패한	objet 대상, 목표
menaces 위협	manifestation 시위
reprocher 비난하다	collusion 결탁
institution 제도, 기관	pouvoir 권력
quasi-total 거의 전적인	existence 존재, 생활
avenir 미래	

【구문】

① être objet de + 무관사명사 : (비난 · 탄핵 따위의) 대상〔표적〕이다

② avoir lieu : ..이 일어나다

③ avoir tort : 틀리다 (≠avoir raison)

【초점】

① Que reprochaient principalement les étudiants? : 주어는 les étudiants 이며, que 는 직목으로 쓰인 의문대명사이다. 주어는 qu'est-ce qui 를 쓴다.

② Deux choses : 앞 문장의 reprochaient 에 걸린다.

③ leurs propres conditions : propres 는 소유형용사의 소유개념을 강조한다.

68년 5월과 그 후에 계속되는 여러해 동안에 "부패한 언론"은 비난과 협박의 대상이었다. 신문을 반대하는 데모가 일어났다. 원칙적으로 학생들은 무엇을 비난했는가? 그것은 2가지 였다. 하나는 기관들과 권력들과 함께 한 언론의 결탁이고, 또 하나는 그들 자신들의 생활 상태, 그들의 일상 생활, 또는 그들의 미래에 대한 거의 전적인 침묵이다. 젊은이들은 틀리지 않았다.

2. 사물을 받는 소유형용사

La France est un pays de tradition catholique, où les cérémonies religieuses ont eu une grande importance dans la vie sociale. Bien que la religion soit moins pratiquée aujourd'hui, les étapes de la vie sont encore marquées par le baptème, la première communion et le mariage. Le mariage civil à la mairie est le seul légal, et doit précéder le mariage religieux **s'il y en a un**. Mais beaucoup de Français estiment encore que le mariage à l'église est nécessaire pour donner à l'événement **sa solennité et son caractère** de fête.

【주안점1】〈de + 사물〉을 받는 소유형용사 (중성대명사 en이 아니고)
【주안점2】 중성대명사 en의 용법, bien que + 접속법, 수동태

【어휘】

cérémonies 의식	étape 단계
pratiquer 의례를 지키다	encore 지금도 여전히
baptème 세례	communion 성체배령
légal 합법적인	précéder 선행하다
estimer 평가하다	événement 사건
solennité 엄숙성	

【구문】

   ① Bien que + sub : ..한다 하더라도

   ② donner A à B : A 를 B 에 부여하다

【초점】

   ① s'il y en a un : s'il y un mariage 에서 mariage 를 중성대명사 en 으로 받았다.

   ② sa solennité et son caractère : la solennité de cet événement et le caractère de cet événement 에서 de cet événement 을 〈en〉으로 받지 않고 〈소유형용사〉로 받은 것은 événement 이 한 문장 내에서 이미 쓰였기 때문이며, 〈문제의 사물과 관련된 특성〉을 나타낸다.

【해석】

프랑스는 카톨릭적인 전통을 가진 나라이며, 거기서의 종교적인 의식들이 사회생활에 있어서 대단히 중요했다. 비록 종교가 오늘날에는 보다 덜 지켜지고 있기는 하지만, 인생의 단계는 여전히 세례, 첫 번째 성체배령, 그리고 결혼에 의해 그 흔적이 남겨진다. 시청에서 하는 민법상의 결혼식은 유일한 합법적인 것이며, 만약 하나의 결혼식만 존재한다면 종교적인 결혼식보다 선행해야 한다. 그러나 많은 프랑스인들은 아직도 그 사건(결혼)에 결혼식의 엄숙성과 결혼식의 축제적 특성을 부여하기 위해 필요하다고 생각하고 있다.

3. 소유형용사의 강조

Il a de tout temps été difficile de parler des choses simples, mais la difficulté a varié avec les âges. Notre époque à nous vit sur un divorce entre langage quotidien, accessible à tous, et langages spécialisés qui s'adressent aux professionnels, et à eux seulement. Par contraste, la lecture des auteurs du passé paraît souvent rafraîchissante.

【주안점1】 〈à + 강세형〉으로 소유형용사 강조

【주안점2】 비인칭구문, 삽입구문의 이해, 문장구조의 연결

【어휘】

varier 변화하다   époque 시대

divorce 모순   quotidien 일상의, 매일의

accessible 알기 쉬운   lecture 읽을거리, 책, 독서

paraître ..인 것 같다   rafraîchissant 시원하게 하는

【구문】

① de tout temps : 언제 어느 때에나, 언제나

② entre A et B : A 와 B 사이에

③ Par contraste : 반대로 (=par contre)

【초점】

① Il a de tout temps été difficile de parler : de tout temps 이 부사구 이므로 삽입구문으로 처리해야 한다. de parler 이하가 진주어이고, Il 은 가주어이다.

② Notre époque à nous : à nous 는 소유형용사 notre 의 소유의 개념을 한층 더 강조한다.

③ s'adresser à : 주어가 사물일 때는 〈관계하다(=concerner)〉의 뜻.

【해석】

단순한 사실에 대하여 이야기한다는 것은 언제나 어려웠다. 그러나 나이를 먹어 감에 따라 그 어려움이 변화됐다. 우리의 시대는 누구에게나 알기 쉬운 일상의 언어와 전문가들에게 그것도 그 글에만 관계되는 전문화된 언어들 사이의 모순 위에서 살고 있다. 대조적으로, 과거 작가들의 읽을거리는 대개 상쾌한 것 같다.

4. 사물을 받는 소유형용사

L'ordinateur est **une machine à manupuler** des informations. Cette fonction
particulière qui fait **son originalité et sa puissance** est le fondement de toute
l'informatique. La manipulation suppose un codage **et ce codage étant universel**,
les ordinateurs **font circuler** ces codes. Il n'y a pas de différence fondamentale
entre un code qui va d'un clavier à un écran et **celui qui** va d'un ordinateur parisien
à un ordinateur new-yorkais ; seules les voies de transport changent.

【주안점1】〈de + 사물〉을 받는 소유형용사 (중성대명사 en이 아니고)
【주안점2】〈전치사 à〉의 의미, 현재분사, 사역동사, 지시형용사, 지시대명사
【어휘】

ordinateur 컴퓨터   manupuler 조작하다, 취급하다
fondement 기초, 토대   informatique 정보처리
supposer 전제로 하다   codage 기호, 암호
circuler 운용하다, 작동하다   code 기호체계
clavier 키보드, 자판

【구문】

① entre A et B : A 와 B 사이에

② aller de A à B : A 에서 B 로 진행하다

【초점】

① une machine à manupuler : 전치사 à 는 〈용도〉를 나타낸다.

② son originalité et sa puissance : 소유형용사는 L′ordinateur 를 받는다.

③ et ce codage étant universel : ce codage 는 un codage 를 다시 받아
그 성질을 강조하고 있다.

④ font circuler : faire 동사는 〈사역동사〉로 쓰였다.

⑤ celui qui : celui 는 ce code 를 받는다.

【해석】

컴퓨터는 정보를 다루는 기계이다. 컴퓨터의 독창성과 능력을 만드는 이 특별한 기능은 모든 정보처리의 토대이다. 조작은 암호 그것도 보편적인 암호를 전제로 하며, 컴퓨터들은 그 암호체계를 운용하게 한다. 키보드에서 화면으로 진행하는 암호체계와 빠리의 한 컴퓨터에서 뉴욕의 한 컴퓨터로 진행하는 암호체계 사이에 근본적인 차이는 없다. 단지 이동 경로만이 바뀔 뿐이다.

5. 사물을 받는 소유형용사, 복수의 소유형용사

> Au mois d'août, Paris se vide de ses habitants qui partent en vacances. Pendant ce temps, **les affaires sont arrêtées** dans les bureaux, et de nombreux commerçants affichent sur leurs portes «Fermeture annuelle». Malgré ces inconvénients, la tradition des vacances d'été est **si fortement installée dans les habitudes qu'aucun gouvernement** n'a jamais réussi à réaliser l'étalement des vacances sur d'autres mois de l'année.

【주안점1】 사물을 받는 소유형용사, 복수의 소유형용사
【주안점2】 복수의 de, 〈si ... que〉의 결과구문, 부정형용사 aucun
【어휘】

habitant 주민	affaire 일, 사건, 의류, 소지품(pl)
commerçant 상인	afficher 붙이다
malgré 불구하고	inconvénient 불편
installer 정착시키다	gouvernement 행정부
étalement 분산	

【구문】

① se vider de : 빠져나가다, 없어지다

② partir en vacances : 휴가를 떠나다

③ Fermeture annuelle : 정기휴업, 연례휴업

④ réussir à + inf : ... 하는데 성공하다

【초점】

① les affaires sont arrêtées : 수동태 구문이다. 동작주 보어는 일반인이기 때문에 생략되었다. 시제는 être 가 결정하므로 해석은 〈현재〉로 한다.

② si fortement installée dans les habitudes qu'aucun gouvernement : 〈si ... que〉의 결과구문이다. 〈너무 .. 해서, 그 결과 ... 하다〉의 뜻이다.

【해석】

8월에, 빠리는 휴가를 떠나는 주민들로 인하여 텅 비게 된다. 그 시간 동안에는 사무실에서 업무는 정지되며, 수많은 상인들은 〈연례 휴업〉이라는 팻말을 그들의 문에 붙인다. 이러한 불편에도, 여름휴가의 전통은 그들의 습관 속에 너무나 강하게 정착되어 있어서 그 어떤 행정부도 일 년 중 다른 달로 휴가를 배분(분산)하는 것을 결코 이루지 못했다.

6. 사물을 받는 소유형용사

Pour Croce, le phénomène artistique, en raison de **son caractère** pré-rationnel, représente l'intuition immédiate, **libérée de** toute dépendance à l'égard d'une prise de parti idéologique ou théorique : l'acte créatif s'exprime directement dans la totalité pure de l'œuvre. Alors, libéré de tout souci rationnel, l'art affirme **son indépendance** par rapport à l'éthique, la politique, la philosophie, qui ne peuvent que l'exploiter abusivement.

【주안점1】 사물을 받는 소유형용사
【주안점2】 수동적인 표현, 수동적 의미의 대명동사, 관계대명사, ne ~ que
【어휘】

phénomène 현상   pré-rationnel 선 이성적인
représenter 나타내다   intuition 직관, 예감
dépendance 종속관계   éthique 윤리
exploiter 이용하다   abusivement 부당하게

① en raison de : ..을 고려하여, 때문에

② à l'égard de : ..에 대하여

③ une prise de parti : 선입견, 편견 (= préjugé)

④ par rapport à : 비하여, 비교하여

【초점】

① son caractère : son 이 받는 것은 le phénomène artistique 이다.

② libérée de : 분사구문으로써 과거분사는 수동적인 의미이며, de 는 동작주 보어를 유도한다.

③ son indépendance : son 이 받는 것은 l'art 이다.

【해석】

크로체에 있어서 예술적인 현상이란, 그 현상의 선이성적인 특징 때문에, 관념론적이고 이론적인 편견에 대한 전적인 종속관계에서 해방된 즉각적인 직관을 나타내는 것이다. 왜냐하면 창조적인 행위는 작품의 순수한 전체에서 바로 설명되기 때문이다. 그래서 이성적인 모든 근심에서 해방된 예술은 그 예술을 단지 부당하게 사용할 수 있는 윤리, 정치, 철학에 대하여 그의 독립을 단언한다.

7. 소유형용사와 소유대명사

L'été est la saison des travaux et des jeux. Bêtes et gens vivent alors avec intensité et la chaleur du jour ajoute à leur peine, comme, par contraste, **la fraîcheur des soirs leur fait goûter le repos**. C'est la période des moissons. Les voisins sont venus aider le fermier qui, avec **les siens**, donnera la main à ses voisins la semaine prochaine. Mais une fois **les récoltes rentrées**, ce sont les repas et les danses.

【주안점1】 가리키는 것이 없는 소유대명사, 소유형용사

【주안점2】 관사의 생략, 사역동사, 분사구문

travail 일	jeu 놀이, 경기, 놀음
bête 짐승	intensité 강도, 강렬함
chaleur 열기, 더위	peine 노고, 수고
fraîcheur 쌀쌀함	goûter 맛보다
repos 휴식	période 기간
moisson 추수, 수확	fermier 농부
récolte 수확, 수확물	

【구문】

① ajouter à : ...에 덧붙이다, ...을 증대시키다

② par contraste : 반대로

③ les siens : 자기 가족들

④ donner la main à + qn : ...를 도와주다

⑤ rentrer les récoltes : 수확물을 광에 들이다

【초점】

① la fraîcheur des soirs leur fait goûter le repos : fait는 사역동사로 쓰였고, goûter 의 의미상 주어는 leur 이다. 직역하면, "저녁의 쌀쌀함이 그들에게 휴식을 맛보게 한다"가 되지만, 주어가 사물이므로 부사적으로 해석하는 것이 좋다. 저녁이 쌀쌀해진다는 것은 수확의 계절인 "가을"이라는 뜻이다.

② les récoltes rentrées : rentrées 는 〈étant〉이 생략된 분사구문이며, 주절의 주어와 다른 별도의 주어 les récoltes를 씀으로써 〈절대분사구문〉을 이룬다. 그런데, rentrées의 주어가 사람이면 "되돌아오다-자동사"가 되겠지만, 여기서는 주어가 사물이므로 rentrées 가 타동사의 과거분사임을 알 수 있다. 그래서 생략된 étant 과 함께 수동구문을 형성하고 있는 분사구문이며 여기서는 〈시간〉의 의미이다. (Une fois, après avoir rentré les récoltes, ~)

【해석】

여름은 노동과 놀이의 계절이다. 그래서 짐승들과 사람들은 강렬하게 생활한다. 그래서 낮의 열기가 그들의 수고를 증대시킨다. 마찬가지로, 그와 대조적으로 저녁이 쌀쌀해지면 그들은 휴식을 맛본다. 이때는 수확의 기간이다. 이웃이 그 농부를 도우러 왔다. 그 후에 그 농부는 자기 가족과 함께 다음 주에는 자기 이웃을 도울 것이다. 그러나 일단 수확물이 광 안으로 들여졌을 때, 그것은 곧 식사와 춤을 의미한다.

8. 소유대명사와 소유형용사의 강조

Les bêtes qui partagent notre existence semblent avoir contracté dans notre fréquentation, des pensées et des sentiments **tout humains**. Il est vrai qu'**en les élevant** dans notre maison, nous réglons leur comportement sur **le nôtre** et qu'elles portent une attention particulière aux faits et gestes de **celui qui les nourrit**. Il est vrai aussi, qu'**à les voir si familières**, nous leur prêtons tous les mouvements de **notre propre sensibilité**, une vie intérieure aussi complexe que **la nôtre**.

【주안점1】 소유대명사와 소유형용사의 강조
【주안점2】 제롱디프, 지시대명사, 비인칭구문 il est vrai que
【어휘】

bête 짐승, 가축	partager 공유하다
existence 존재, 생활, 생계	contracter 습관을 붙이다
fréquentation 친분, 교제관계	régler 조정하다, 지불하다(=payer)
comportement 행동, 태도	nourrir 부양하다, 먹이를 주다
familier 습관이 된	prêter 제공하다, 빌려주다
sensibilité 감정, 감수성	complexe 복잡한

【구문】

① sembler + inf : ~하는 것 같다

② porter attention à : ~에게 주의를 기울이다

③ faits et gestes : 행동

④ aussi ~ que : ~만큼 ~한, 동등비교급

【초점】

① tout humains : 부사 〈tout〉는 남성형용사를 수식하고 불변이며, "대단히"의 뜻.

② en les élevant : 그들을 기르면서, 제롱디프로서 동시성을 나타낸다.

③ le nôtre, la nôtre : 소유대명사로서 〈notre comportement, notre vie〉를 의미.

④ celui qui les nourrit : celui qui는 〈~하는 사람〉의 뜻으로 불특정인을 가리킨다.

⑤ notre propre sensibilité : 우리 자신의 감수성, 〈propre〉가 명사 앞에 올 때, 소유형용사와 함께 쓰여, 〈소유〉의 의미를 강조한다.

⑥ à les voir si familières : 그들이 이토록 익숙한 것을 보니, 〈à + inf〉가 "판단의 근거"를 나타낸다.

【해석】

우리의 생활을 공유하고 있는 짐승들은 우리와의 친분관계 속에서, 대단히 인간적인 생각과 감정들에 익숙해진 것 같다. 우리의 집에서 그들을 기르면서 우리는 그들의 행동을 우리의 행동에 맞추고 있으며, 그리고 그들도 자기들을 길러주는 사람의 행동에 특별히 주의를 기울이는 것도 사실이다. 그들이 이토록 익숙한 것을 보니, 우리가 우리 자신의 감수성의 모든 동요와 우리의 생활만큼이나 복잡한 정신생활을 그들에게 제공하고 있는 것도 또한 사실이다.

9. 사물을 받는 소유형용사

Un aspect du problème de l'origine du langage humaine est **celui du rythme de son développement**. On peut opposer ici un scénario biologique et un scénario culturel, **sans qu'ils s'excluent mutuellement** : il peut y avoir eu une rétroaction réciproque pendant une longue période. Selon le scénario culturel, le langage humain est simplement un artefact culturel **qui pourrait très bien s'être développé** récemment, disons, au cours des cent mille dernières années.

【주안점1】 사물을 받는 소유형용사
【주안점2】 지시대명사, 대명동사의 수동적인 의미, 부정법 과거
【어휘】

aspect 국면, 양상	origine 기원, 시초, 유래
développement 발전, 발달	opposer 맞서게 하다
scénario 각본, 예측	biologique 생물학적인
s'exclure 서로 상반되다	mutuellement 서로
rétroaction 반작용, 반응	réciproque 상호적인
selon ~에 따르면	artefact 인공물, 가공물
récemment 최근에	

【구문】

① sans que + 접속법 : ~함이 없이
② disons : 다시 말하자면
③ au cours de ~ : ~ 동안

【초점】

① celui du rythme de son développement : 지시대명사 〈celui〉는 〈un aspect〉를 받고, 소유형용사 〈son〉은 〈du langage humaine〉를 가리킨다.
② sans qu'ils s'excluent mutuellement : 대명동사는 상호적인 의미로 쓰였으며, mutuellement이 강조하고 있다. 주어 〈ils〉은 앞의 〈un scénario biologique et un scénario culturel〉를 받는다.

③ qui pourrait très bien s´être développé : 주어가 사물일 때 대명동사
는 수동적인 의미. 발전된 것(s´être développé)이 과거이므로 〈부정법
과거〉를 썼고, 현재 추측(pourrait)하므로 〈조건법 현재〉가 적용되었
다.

【해석】

인간 언어 유래의 문제에 대한 한 양상은 인간 언어 발달의 리듬의 양상이다.
여기서 사람들은 생물학적인 각본과 문화적인 각본이 서로서로 상쇄됨이 없이
그것들을 맞서게 할 수 있다. 왜냐하면 오랜 기간 동안 상호적인 반작용이 있
었을 수 있기 때문이다. 문화적인 각본에 따르면, 인간 언어는 최근에 즉 다시
말하자면 최근 수십만 년 동안 대단히 잘 발전되었을 수 있는 단순히 문화적인
인공물이다.

10. 습관을 나타내는 소유형용사

La solitude absolue, le spectacle de la nature m'ont plongé bientôt dans un état presque impossible à décrire. Sans parents, sans amis, pour ainsi dire seul sur la terre, **n'ayant point encore aimé, j'étais accablé d'une surabondance de vie. Quelquefois je rougissais subitement, et je sentais couler** dans mon cœur des ruisseaux d'une lave ardente. La nuit était également troublée **de mes songes et de mes veilles**. Il me manquait quelque chose pour remplir l'abîme de mon existence.

【주안점1】 습관을 나타내는 소유형용사
【주안점2】 복합과거와 반과거, 분사법 과거, 수동태, 비인칭 il manque
【어휘】

solitude 고독	absolu 절대적인
spectacle 광경	plonger 빠뜨리다
accabler 짓누르다	surabondance 과잉
subitement 갑자기	ruisseau 시내, 개울
lave 용암	ardent 뜨거운

troubler 혼란시키다 veille 밤샘

manquer 부족하다 remplir 채우다

abîme 심연 existence 존재, 생활, 생계

【구문】

① pour ainsi dire : 즉 다시 말하면

② une surabondance de vie : 생계비의 과잉

【초점】

① n'ayant point encore aimé : 분사법 과거가 적용되어, 혼자된 〈이유〉
를 설명한다.

② j'étais accablé d'une surabondance de vie : 수동태 구문인데, 〈추상,
습관, 지속, 상태〉를 나타낼 때는 동작주 보어는 de 로 유도된다.

③ Quelquefois je rougissais subitement, et je sentais couler :
quelquefois (가끔) 때문에 반과거가 〈반복〉을 나타낸다.

④ je sentais couler : 〈지각동사 + inf〉 구문이다. couler 의 의미상 주
어는 des ruisseaux d'une lave ardente 이다.

⑤ de mes songes et de mes veilles : 〈습관〉을 나타내는 소유형용사의
특별 용법.

【해석】

절대적인 고독, 자연의 광경 때문에 나는 곧 묘사하기에 거의 불가능한 상태에
빠졌다. 친척도 없고 친구도 없는 즉 다시 말하면 아직 사랑을 하지 않았기 때
문에 지상에서 혼자인 나는 생계비의 과잉으로 짓눌리고 있었다. 가끔 나는 갑
자기 얼굴이 달아오르곤 하였고, 그리고 내 가슴 속에 철철 흐르는 뜨거운 용
암이 흘러가는 것을 느끼곤 했다. 마찬가지로 밤은 늘 하던 공상과 밤샘으로
혼란스러웠다. (늘 하던 공상과 밤샘이 밤의 평화를 깨뜨렸다.) 내 존재의 심연
을 채우기 위해서는 나에게 뭔가가 부족했다.

❹ 지시형용사와 지시대명사
(Les Démonstratifs)

❹ 지시형용사와 지시대명사 (Les Démonstratifs)

	지시형용사	지시대명사	중성지시대명사
남성단수	ce (＋자음명사) cet (＋모음명사)	celui	ceci / cela / ce
여성단수	cette	celle	
남성복수	ces	ceux	
여성복수	ces	celles	

A. 지시형용사

① 지적하여 보여주기 위해 사용한다. 〈이, 그, 저〉로 해석된다.

　Je donne **cette fleur** à Hélène. (나는 이 꽃을 엘렌에게 준다.)

② 방금 말한 단어를 다시 언급할 때 사용한다.

　Je n'ai vécu que pour un enfant et par **cet enfant**.

　(나는 단지 한 아이를 위해 살았고 또 그 아이 때문에 살았다.)

③ 〈지시형용사 + 시간명사〉 형태로 현재와 가까운 시간을 나타내며,
　동사의 시제에 의해 〈과거, 현재, 미래〉가 표현된다.

ce matin　오늘 아침 ce soir　오늘 저녁 cette semaine 이번 주	ce mois-ci 이번 달 cet hiver　올 겨울 cette année 올해

　Cet été, il fait très chaud. (올 여름은 대단히 덥다.)

　Cet été, il a fait très chaud. (올 여름은 대단히 더웠다.)

　Cet été, il fera très chaud. (올 여름은 대단히 더울 것이다.)

④ 가까운 것은 〈-ci〉, 먼 것은 〈-là〉를 붙여 원근을 구별한다.

Ce livre-ci est épais ; **ce livre-là** est mince.

(이 책은 두껍고 반면에 저 책은 얇다.)

B. 지시대명사

① 〈de + 명사〉로 수식받는 〈명사〉가 반복될 때 지시대명사로 받는다.

Ma voiture est blanche ; **celle de Paul** est rouge.

(나의 자동차는 흰색인데, 폴의 것은 빨간색이다.)

② 관계대명사의 선행사가 반복될 때 지시대명사로 받는다.

Les baguettes de cette boulangerie sont **celles que** je préfère.

(이 빵집의 바게트는 내가 좋아하는 것이다.)

③ 관계대명사 앞에 쓰인 지시대명사가 받는 명사가 없는 경우에는
〈..하는 사람〉의 뜻.

Celui qui est riche a tendance à être avare.

(부유한 사람이 인색한 경향이 있다.)

④ 가까운 것은 〈-ci〉, 먼 것은 〈-là〉를 붙여 원근을 구별한다.

De ces deux livres, prends **celui-ci**, laisse **celui-là**.

(이 두 권의 책 중에서 이것은 가지고, 저것은 그대로 두어라.)

Ce joueur a frappé la balle et **celle-ci** a franchi le mur à l'autre bout du
terrain. (그 선수는 공을 쳐서 운동장 끝의 담장을 넘겼다.)

Cette fleur est plus jolie que **celle-là**.

(이 꽃이 저 꽃보다 더 예뻐요.)

J'ai rencontré un homme et une femme, **celle-ci** était fatiguée, mais
celui-là ne l'était pas. (나는 한 남자와 한 여자를 만났는데, 후자는 피로
한 상태였으나 전자는 그렇지 않았다.)

C. 중성지시대명사

① 〈ceci / cela〉는 서로 대비적으로 쓰여 공간적, 심리적으로 가깝거나 먼 사물을 지시한다.

Ceci me plaît, **cela** ne me convient pas.

(이것은 내 마음에 드나, 저것은 나에게 어울리지 않는다.)

② 일반적으로 앞에서 말한 내용을 다시 받을 때 〈cela〉를 사용한다. 이 때에는, 〈être〉 이외의 일반동사의 주어나 직목, 그리고 전치사 뒤에 온다.

Prendre mon petit déjeuner au lit, j'adore **ça**.

(나는 침대에서 아침 식사를 하는 것을 대단히 좋아한다.)

Ce que tu viens de dire, **ça** m'intéresse.

(네가 방금 말한 것, 그거 흥미로운걸.)

Il conduit mal et **avec ça** il conduit trop vite.

(그는 운전이 서툰데다가 너무 빨리 차를 몬다.)

③ 동사가 〈être〉일 때, 혹은 관계절의 선행사나 간접의문절에서는 주로 〈ce〉를 쓴다.

La plus intelligente de cette classe, **c'**est Marie.

(이 학급에서 가장 총명한 여자는 마리이다.)

C'est vraiment beau quand elle le console.

(그 여자가 그를 위로하는 모습은 참으로 아름답다.)

Il n'est plus **ce qu'**il était il y a dix ans.

(이제 그는 10년 전의 그가 아니다.)

Personne ne sait **ce qui** va arriver.

(무슨 일이 일어날지 아무도 모른다.)

1. 지시형용사 ces 와 지시대명사 celle

> Lorsqu'on compare la pratique professionnelle des journalistes américains avec **celle** des français, on mesure la soumission de **ces derniers** aux institutions et aux dirigeants. Aux États-Unis, les conférences de presse -- y compris **celles** du président -- sont de véritables interrogatoires **où on ne fait pas de cadeaux**. Les questions sont agressives, violentes, "inconvenantes" au regard de nos habitudes.

【주안점1】 전치사 de 앞에 오는 지시대명사, ces derniers의 뜻

【주안점2】 전치사 y compris, 관계대명사 où, 복수의 de

【어휘】

pratique 행동, 처신   mesurer 측정하다, 추정하다

soumission 복종   institution 기관

dirigeant 지도자   les conférences de presse : 기자회견

interrogatoire 신문, 질문   agressif 공격적인

inconvenant 무례한

【구문】

① comparer A avec B : A 를 B 와 비교하다

② mesurer A à B : A 를 B 에 알맞게 조절하다

③ y compris : 포함하여 (전치사로 사용된다)

④ ne pas faire de cadeau à : 엄하게 대하다, 사소한 일도 용서하지 않다

⑤ au regard de : …에 비추어 보아

【초점】

① celle : la pratique professionnelle

   celles : les conférences de presse

② ces derniers : 후자, 즉 les français

③ où on ne fait pas de cadeaux : 구문에서 à 이하를 관계대명사 où 로 받았다.

【해석】

사람들이 미국 신문기자들의 직업적인 행동을 프랑스 기자들의 행동을 비교해 볼 때, 기관이나 지도자들에 대해서 프랑스 기자들이 복종하는 편이라고 추정한다. 미국에서 기자회견은 -- 대통령 기자회견을 포함하여 -- 그야말로 심문이며 거기서는 엄하게 대한다. 질문들은 우리 습관에 비추어 보아 공격적이고 격렬하며 무례하다.

2. 복합형 지시대명사 ceux-ci

La santé physique est **une des conditions** de bonheur. Mais le corps humain, **merveilleux instrument de plaisir par sa sensibilité**, devient pour la même raison une source inépuisable de souffrance quand la maladie s'abat sur lui. De même pour les biens extérieurs comme la fortune, la réussite sociale, les honneurs, etc. **Ceux-ci nous déçoivent doublement** : par leur privation, si on échoue dans leur poursuite, ou par le vide qu'ils laissent **en nous**, si on les obtient.

【주안점1】 원근을 나타내는 지시대명사
【주안점2】 une des의 의미, 관사의 생략, 명사로 쓰인 bien
【어휘】

sensibilité 감각	inépuisable 한없는
souffrance 고통	biens 행복, 재산
décevoir 실망시키다	privation 박탈
échouer 실패하다	poursuite 추구
vide 공허	

【구문】

① pour la même raison : 그와 같은 이유로
② s'abattre sur : ..위로 달려들다. 덮치다.
③ de même : 마찬가지로

【초점】

① une des conditions : des 는 〈de + les〉이고, une 는 une condition을 받는다.

② merveilleux instrument de plaisir : 이것은 주어 le corps humain 과 동격이며, 동사는 devient, 속사는 une source inépuisable de souffrance 이다.

③ Ceux-ci : Ceux-ci 는 les biens extérieurs 를 받는다.

④ nous déçoivent doublement : doublement 은 뒤에 〈동격, 나열〉로된 뒷 문장을 가리킨다. 즉 doublement 뒤에는 〈이중〉으로 실망되는 〈두 가지 이유〉를 설명한다.

⑤ en nous : en 은 〈추상적인 장소〉를 가리키므로, 그 뒤에 사람을 가리 키는 인칭대명사가 오면 〈마음 속에〉라는 뜻이 된다.

【해석】

육체적인 건강은 행복의 조건들 중의 하나이다. 신체의 감각으로 인하여 경탄 할 만한 즐거움의 도구인 인간의 신체는 병이 그 신체에 덮칠 때에는 그와 같 은 이유로 고통의 한없는 근원이 된다. 재산, 사회적인 성공, 명예들 처럼 외 적인 행복들에 대해서도 마찬가지이다. 후자들은 우리를 이중으로 실망시킨다. 즉, 사람들이 그것들을 추구하는 중에 실패하는 경우 그것들의 박탈에 의해서, 또는 사람들이 그것들을 획득한다면 그것들이 우리 마음 속에 남겨놓는 공허 감에 의해서이다.

3. 지시대명사 celles

Il serait très arbitraire de vouloir décrire ou même ramener à quelques traits communs les façons de vivre dans les divers pays du monde. Il est clair d'abord qu'il existe une différence essentielle, de ce point de vue, entre les nations hautement industrialisées et **celles qui** sont en voie de développement ou sous-développées. Mais comme **les secondes** aspirent à accéder au même niveau de prospérité et de modernisation que **les premiers**, il est logique de prendre pour référence la vie dans les sociétés modernes.

【주안점1】 관계대명사의 선행사로 쓰이는 지시대명사
【주안점2】 비인칭구문, 어조완화의 조건법, 형용사와 부사로 쓰인 même
【어휘】

arbitraire 독단적인   ramener 귀결시키다

traits 특징   essentielle 근본적인

accéder 도달하다   prospérité 번영

logique 논리적인   référence 참조

【구문】

① point de vue : 관점

② être en voie de : ..의 도상에 있다

③ aspirer à + inf : 갈망하다 (=avoir soif de + inf)

④ prendre A pour B : A 를 B 로 알다(잘못 알다), A 를 B 로 삼다

【초점】

① celles qui : celles 는 les nations 을 받는 지시대명사

② les secondes, les premiers : les secondes 는 후자들, 즉 celles qui
sont en voie de développement ou sous-développées 를 가리키며,
les premiers 는 전자들, 즉 les nations hautement industrialisées 를
가리킨다.

③ même niveau ... que : même 가 명사 앞에 올 때는 〈..와 같은〉의 뜻
이며, 이 때, 〈비교의 que〉와 같이 사용된다.

【해석】

세계의 여러나라에서 살아가는 방식을 묘사하거나 혹은 어떤 공통의 특징으로
귀결시키고자하는 것은 매우 독단적일 것이다. 우선, 그런 관점에서, 고도로 산
업화된 나라들과 개발도상국이나 후진국들 사이에 근본적인 차이가 존재한다
는 것은 명백하다. 그러나 후자들(개도국과 후진국)은 전자들(선진국)과 같은 수
준의 번영과 현대화에 도달하기를 갈망하며, 현대사회에서의 생활을 참고로 하
는 것은 논리적이다.

4. 지시대명사 ce, celle

Les Français demandent à l'écrivain **plus qu'une description**, ils recherchent dans l'œuvre une interprétation du monde. **C'est** ce qui explique, en partie, l'immense influence d'écrivains comme Malraux, Saint-Exupéry, Camus et surtout **celle de Sartre, dont une des idées maîtresses** est que l'écrivain doit jouer par son œuvre un rôle social, qu'il doit être un acteur de l'histoire.

【주안점1】 주어로 쓰인 지시대명사, 전치사 de 앞에 쓰인 지시대명사
【주안점2】 plus que의 의미, 관계대명사 dont, 접속사 que의 연결구문
【어휘】

écrivain 작가   description 묘사
rechercher 추구하다   interprétation 해석
immense 거대한   influence 영향력
maître 주요한   jouer 역할을 하다
acteur 배우, 당사자

【구문】

① plus que + 명사 : ..이상의 것
② en partie : 부분적으로
③ des idées maîtresses : 주개념들
④ jouer un rôle : 어떤 역을 맡아하다

【초점】

① plus qu'une description : 동사 demander 의 직목이다.
② C'est : ce (그 사실은)는 앞 문장을 받는다.
③ celle de Sartre : celle 는 l'immense influence 를 받는다.
④ dont une des idées maîtresses : 관계대명사 dont 은 une des idées maîtresses de Sartre 에서 de Sartre 를 dont 으로 받았다. une 는 une idée 를 받는 부정대명사.

프랑스인들은 작가에게 묘사 그 이상의 것을 요구한다. 그들은 작품 속에서 세계에 대한 해석을 추구한다. 그것은 부분적으로는 말로, 생떽쥐뻬리, 까뮈와 같은 작가들의 막대한 영향력, 특히 싸르트르의 영향력을 설명하는 것이며, 싸르트르의 주개념들 중의 하나는 작가가 자기 작품을 통해 사회적인 역할을 감당해야 하고, 역사의 당사자가 되어야 한다는 것이다.

5. 중성지시대명사 cela

Les rapports entre les enfants et les parents, entre le monde de la jeunesse et **celui des adultes** seront plus fort que jamais influencés par la rapidité des transformations économiques et par l'évolution de l'urbanisation. **Le malaise éprouvé par des jeunes** à l'égard des adultes trouve aussi son expression dans la contestation de l'institution familiale. Mais ce n'est pas la famille que l'on conteste, ce sont plutôt les conditions qui la menacent. Dans ce sens-là, la contestation est une prise de conscience des problèmes sociaux, économiques et politiques qui se posent à l'heure actuelle, **et cela** dans tous les pays industrialisés. Contrairement à **ce que l'on dit** : cette contestation invite au dialogue les jeunes et les adultes.

【주안점1】 전치사 de 앞에 쓰인 지시대명사, 중성지시대명사 cela의 단독 용법
【주안점2】 수동적 표현의 능동적 해석, 비교급, 수동태, c'est ~ que 강조구문, 인칭대명사
【어휘】

rapport 관계	influencer 영향을 주다
évolution 발달, 변화	urbanisation 도시화
malaise 거북함	contestation 의견차이
contester 반대하다	menacer 위협하다
inviter à 초대하다	

【구문】

① entre A et B : A 와 B 사이에

② plus fort que jamais : 그 어느 때보다 더

③ à l'égard de : ..에 대하여

④ une prise de conscience : 자각, 의식화

⑤ à l'heure actuelle : 현재

【초점】

① Le malaise éprouvé par des jeunes : 이와 같은 수동적인 구문은 능동적으로 해석해야 한다. 즉, par des jeunes 를 주어로, éprouvé 를 능동으로 해석한다.

② et cela : 단독으로 쓰여, 이미 말한 것, 현재 문제가 되고 있는 일을 나타낸다.

③ ce que l'on dit : 이것은 앞에서 언급된 〈의견차이〉를 말하는 것이다.

(:) 뒤에 이어지는 동격절은 Contrairement à 와 동격이다.

【해석】

자식과 부모 사이의 관계, 그리고 젊은이 계층과 기성세대 계층 사이의 관계는 그 어느 때 보다 더 경제변화의 급속함과 도시화의 발달로 인하여 영향을 받을 것이다. 기성세대에 대하여 젊은이들이 느끼는 거북스러움은 그 거북스러움의 표현을 가족제도에 대한 의견차이 속에서도 발견한다. 그러나 사람들이 거부하는 것은 가정이 아니라, 오히려 가정을 위협하는 조건들이다. 그러한 의미에서, 의견차이는 지금 제기되어지는 사회적인, 경제적인 그리고 정치적인 문제에 대한 자각이다. 그것도 산업화된 모든 나라에서는 그렇다. 이는, 사람들이 말하는 것과는 반대다. 즉 다시 말하면, 그러한 의견차이가 젊은이와 기성세대를 대화로 이끈다.

6. 복합형 지시대명사 ceux-ci

Comme de nombreux jeux, le sport repose sur la compétition, mais sur une compétition qui est sans cesse dépassement de soi, de ses limites. Mais trop souvent, le désir de vaincre à tout prix conduit à la brutalité, à la violence. Ces scènes de violence ne sont pas sans attrait pour les spectateurs, et **ceux-ci les attendent, les provoquent même** par leurs cris et leur excitation. **Ils en arrivent parfois eux-mêmes**, s'identifiant aux athlètes et au comble de l'exaltation, **à se livrer** à des manifestations frénétiques et brutales.

【주안점1】복합형 지시대명사 ceux-ci 와 지시형용사 ces
【주안점2】인칭대명사 les, 부사와 형용사 même, 중성대명사 en, 현재분사
      (분사구문)
【어휘】

compétition 경쟁	dépassement 초월
brutalité 난폭	violence 격렬
spectateur 관객	attendre 기대하다, 기다리다
excitation 흥분	athlète 운동 경기자
frénétique 열광적인	

【구문】
　　① reposer sur : 근거를 두다
　　② sans cesse : 끊임없이
　　③ à tout prix : 어떤 값을 치르더라도
　　④ s'identifier à : 일체가 되다
　　⑤ arriver à + inf : ..하는 일이 일어나다
　　⑥ se livrer à : ..에 내맡기다
【초점】
　　① ceux-ci : 후자들, 즉 les spectateurs 를 가리킨다.
　　② les attendent, les provoquent même : les 는 ces scènes de violence
　　　를 가리킨다. même 는 부사로 쓰였기 때문에 〈심지어〉의 뜻.
　　③ Ils en arrivent..., s'identifiant aux athlètes..., à se livrer : en 은 〈de

+ 앞 문장〉을 가리킨다. 중간에 있는 삽입구문을 빼면 〈arrivent à〉 구문으로 연결되는 것에 주의해야 한다. 현재분사 〈s´identifiant〉은 이유를 나타낸다.

【해석】

많은 놀이들처럼, 스포츠는 경쟁, 그것도 끊임없이 자신, 즉 자기 한계의 초월인 경쟁에 근거를 두고 있다. 그러나 너무나 자주, 어떤 값을 치르더라도 이기겠다는 욕망이 난폭함, 즉 폭력에 이르게 한다. 이러한 폭력 장면들은 관객들에게는 아무 매력이 없는 것은 아니다. 게다가 관객들은 폭력 장면들을 기대하며, 심지어 그들의 고함소리와 흥분으로 그것들을 유발한다. 그러한 일 때문에 그들 자신도 가끔 경기자와 일체가 되며 그것도 흥분의 절정에 도달하여, 열광적이며 난폭한 시위에 내맡기게 된다.

---

7. 지시대명사 celui

De tout temps, le moment de l'adolescence a été **celui des déchirements. Il l'est** par principe, puisque l'adolescence est la période de transition. Elle peut être ressentie péniblement **dans le cas** où l'adolescent ne veut pas abdiquer les droits que son état d'enfant lui conférait **et où** se dessinent les obligations de l'âge adulte ; elle est ressentie alors comme le passage **de l'état de liberté à celui de devoir.** Mais même dans le cas où ce passage est accepté, voire voulu, il ne se fait pas sans difficulté.

【주안점1】 전치사 de 앞에 오는 지시대명사 celui,
【주안점2】 중성대명사 le, dans le cas où, et où에서 주어 찾기, même, 인칭과 비인칭 il

【어휘】

adolescence 청년기   déchirement 격렬한 아픔
péniblement 고통스럽게   abdiquer 포기하다
conférer 부여하다   se dessiner 드러나다
obligation 의무   passage 통로
voire 게다가   voulu 요구되는

【구문】

    ① par principe : 원칙적으로

    ② la période de transition : 과도기

    ③ dans le cas où : ..하는 경우에

    ④ se faire : 이루어지다

【초점】

    ① celui des déchirements, celui de devoir : 〈celui〉는 각각 〈le moment〉과 〈l'état〉를 받는다.

    ② Il l'est : l' 는 le moment des déchirements 을 받는다.

    ③ dans le cas où, et où : et où 는 dans le cas où 를 받는다.

    ④ de l'état de liberté à celui de devoir : 〈de A à B〉 구문이다. 〈A 에서 B 로 가는〉의 뜻이다.

【해석】

언제 어느 시대나, 청년의 시기는 격렬한 아픔의 시기였다. 그 시기는 원칙적으로 그러한 시기다. 왜냐하면 청춘기는 과도기이기 때문이다. 청춘기는 청년이 자기 어렸을 때의 상태가 자기에게 부여하게 될 권리를 포기하고 싶지 않을 경우에 그리고 성년의 의무들이 나타나게 되는 경우에는 고통스럽게 느껴질 수 있다. 그래서 청년기는 자유의 상태에서 의무의 상태로 지나가는 통로처럼 느껴진다. 그러나 그 통로가 받아들여지고 게다가 요구되어지는 경우라도 그것이 아무 어려움 없이 이루어지지는 않는다.

8. 복합형 지시대명사 celui-ci, celui-là

La réussite de l'espèce humaine est due pour une part à son étonnante faculté d'adaptation physique. L'éléphant est plus gros, **le tigre plus fort** : l'homme est pourtant très résistant. Le poisson nage **mieux**, et le kangourou saute **plus loin** ; mais **celui-ci** ne peut pas nager, ni **celui-là** vivre sur la terre ferme. Un tigre peut manger **plus de viande**, mais il mourra de faim s'il ne trouve que choux et bananes. L'homme peut manger de tout, il est omnivore. Il grimpe, saute, court, nage **moins bien que** les animaux spécialisés, mais **aucun de ces derniers** ne peut faire tout ce que l'homme fait.

【주안점1】 복합형 지시대명사 celui-ci, celui-là, 후자를 뜻하는 ces derniers
【주안점2】 부사, 형용사, 명사의 비교표현, 부정대명사 aucun, 부정의 접속사 ni
【어휘】

réussite 성공	espèce 종류	faculté 능력
adaptation 적응	résistant 잘 견디는	ferme 단단한, 딱딱한
chou 배추	omnivoire 잡식성의	grimper 기어오르다
sauter 뛰어오르다		

【구문】
① être dû à + qc : .. 때문이다
② pour une part : 어느 정도, 어떤 점에서는
③ mourir de faim : 배고파 죽을 지경이다

【초점】
① le tigre plus fort : 동사 est 가 생략되어 있다.
② mieux, plus loin, plus de viande, moins bien que : 부사, 형용사, 명사의 비교 표현을 익혀두어야 한다.
③ celui-ci, celui-là : celui-ci 는 후자(캥거루), celui-là 는 전자(물고기)를 가리킨다.
④ aucun de ces derniers : ces derniers 는 〈그 후자들은〉의 뜻이며, les animaux spécialisés 를 받으며, 전치사 de 의 의미는 〈그 중에서〉의 뜻이다.

【해석】

인류의 성공은 어떤 점에서는 인류의 놀라운 신체적응 능력 때문이다. 코끼리는 더 크고, 호랑이는 더 힘이 세다. 그러나 인간은 생명력이 대단히 강하다. 물고기는 더 잘 헤엄치고, 캥거루는 더 멀리 뛴다. 그러나 후자(캥거루)는 수영할 수 없고, 전자(물고기)는 딱딱한 육지에서 살 수 없다. 호랑이는 더 많은 양의 고기를 먹을 수 있지만, 만약 호랑이가 배추나 바나나 외에는 발견하지 못한다면 배고파 죽을 지경이 될 것이다. 인간은 모든 것으로 먹고 살 수 있다. 즉, 잡식성이다. 인간은 특정의 동물들 보다 더 잘 기어오르고, 뛰고, 달리고, 헤엄치지는 못하지만, 특정의 동물들 중 그 어떤 동물도 사람이 만드는 모든 것을 만들 수 없다.

9. 지시대명사

C'est un métal précieux jaune et brillant. **Vous avez déjà deviné de quoi il s'agit?**
C'est l'or. Il n'est pas seulement le plus beau des métaux, mais c'est aussi **celui qui a
été connu** par l'homme **avant tout les autres**. Pourquoi? Parce que la nature l'a fait
inoxydable, **ce qui veut dire qu'il reste inaltérable et qu'on** le trouve à l'état pur. Ce
n'est le cas d'aucun autre métal, **pas même de l'argent**.

【주안점1】 관계대명사의 선행사로 쓰이는 지시대명사 celui 와 ce

【주안점2】 의문대명사 de quoi, ne pas seulement~ mais aussi, 부정형용사
aucun, même

【어휘】

précieux 값비싼, 소중한   brillant 빛나는

deviner 간파하다   or 금

seulement 단지   métal 금속

inoxydable 녹슬지 않는   inaltérable 변질되지 않는

argent 은, 돈

【구문】

① il s'agit de : …이 문제이다, …이 중요하다

② ne … pas seulement A, mais B : A 뿐만 아니라 B도 역시

③ avant tout les autres : 다른 어떤 것보다 먼저

④ vouloir dire : 의미하다 (= signifier)

⑤ Ce n'est pas le cas : 사실은 그렇지 않다.

【초점】

① Vous ~ deviné de quoi il s'agit? : De quoi s'agit-il? (무엇이 문제
인가?) 이 의문문이 deviner 동사의 간접의문절로 연결되었다.

② celui qui a été connu : 사람이 알아낸 금속, 〈celui〉가 받는 것은 le
métal이다. 동작주보어가 〈par l'homme〉인 수동태이며, 능동으로 해
석하는 것이 자연스럽다.

③ avant tout les autres : 〈autres〉는 대명사로 쓰였으며, autres métaux 를 받는다.

④ ce qui veut dire qu'il reste ~ et qu'on .. : ce qui에서 qui는 관계대 명사, 선행사는 앞 문장, 이 앞 문장을 다시 중성지시대명사 〈ce〉로 받아 문장을 깔끔하게 만들었다. 뒤의 〈et que〉절은 ce qui veut dire 에 걸 린다.

⑤ pas même de l'argent : 여기서 〈même〉는 부사이며, "심지어, 조차 도"의 뜻이다. 〈de l'argent〉은 Ce n'est pas le cas 에 걸리고 있어서, 〈pas〉로 표시했다.

【해석】

그것은 값비싸고 노란색이며 빛이 나는 금속이다. 당신은 무엇이 문제인지 이 미 간파했는가? 그것은 금이다. 그것은 금속 중에서 가장 아름다울 뿐만 아니 라, 또한 다른 어떤 금속보다 먼저 인간이 알아낸 금속이기도 하다. 왜 그럴까? 왜냐하면 자연이 그 금속을 녹슬지 않게 만들었다. 이 말은 그 금속이 변질되지 않으며 그래서 사람들이 그 금속을 순수한 상태로 발견한다는 것을 의미한다. 어떠한 다른 금속에 대해서는 그렇지 않다. 심지어 은에 대해서도 그렇지 않다.

10. 지시대명사 celle

L'adaptation des œuvres littéraires en films est un sujet de prédilection **pour comprendre** la place que le cinéma occupe aujourd'hui **et pour réfléchir sur** deux pratiques familières et dissemblables : **celle du lecteur et celle du spectateur**. Dès **ses débuts**, le cinéma adapte à l'écran des œuvres littéraires, et le cinéma parlant renforce encore davantage ce phénomène.

【주안점1】 전치사 de 앞에 오는 지시대명사 celle
【주안점2】 등위접속사 et, 사물을 받는 소유형용사 ses, 비교급의 강조

adaptation 번안, 각색 sujet 주제 prédilection 편애

occuper 차지하다 réfléchir 심사숙고하다 pratique 행동, 습관

familier 익숙해진 dissemblable 서로 다른 lecteur 독자

spectateur 관람객 dès ～부터 début 시작

adapter 각색하다 renforcer 확고히 하다 davantage 더 많이

【구문】

① l'adaptation des œuvres littéraires en films : 문학작품들을 영화로의 각색

② de prédilection : 특히 좋아하는

③ réfléchir sur qc : ～을 검토하다, 연구하다 (※ réfléchir à : 심사숙고 하다)

④ le cinéma parlant : 발성 영화

⑤ encore davantage : 더욱 더, 훨씬 더 많이

【초점】

① pour comprendre ～ et pour réfléchir : 〈pour + inf〉이 주로 목적을 나타내지만, 여기서는 〈관심의 대상〉을 나타내어 〈～에 대하여, ～하 는데 있어서〉의 뜻이다.

② celle du lecteur et celle du spectateur : 지시대명사 〈celle〉는 〈pratique〉를 가리키며, 앞의 〈deux pratiques〉와 동격이다.

③ Dès ses débuts : 소유형용사 〈ses〉는 뒤의 〈le cinéma〉를 가리키는데, 3인칭에서 사물을 대신할 수 있다.

【해석】

영화를 위한 문학작품들의 각색은 오늘날 영화가 차지하고 있는 지위를 이해 하고 그리고 독자의 행동과 관람객의 행동이라는 두 개의 익숙하지만 서로 다 른 행동에 대하여 연구하는 데에 있어서 특히 선호하는 주제이다. (영화의) 초 창기 때부터 영화는 문학작품들을 영화로 각색하고 있으며 그리고 발성영화는 이러한 현상을 더욱 더 확고히 하고 있다.

❺ 부정형용사와 부정대명사

(Les Indéfinis)

❺ 부정형용사와 부정대명사 (Les Indéfinis)

A. CERTAIN

① 명사 뒤 혹은 동사 뒤에 오면 품질형용사가 되어 〈확실한〉의 뜻이다.

Il est **certain** qu'il viendra. (그가 올 것이라는 사실은 확실하다.)

② 명사 앞에서 단수로 쓰여 〈어떤(=un)〉의 뜻이다.

J'ai vu dans une armoire **certain** gâteau doré.

(나는 찬장 속에서 어떤 금빛나는 케익을 보았다.)

③ 복수는 de 를 동반하여 〈약간의〉의 뜻이다.

Cette règle est sujette à (de) **certaines** exceptions.

(이 규칙은 약간의 예외를 요한다.)

④ 단독으로 쓰이면 대명사가 되어 〈불특정 소수〉의 사람을 가리키거나, 특정의 사람이나 사물 중에서 〈몇 사람, 몇 개〉를 의미한다.

Certains prétendent que le soleil est habité, **d'autres** en doutent.

(어떤 이들은 태양에 사람이 산다고 주장하고, 다른 이들은 그것을 의심한다.)

Parmi ses amis, **certains** le désapprouvent.

(그의 친구들 중에서 몇몇은 그를 비난한다.)

B. QUELQUE

① 단수로 쓰여 불가산명사 앞에서 일정하지 않은 소량을 의미한다.

Si vous avez encore **quelque** pudeur, vous devez vous repentir.

(당신에게 아직 약간의 수줍음이 있다면 반성해야 합니다.)

구어체에서는 quelque 대신 un peu de 를 쓴다.

Si vous avez encore **un peu de** pudeur, vous devez vous repentir.

② 단수로 쓰여 가산명사 앞에서 일정하지 않은, 불특정의 성질을 의미
한다.

Adressez-vous à **quelque** autre personne.

(누군가 다른 사람에게 문의하세요.)

Envoyez-moi **quelqu**e livre. (어떤 책이라도 보내라.)

③ 복수로 쓰이면 일정하지 않은 적은 수(< plusieurs 상당수의)를 의미한
다.

Ces **quelques** paroles l'ont consolé. (그 몇 마디 말이 그를 위로해 주었다.)

quelques jours après (며칠후에)

C. PLUSIEURS, DIFFÉRENTS, DIVERS

① plusieurs 는 형용사로써 항상 복수이며, 남성과 여성이 같은 형태이다.

Il faudra **plusieurs** semaines pour terminer ce travail.

(이 일을 끝내려면 몇 주는 걸릴 것이다.)

② plusieurs 는 형용사로도 대명사로도 쓰인다. 대명사로 사용될 때 보
어를 동반하면 〈약간의 수〉를 의미하고, 동반하지 않으면 〈많은 수〉
를 의미한다.

Plusieurs de nos maux viennent de notre négligence.

(우리 불행의 상당수는 우리의 게으름에서 온다.)

Il faut servir **plusieurs** si on veut se servir de **plusieurs**.

(많은 사람을 이용하고 싶으면 많은 사람에게 봉사해야 한다.)

③ différents, divers 가 명사 뒤에 오거나 속사로 사용되면 〈품질형용사〉
가 되고, 항상 복수로 명사 앞에 오면 〈부정형용사〉가 된다.

Ils sont **différents** à tous points de vue. (그들은 모든 관점에서 다르다.
-- 속사)

J'en ai parlé à **différentes [diverses]** personnes.

(나는 그것에 관해서 온갖 사람들에게 이야기했다.)

D. MÊME

① 명사 앞에 오면 형용사가 되며, 비교의 que 와 같이 쓰여 〈..와 같은〉의 뜻.

J'ai acheté la **même grammaire que** toi.

(나는 너와 똑같은 종류의 문법책을 샀다.)

② 명사나 대명사 뒤에 오면 형용사이지만, 〈자신, 바로〉의 의미로 강조를 나타낸다.

Ce sont ces **livres mêmes** que je cherchais. (que 는 관계대명사)

(그것들은 내가 찾던 바로 그 책이다.)

Ces livres sont **ceux mêmes** que je cherhais. (그 책들은 내가 찾던 바로 그 책이다.)

Ce sont les **paroles mêmes** du roi. (그것은 왕 자신의 말이다.)

Je ne la reconnais plus, elle n'est plus **elle-même**.

(나는 이제 그녀를 알아볼 수 없다. 그녀는 이전의 그녀 자신이 아니다.)

③ 부사로 쓰이며 위치가 일정치 않고 불변이다. 〈심지어, 조차도, ..일지라도, 까지도〉 등의 대립, 양보의 의미와, 〈바로〉의 뜻.

Nous devons aimer **même** nos ennemis.

(우리는 우리의 원수일지라도 사랑해야 한다.)

Les hommes les plus braves **même** craignent la mort.

(가장 용감한 사람들 조차도 죽음을 두려워한다.)

Quand même il reviendrait, je ne me séparerais pas de toi.

(그가 다시 찾아온다 할지라도, 나는 네게서 떠나지 않을거야.)

C'est ici **même** que l'accident s'est produit.

(사고가 발생한 곳은 바로 이곳이다.)

E. TOUT

a. 형용사로 사용될 때 (TOUT, TOUTE, TOUS, TOUTES)

① 단수 tout 를 무관사명사 앞에 쓰거나, 복수 tous, toutes 를 〈정관사, 소유형용사, 지시형용사〉 앞에 쓰여, 〈종류의 전체, 개체의 총체〉를 나타낸다.

Tout homme est mortel. (인간은 누구나 죽기 마련이다.)

Tous les hommes sont mortels. (인간은 누구나 죽기 마련이다.)

※ 정관사로 보편성, 대표성의 의미를 나타낼 수 있다.

L'homme est mortel. (인간은 죽기 마련이다.)

Les hommes sont mortels (인간들은 죽기 마련이다.)

② 단수 tout 를 정관사, 소유형용사, 지시형용사 앞에 쓰여, 〈전체의 (=entier)〉의 뜻이다.

Tout notre mal vient de ne pouvoir aimer les uns les autres.

(우리의 전 불행은 서로를 사랑할 수 없는 것에서 온다.)

toute la journée (하루 온종일)   **toute ma** vie (나의 전 생애)

③ 〈pour tout + 무관사명사〉 형태로 쓰이면 〈seul〉의 의미이다.

Pour tout abri, le vieil ermite a un trou dans un rocher.

(유일한 은신처라고는 그 늙은 은자는 암벽의 동굴 하나뿐이었다.)

b. 대명사로 사용될 때 (TOUT, ~~TOUTE~~, TOUS, TOUTES)

단수 〈TOUT〉는 앞에서 열거된 전체 혹은 불특정의 것을 나타내며, 사물을 가리킨다. 복수 〈TOUS, TOUTES〉는 앞에 나온 복수 명사를 대신하며 변화한다. 여성단수형 〈TOUTE〉는 쓰이지 않는다.

① 형용사 ①의 의미가 그대로 대명사로 온 것으로, 단수, 복수로 사용
되어 〈문제가 된 집단 전체〉, 〈예외없이 관계되는 사람, 사물 전체〉를
나타낸다.

Voici dix kilos de pommes ; prenez **tout**, si vous voulez.

(여기 10 kg 의 사과가 있습니다. 원하신다면 다 가지세요.)

J'ai pris ma raquette de tennis et mes balles, et j'ai **tout** mis dans un
grand sac.(나는 나의 테니스 라켓과 공을 잡아서 모두 다 큰 가방 안에
넣었다.)

Les élèves ont travaillé : **tous** ont réussi.

(그 학생들은 공부했다. 그리고 모두 합격했다.)

Les restaurants de cette rue sont **tous** ouverts le dimanche.

(이 거리의 레스토랑들 모두 다 일요일에 문을 연다.)

② 불특정의 의미, 즉 〈무엇이든지(=n'importe quoi)〉의 의미로 쓰인다.

Tout est bien qui finit bien. (끝이 좋으면 다 좋은 것이다.)

Tout va bien. (모든 것이 다 잘되고 있다.)

c. 부사로 사용될 때 (TOUT, TOUTE, TOUS, TOUTES)

일반적으로 부사는 변화하지 않지만, 부사로 쓰인 〈TOUT〉는 변화한다.
그러나 남성복수형 〈TOUS〉는 쓰이지 않는다.

① 형용사, 부사, 전치사 앞에서 의미를 강조하며, 〈대단히, 아주(=tout
à fait)〉의 뜻.

Tout près de la maison, il y avait un grand chêne.

(그 집 아주 가까이에 큰 떡갈나무가 한 그루 있었다.)

② 부사 tout 는 원칙적으로 남성형용사 앞에서 불변이다. 그래서 tous
가 쓰이지 않는다. 또한 여성형용사 중에서 모음이나 무음 h 로 시작

하는 형용사 앞에서도 불변이다. 그러나, 자음이나 유성 h 로 시작하는 여성형용사 앞에서는 성, 수에 일치한다.

Elle est **tout heureuse**. (그녀는 매우 행복하다.)

③ 부사 tout 는 변화한다. 위의 ② 항목이 규칙이나, 1977년 2월 9일 프랑스 교육부의 법령은 〈모음이나 무음 h 로 시작하는 형용사〉 앞에서도 tout 의 일치를 허용하고 있다. 그러므로 〈모든 여성형용사 앞〉에서 tout 는 변화한다. 오늘날 출판되어지는 모든 문헌들은 ③항목의 규칙이 적용되고 있다.

La machine est **toute abîmée**. (그 기계는 완전히 망가졌다.)

cf. 문맥 속에서 의미를 파악해야 하는 경우도 있다.

Ils sont **tout** pâles. (pâles 가 남성형용사이므로 부사 tout 는 불변)

(그들은 대단히 창백하다.)

Ils sont **tous** pâles. (tous 이므로 pâles 를 수식하지 않고 Ils를 받는 대명사이다.)

(그들은 모두 다 창백하다.)

Elles sont **toutes** pâles. (toutes 가 대명사일 수도 있고, 부사일 수도 있다.)

(그녀들 모두 다 창백하다. 그녀들은 대단히 창백하다.)

④ 제롱디프 앞에서 〈동시성〉, 〈대립, 양보〉의 의미를 강조하며 불변이다.

Tout en mangeant, il lit un journal.(그는 먹으면서 신문을 읽는다.)

⑤ 〈tout ... que〉 구문으로 〈양보(아주 ... 하지만)〉의 뜻을 나타낸다.

Elle réussit à battre les Anglais, **toute** jeune **qu**´elle est.

(그녀는 아주 어리지만 영국군을 무찌르는데 성공한다.)

1. 부정형용사 aucun

Le problème religieux n'existe, en France, que sous forme d'alternative entre le catholicisme et la libre pensée. **Sans doute trouve-t-on** en France des églises protestantes ; des personnalités protestantes **ont même occupé** des situations politiques ou intellectuelles. Mais le protestantisme ne joue pour ainsi dire **aucun rôle** dans les luttes religieuses de la France contemporaine. La bataille engagée depuis trois siècles autour de la religion ne **s'y livre** que pour ou contre le catholicisme romain.

【주안점1】⟨zéro⟩의 의미로 쓰이는 부정형용사 aucun
【주안점2】sans doute 뒤에서 주어 동사 도치, même 의 의미, 중성대명사 y
【어휘】

religieux 종교의	alternative 양자택일
protestante 신교의	personnalité 인물, 인사
protestantisme 개신교	lutte 투쟁
contemporain 현재의	bataille 투쟁
engagé 시작된	

【구문】
① sous forme de : ..의 형태로
② sans doute : 아마도
③ pour ainsi dire : 즉 다시 말하면
④ autour de : ..를 둘러싼, .. 주위에
⑤ se livrer à : 몰두하다, 전념하다

【초점】
① Sans doute trouve-t-on : sans doute 가 문두에 오면, 주어 동사가 도치된다.
② ont même occupé : 부사로 쓰인 même 는 ⟨심지어, 조차도, 까지도⟩의 뜻.
③ aucun rôle : ⟨zéro⟩의 의미로 쓰이며, ⟨pas⟩를 쓰지 않는다.
④ s'y livre : y 는 ⟨à + cela⟩를 받는 중성대명사. 받는 것은 뒤에 나오는 내용이다.

⑤ pour ou contre : 찬성하든가 반대하든가

【해석】

프랑스에서 종교문제는 카톨릭과 자유사상 사이에서 양자택일의 형태로만 존재한다. 아마도 프랑스에서 개신교 교회들을 발견하게 된다. 개신교 인사들은 정치적 혹은 지적인 상황을 점령하기까지 했다. 그러나 개신교는 즉 다시 말하자면 현재 프랑스의 종교적인 투쟁에서 그 어떠한 역할도 하고 있지 않다. 종교를 둘러싸고 3세기 전부터 시작된 그 전쟁은 로마 카톨릭을 찬성하느냐 반대하느냐 그 문제에만 몰두하고 있다.

2. 부정형용사와 부정대명사

> C'est à travers l'histoire des populations **qui** ont parlé le français **que quelques-unes de ces évolutions** seront évoquées. Car l'histoire d'une langue dépend avant tout de l'histoire des gens qui la parlent ou qui ont choisi de la parler. Parmi tous les faits qui ont marqué l'histoire de la France, seuls certains événements serviront de point de repère. Ils donneront l'occasion d'apporter quelques informations sur les changements linguistiques survenus aux **différentes époques** et ils aideront à expliquer l'origine de certains de ces changements.

【주안점1】부정형용사와 부정대명사 tous, certains, quelques, différentes, quelques-unes

【주안점2】강조구문 c´est ~ que

【어휘】

population 사람, 인구	évoquer 상기하다
marquer 흔적을 남기다	apporter 가지고 오다
survenir 돌발하다	origine 원인

【구문】

① à travers : 사이로, 통하여, 너머로

② avant tout : 무엇보다도

③ dépend de : ..에 달려있다

④ choisir de + inf : ..하기로 결정하다

⑤ point de repère : 지표

⑥ survenir à : .. 때에 생기다

⑦ aider à + inf : ...하는 것을 돕다

【초점】

① C'est ... qui ... que : qui 는 populations 을 수식하는 관계대명사이고, que 는 c'est ... que 강조구문으로 쓰이고 있다.

② quelques-unes de ces évolutions : 부정대명사 quelques-unes 는 quelques évolutions 을 받아 대명사가 된 것이다.

③ différentes époques : 부정형용사 différentes 가 명사 앞에서 항상 복수로 쓰여 〈여러가지의〉 뜻이다. 이것을 품질형용사 〈다른〉으로 해석해서는 절대 안된다.

【해석】

이러한 변화들 중에서 몇몇 개를 상기하게 될 것은 프랑스어를 말한 사람들의 역사를 통해서 이다. 왜냐하면 한 언어의 역사는 무엇보다도 불어를 사용하는 사람들 혹은 불어를 사용하기로 작정한 사람들의 역사에 달려있다. 프랑스의 역사에 흔적을 남긴 모든 사건들 중에서 단 몇몇 사건만이 지표로 사용될 것이다. 그것들은 여러시대에 생긴 언어학적 변화들에 대한 몇몇 정보들을 가져올 계기를 제공할 것이다. 그리고 그것들은 그러한 변화들 중에 몇몇의 원인을 설명하는데 도움을 줄 것이다.

3. 부정형용사와 부정대명사

L'originalité de l'homme tient à ce que la pensée conceptuelle et la parole ont changé toute l'évolution de l'homme, **car elles ont produit quelque chose d'équivalent** à l'hérédité des caractères acquis. Si un homme invente, par exemple, l'arc et les flèches, **ce n'est** pas seulement sa progéniture, mais toute la communauté **qui** hérite de la connaissance et de l'emploi de ces armes **et qui** les possède d'une façon aussi sûre qu'un organe qui pousse sur son corps.

【주안점1】부정형용사 toute, 부정대명사 quelque chose de + 남성단수 형용사

【주안점2】인칭대명사 elles가 받는 것, 동등비교, c'est ~ qui 강조구문

【어휘】

originalité 독창성	évolution 발달, 진화
hérédité 유전	inventer 발명하다
arc 활	flèche 화살
progéniture 후손	hériter 물려주다
organe 기관	pousser sur 누르다

【구문】

① tenir à ce que : ..에서 기인하다

② équivalent à : ..와 동등한

③ ne … pas seulement A, mais (aussi) B : A 뿐만 아니라 B 도 역시

④ d'une façon sûre : 확실하게 (= sûrement), 방법의 부사를 만든다.

【초점】

① car elles ont produit : elles 는 la pensée conceptuelle et la parole 를 받는다.

② quelque chose d'équivalent : 형용사가 부정대명사를 수식할 때는 전치사 de 를 앞세운다. 이 때 형용사는 남성 단수형이다.

③ c'est … qui … et qui : c'est … qui 강조구문이며 〈ne … pas seulement A, mais (aussi) B〉가 강조되고 있다.

【해석】

인간의 독창성은 개념론적인 사상과 말이 인간의 모든 진화를 변화시켰다는 사실에 기인한다. 왜냐하면 그러한 생각과 말이 획득형질의 유전과 동등한 그 무엇을 만들어 내었기 때문이다. 만약 사람이 예를 들어 활과 화살을 발명한다면 그 무기에 대한 지식과 사용법을 물려받고 또 자기 몸위를 짓누르는 어떤 기관만큼이나 확실하게 그것들을 소유하는 것은 그 후손뿐만 아니라 전 공동체인 것이다.

4. 부정대명사 chacun

La méchanceté des hommes dans l'état de société est liée à leur malheur. Ils vivent perpétuellement **à la poursuite de faux biens**. **Chacun** court après la fortune, passe **son** temps en projets, vit en conséquence dans l'avenir, jamais dans le présent. On place **son** bonheur dans ce qui ne dépend pas de **soi**, dans ce qui n'est pas **soi**. Autrement dit, l'homme se trouve toujours **là où il n'est pas**. Il est aliéné.

【주안점1】 부정대명사 chacun, on 에 걸리는 소유형용사와 재귀대명사

【주안점2】 관계대명사 où, 인칭대명사 ils, il, 관계대명사 ce qui

【어휘】

méchanceté 악의, 심술	lier 연관짓다
perpétuellement 언제나	poursuite 추구
biens 행복	fortune 재산
projet 계획	avenir 미래
se trouver ~에 있다	aliéné 미친

【구문】

① courir après : 열심히 쫓다, 추구하다

② passer son temps : 시간을 보내다

③ en conséquence : 따라서

④ dépendre de : ...에 달려있다

⑤ être soi : 본심이다.

【초점】

① à la poursuite de faux biens : de 는 de+de 에서 발음상 de 하나가 탈락됐다.

② chacun, on : 문법적으로 3인칭 단수 취급하므로, 소유형용사와 재귀대명사를 각각 son, soi 로 썼다.

③ là où il n'est pas : 장소의 부사 là 가 관계대명사의 선행사로 쓰였다.

사회적 신분에서 사람들의 악의는 그들의 불행과 관련되어 있다. 그들은 항상 잘못된 행복을 추구하면서 살아간다. 각자는 재산을열심히 추구하고, 계획속에 파묻혀 시간을 보내고, 따라서 절대 현재가 아닌 미래속에서 살고 있다. 사람들은 자신에게 달려있지 않은 일에, 그리고 자기 본심이 아닌 일에 자신의 행복을 설정한다. 달리 말하면, 인간은 자기가 있지 않는 곳에 항상 존재한다. 인간은 미쳤다.

5. 부정대명사 rien, tout

Il n'y a presque **rien de sacré** pour **un Français** et nous nous moquons de tout et de tous. Même **en cherchant** bien, vous ne trouverez **pas un** Français **qui soit complètement satisfait de son gouvernement** (et du gouvernement précédent qui ne valait pas mieux), de son patron, de son travail, de son appartement, de ses enfants...

【주안점1】 부정대명사 rien, tout 와 tous
【주안점2】 관계절에 사용된 접속법, 제롱디프와 même, 수동태
【어휘】

presque 거의	sacré 거룩한
complètement 완전히	satisfaire 만족시키다
précédent 앞선, 이전의	valoir 값이 나가다
patron 사장	

【구문】
　① se moquer de : 놀리다, 아랑곳하지 않다
　② Même : 부사로 쓰인 même 는 〈심지어, ..조차, ..까지도〉 의 뜻.
【초점】
　① rien de sacré : 형용사가 부정대명사, 의문대명사 등을 수식할 때는 형용사 앞에 de 를 앞세운다. 이 때, 형용사는 남성단수형이다.

② pour un Français : 대표단수를 나타낸다.

③ en cherchant : 제롱디프의 의미상 주어는 항상 주절의 주어이다. même 가 대립, 양보의 의미를 더해주고 있다. 제롱디프에는 5가지의 의미가 있다.

    a. 동시성(..하면서)

    b. 대립, 양보(..한다 하더라도)

    c. 이유(..이기 때문에)

    d. 조건(..이라면)

    e. 방법(..함으로써)

④ pas un Français : 부정문에 쓰인 부정관사 un 은 un seul 의 의미를 강조한다.

⑤ qui soit satisfait de son gouvernement : 수동태 접속법 현재이며, 주절이 부정문이어서 관계사절에 접속법이 사용됐으며, 단정적 어조를 완화시켜 준다.

【해석】

프랑스인들에게 있어서 성스러운 것이라고는 거의 아무 것도 없으며, 우리들은 만사에 대해서 그리고 만인에 대해서 아랑곳하지 않는다. 심지어 여러분들이 잘 찾아 본다 할지라도, 자신의 정부에 대해서 (그것도 더 좋지도 않은 이전 정부에 대해서), 자신의 사장, 자신의 일, 자신의 아파트, 자신의 자식들에 대해서 완전히 만족하는 단 한명의 프랑스인도 발견하지 못할 것이다.

6. 부정대명사 aucun, tous

A peine l'hirondelle a-t-elle disparu, **qu'on voit s'avancer sur les vents du Nord une colonie** qui vient remplacer les voyageurs du Midi, **afin qu'il ne reste aucun vide dans nos campagnes. Par un temps grisâtre d'automne**, losque la bise souffle sur les champs, **que les bois perdent** leurs dernières feuilles, une troupe de canards sauvages, **tous rangés à la file**, traversent en silence un ciel mélancolique.

【주안점1】 부정형용사 aucun, 부정대명사 tous

【주안점2】 종속절에 쓰인 접속법, à peine …, que 의 의미, 접속사를 대신
받는 que

【어휘】

hirondelle 제비	disparaître 사라지다
s'avancer 전진하다	colonie 식민자
Midi 남프랑스	grisâtre 서글픈
bise 북풍, 삭풍	souffler 바람이 불다
mélancolique 우울한	

【구문】

① à peine V + S…, que : … 하자마자 (= dès que, aussitôt que)

② afin que + sub : … 하기 위하여 (= pour que + sub)

③ une troupe de : 한 무리의

④ à la file : 일렬로

【초점】

① qu'on voit s'avancer sur les vents du Nord une colonie : 지각동사
voir 뒤에 부정법이 왔는데, 그 의미상 주어(동작주 보어)를 찾아야 한
다. une colonie 가 주어이며, 뒤로 간 이유는 qui 로 연결되어 길어졌
기 때문이다.

② afin qu'il ne reste aucun vide dans nos campagnes : afin que 뒤에는
접속법.

il reste 는 비인칭 구문이다. 진주어는 aucun vide 이다.

③ Par un temps grisâtre d'automne : par 는 시간 개념이 있는 날씨를
나타낸다.

④ que les bois perdent : que 는 lorsque 를 대신하고 있다.

⑤ tous rangés à la file : tous 는 rangés 를 수식하는 부사가 아니다. 왜
냐하면 부사인 경우는 남성형용사 앞에서 불변이기 때문이다.

tous 는 canards sauvages 를 받는 대명사이다.

【해석】

제비가 사라지자마자 우리들은 남프랑스로 가는 여행자들(여름철새)을 대신 자리
메움을 하려고 오는 한 식민집단(겨울철새)이 우리의 시골에 그 어떤 공백을 남
기지 않게 하려고 북풍을 타고 전진하는 것을 본다. 가을철 우울한 날씨에 삭풍
이 들판에 불고 숲이 마지막 잎새들을 잃게 될 때에(나뭇잎들이 다 떨어질 때에)
한 무리의 청둥오리가 일렬로 줄을 지어 고요하게 우울한 하늘을 가로지른다.

7. 부정대명사 l'un, l'autre

On a souvent dénoncé la télévision **comme étant responsable** de la montée de la
violence dans la société moderne. Il est vrai que, selon la plupart des statistiques,
les émissions de fiction et même d'information font une grande place au crime et
présentent volontiers des scènes de brutalité. Mais **quels en sont les effets**? Deux
écoles s'affrontent ici. **L'une soutient que** le public, surtout celui des adolescents,
peut être tenté d'imiter les malfaiteurs qu'il voit sur le petit écran. L'autre
prétend, au contraire, que les scènes de violence exercent une action salutaire
de défoulement et permettent de décharger les pulsions agressives sur le mode
imaginaire.

【주안점1】 부정대명사 l'une, l'autre
【주안점2】 전치사 de 앞에 쓰인 지시대명사, 중성대명사 en
【어휘】

dénoncer 고발하다	statistique 통계
émission 방송, 방영	fiction 가상의 이야기
volontiers 쉽게, 흔히, 기꺼이	s'affronter 대립하다
soutenir 지지하다	adolescent 청소년
malfaiteur 범죄자	salutaire 유익한
défoulement 욕구발산	pulsion 충동

【구문】

① être tenté de + inf : ...하고 싶어지다

② au contraire : 반대로

【초점】

① comme étant responsable : comme 는 〈자격〉을 나타낸다.

② quels en sont les effets : 〈중성대명사〉 en 은 les effets des émissions 에서 des émissions 을 받는다.

③ L′une soutient que …, L′autre prétend que … : L′une 와 L′autre 는 각각 une école, autre école 를 받는 〈부정대명사〉이다.

【해석】

사람들은 종종 현대사회에서 폭력의 증가에 대한 책임자로 텔레비전을 고발했다. 대부분의 통계에 의하면, 가상의 이야기나 심지어 정보의 방송은 범죄부분에 커다란 자리를 할애하며 흔히 폭력성 장면을 방영한다는 것은 사실이다. 그러나 그 결과들은 어떠한가? 두 학파가 이점에서 대립되고 있다. 한 학파는 일반 대중, 특히 청소년 대중은 조그마한 화면에서 그들이 보는 범죄자들을 모방하고 싶어질 수 있다는 것을 지지한다. 반면에 다른 한 학파는 폭력 장면들이 욕구발산이라고 하는 유익한 작용을 하며, 상상적인 방법으로 공격적인 충동을 완화하도록 해 준다고 주장한다.

8. 부정형용사, 부정대명사 tel, aucun, chacun

Comment l'homme a-t-il créé le langage? Comment sont apparus les mots qui **le constituaient**? Pourquoi **tel son** plutôt qu'un autre, pour désigner **tel ou tel objet**? S'agissait-il à l'origine de cris imitatifs, c'est-à-dire d'onomatopées, ou bien de cris spontanés, ou de chœurs vocaux accompagnant le travail, ou d'une harmonie mythique entre le son (signifiant) et le sens (signifié)? **Aucune des théories** qui s'appuient sur **l'une ou l'autre de ces hypothèses** n'est très convaincante à elle seule. **Peut-être chacune d'elles contient-elle** une part de vérité.

【주안점1】 부정대명사 aucune, l′une, l′autre, chacune, 부정형용사 tel
【주안점2】 복합도치 의문문, 인칭대명사 le, 문두에 오는 Peut-être

　　apparaître 나타나다　　　　　constituer 구성하다

　　imitatif 모방하는　　　　　　onomatopée 의성어

　　spontané 본능적인　　　　　　chœur 합창

　　mythique 신비한　　　　　　　hypothèse 가정

　　convaincant 설득력 있는

【구문】

　　① plutôt que : ...보다는 오히려

　　② à l'origine : 처음에는

　　③ il s'agit de : ..이 문제이다

　　④ s'appuyer sur : ..에 근거하다, 기대다

【초점】

　　① le constituaient : le 가 받는 것은 le langage 이다.

　　② tel son, tel ou tel objet : tel 은 〈그런, 이러저러한〉의 뜻을 가지는 부정형용사.

　　③ Aucune des théories : Aucune 는 Aucune théorie 를 받는 부정대명사이다. Aucune 뒤의 전치사 de 는 〈..중에서〉의 뜻이다.

　　④ l'une ou l'autre de ces hypothèses : l'une 와 l'autre 는 une hypothèse 와 autre hypothèse 를 받는 부정대명사이다.

　　⑤ Peut-être chacune d'elles contient-elle : Peut-être 가 문두에 오면 주어 동사를 도치한다. chacune를 elle로 받아 복합도치시켰다.

【해석】

어떻게 인간은 언어를 만들었을까? 언어를 구성하고 있는 단어들은 어떻게 생겼는가? 이러저러한 사물을 묘사하기 위해서 왜 다른 소리이기 보다는 오히려 그 소리인가? 처음에 모방적인 외침, 즉 의성어가 문제가 되었는가, 혹은 본능적인 외침, 노동과 병행해서 나오는 음성의 합창(일손을 맞추기 위해 동시에 내는 함성), 혹은 소리(기호표기)와 의미(기호내용) 사이의 신비스런 조화가 문제가 되었는가? 이러한 가정들 중에서 하나 혹은 다른 한 가정에 근거하는 이론들 중에서 그 어떤 이론도 그 이론 자체에는 별로 설득력이 없다. 아마도 그 이론들의 각각은 일부분의 진리를 담고는 있을 것이다.

9. 부정대명사 l'un, l'autre

> Une nation est une âme, un principe spirituel. Deux choses constituent cette âme. **L'une** est la possession en commun d'un riche legs de souvenirs, **l'autre** est le consentement actuel, le désir de vivre ensemble. **Avoir fait de grandes choses** ensemble, **vouloir en faire** encore, **voilà** les conditions essentielles pour faire un peuple.

【주안점1】 부정대명사 l'une, l'autre

【주안점2】 부정법 현재와 과거, 중성대명사 en, 복수의 de

【어휘】

nation 국가	âme 영혼, 정신
principe 원리	constituer 구성하다
possession 소유	legs 유산
souvenirs 기억, 기념품	consentement 동의, 승인
actuel 실제의, 현재의	désir 욕망
essentielles 기본적인, 중요한	

【구문】

① L'une…, l'autre : 하나는 … , 다른 하나는 … .

② en commun : 공통으로

【초점】

① L'une…, l'autre : 이것은 부정대명사로써, 앞에서 언급된 두 개 중에서 어떤 하나와 다른 하나를 가리킨다. 문장 중에서 〈l'un, l'une〉가 나오면 상관구문인 〈l'autre〉를 찾으면 문장구조가 분명해지고 쉽게 해석이 될 것이다.

② Avoir fait de grandes choses, vouloir en faire : 부정법 과거 〈avoir fait〉는 기준되는 세제보다도 더 과거에서 일어난 것을 의미한다. 중성대명사 〈en〉은 앞에서 나온 "de grandes choses"를 가리킨다. 중성대명사는 너무나 중요한 문법이므로 문법편에서 인칭대명사와 더불

어 꼭 익히도록 한다.

③ voilà : voici, voilà를 단순히 "여기에 …이 있다 혹은 저기에 …이 있다"로 해석하지 않도록 한다. 특별하게 쓰이는 다른 의미도 꼭 알 아두어야 한다. voici는 〈다음에 말할 내용〉을, voilà는 〈앞에서 말한 내용〉을 가리킨다.

【해석】

국가란 일종의 영혼이며 정신적인 원리이다. 두 가지가 이 영혼을 구성하고 있 다. 하나는 풍부한 기념 유산물의 공동소유이고, 다른 하나는 실제적인 동의, 즉 함께 살아갈 욕망이다. 함께 위대한 일들을 이루었고, 또한 위대한 일들을 이루 기를 원한다는 것, 바로 그것이 한 민족을 이루기 위한 기본적인 조건들이다.

10. 부정형용사 telle, mêmes, 부정대명사 tous

L'utopiste, ou le révolutionnaire, **refusent** d'admettre la réalité sociale **telle qu'elle est**, et pensent qu'elle doit être changée. Ils construisent une cité idéale, et **tentent d'y conformer le monde**. L'égalité des chances, **les mêmes possibilités de réussite pour tous**, eu égard aux seules aptitudes, relèvent de l'idéal. **C'est pourtant ce rêve qui**, peu à peu au cours du temps, modifie les conditions de la lutte, et rend la société un peu moins injuste ou moins inefficace.

【주안점1】 부정형용사 telle, mêmes, 부정대명사 tous
【주안점2】 중성대명사 y, 강조구문 c′est ~ qui, rendre + 직목 + 형용사
【어휘】

utopiste 공상가	révolutionnaire 혁명가
refuser 거절하다, 거부하다	admettre 수용하다
construire 건설하다	conformer 형성하다
réussite 성공	aptitude 재능, 적성
modifier 변경하다	lutte 투쟁
injuste 부당한	inefficace 비효율적인

【구문】

① refuser de + inf : ～하는 것을 거절하다

② telle qu'elle est : 있는 그대로의 (= sans changement)

③ tenter de : ～하려고 애쓰다 (= essayer de, chercher à)

④ relever de : ～의 영역에 속하다

⑤ eu égard à : ～을 고려하여, ～을 참작하여

⑥ au cours du temps : 시간이 흐름에 따라 (= avec le temps)

⑦ rendre A(명사) + B(형용사) : A를 B되게 하다

【초점】

① L'utopiste, ou le révolutionnaire, refusent : 단수주어명사가 〈ou〉로 연결될 때에 동사는 복수로 할 수 있다.

② tentent d'y conformer le monde : 장소대명사 〈y〉는 앞의 "une cité idéale"을 가리키며, "그곳에서"의 뜻이다.

③ les mêmes possibilités de réussite pour tous : 명사 앞에 쓰이는 〈même〉는 〈～와 같은〉의 뜻이며, 대명사 〈tous〉는 〈모든 사람들〉을 의미한다.

④ C'est pourtant ce rêve qui : 주어 〈ce rêve〉를 강조구문 〈c'est ～ qui〉로 강조.

【해석】

공상가나 혹은 혁명가들은 있는 그대로의 사회적 현실을 받아들이기를 거부하거나 그 사회적 현실이 바뀌어져야 한다고 생각한다. 그들은 이상적인 도시를 건설하고 거기에 세계를 형성하려고 노력한다. 기회의 균등과, 단지 재능만을 고려했을 때, 모든 사람들에게 똑같은 성공의 가능성들은 이상의 영역에 속한다. 그렇지만 그러한 꿈은 조금씩 시간이 흐름에 따라 투쟁의 조건들을 바꾸고, 사회를 조금 덜 부당하게, 혹은 조금 덜 비효율적이게 만든다.

11. 부정대명사 tout, tous

> **Je ne puis** vivre personellement sans mon art. Mais je n'ai jamais placé cet art **au-dessus de tout. S'il m'est nécessaire au contraire, c'est qu'**il ne se sépare de personne et me permet de vivre **au niveau de tous**. L'art n'est pas à mes yeux une réjouissance solitaire. Il est un moyen d'émouvoir le plus grand nombre d'hommes **en leur offrant** une image privilégiée.

【주안점1】부정대명사 tout, tous

【주안점2】ne 단독 부정, 〈si ~, c′est que〉 구문, 제롱디프

【어휘】

personellement 개인적인 생각으로	permettre 허락, 허용, 승인하다
réjouissance 기쁨, 환희	solitaire 고독한, 외로운
moyen 수단, 방법	émouvoir 감동시키다
privilégié 특정의, 특권이 있는	

【구문】

① au-dessus de tout : 모든 것 위에, 모든 것 이상으로

② au contraire : 반대로

③ se séparer de : ~와 떨어지다, 헤어지다

④ permettre à qn de inf : ~가 ~하게 해주다

⑤ au niveau de tous : 모든 사람의 수준으로

⑥ le plus grand nombre de : 가장 많은, 최다의

【초점】

① Je ne puis : pouvoir 동사는 je peux, je puis 두 가지 형태를 가지며, ne 단독으로 쓰여 부정을 나타낼 수 있다.

② au-dessus de tout, au niveau de tous : 대명사 단수 〈tout〉는 불특정의 사물을 가리킨다. 대명사 복수 〈tous〉는 사람과 사물을 다 가리킬 수 있지만, 문맥상 〈모든 사람〉을 의미한다.

③ S′il m′est ~, c′est que ~ : 〈si〉는 조건을 나타내는 것이 아니라,

〈이유〉를 나타내어, 〈Si ~하는 것은, c'est que ~ 이기 때문이다〉의
뜻이다. c'est que 는 c'est parce que 로 쓰기도 한다.

④ en leur offrant : 제롱디프구문으로, 〈방법〉을 나타내어 〈~함으로써〉
의 뜻이다.

【해석】

내 개인적으로는, 나는 나의 예술이 없이는 살 수 없다. 그러나 나는 단 한 번
도 그 예술을 모든 것 위에 둔 적이 없었다(나는 그 예술을 최고로 여긴 적은
없었다). 반대로, 그것이 나에게 필요한 이유는, 그것이 어떤 누구와도 떨어지
지 않으며, 나로 하여금 모든 사람들의 수준에서 살게 해주기 때문이다. 내 눈
에 예술은 고독한 기쁨이 아니다. 그것은 특정한 이미지를 그들에게 제공해 줌
으로써 최다의 사람들에게 감동을 주는 도구인 것이다.

12. 부정대명사 quelque chose, quelqu'un, les autres

Tout le monde ne devient pas Président de la République. Au grand jeu de la
loterie nationale, un seul gagne le gros lot, mais **c'est déjà quelque chose, même
s'il y a un seul élu pour pas mal d'appelés, que de pouvoir se dire**, pendant le
temps d'une campagne électorale, qu'on a une chance. **Il existe d'innombrables
possibilités** de prouver aux autres et à soi-même qu'on est quelqu'un. Les petits
rôles existent en grande quantité.

【주안점1】 부정대명사 quelque chose, quelqu'un, les autres
【주안점2】 문장구조 파악하기, 비인칭 il existe
【어휘】

jeu 놀이, 놀음	loterie 복권
gagner 얻다	quelque chose 중요한 것
élu 선출된 사람	appelé 부름 받은 사람
campagne 캠페인	électoral 선거의
chance 기회, 확률, 행운	innombrable 수 많은
prouver 증명하다	quelqu'un 중요한 사람

【구문】

①Président de la République : 대통령 (프랑스의 대통령 공식명칭)

②gagner le gros lot : 복권에 당첨되다

③même si : ~라 하더라도

④pas mal de : 많은(=beaucoup de)

⑤en grande quantité : 다량으로, 얼마든지(=en abondance)

【초점】

①c'est déjà quelque chose, ~, que de pouvoir se dire, ~, qu'on~ : 누구에게나 기회가 있다고 서로에게 말할 수 있다는 것만으로도 이미 대단한 것이다, 삽입구문으로 문장구조 파악이 어렵다. 〈ce〉는 가주어이며, 〈que〉 이하가 진주어. 〈que〉 뒤에 동사원형이 올 때 일반적으로 〈de+inf〉를 쓴다. 또한 〈dire〉동사의 직목절이 삽입구문 뒤에 나오는 〈que절〉 이하이다.

②pour pas mal d'appelés : 부름 받은 많은 사람들 중에, 전치사 〈pour〉는 "많은 사람과 한 사람의 대비"의 뜻으로 쓰였다. (~에 대비해, ~중에)

③Il existe d'innombrables possibilités : 수많은 가능성이 존재한다, Il 은 가주어이고, d'innombrables possibilités 이 진주어이다.

【해석】

모든 사람이 대통령이 되지 못한다. 국가에서 시행하는 복권추첨의 큰 놀음에서 단 한사람만이 복권에 당첨된다. 그러나 많은 부름 받은 사람들을 위하여 단 한명의 선택된 사람이 있다 하더라도, 선거운동 기간 동안에, 누구라도 한 번의 기회가 있다고 서로 말할 수 있다는 것만으로도 이미 대단한 것이다. 자신이 중요한 존재라는 것을 다른 사람들에게와 자신에게 증명할 수 있는 수많은 가능성들이 존재한다. 그런 작은 역할들은 얼마든지 존재한다.

❻ 인칭대명사와 중성대명사

(Les Pronoms Personnels et Neutres)

❻ 인칭대명사와 중성대명사 (Les Pronoms Personnels et Neutres)

주어	직목	간목	강세형
je	me	me	moi
tu	te	te	toi
il/elle	le/la	lui	lui/elle
nous	nous	nous	nous
vous	vous	vous	vous
ils/elles	les	leur	eux/elles

보어인칭대명사에는 직목과 간목이 있다. 1인칭, 2인칭 me, te, nous, vous 는 직목, 간목 동형이다. 이는 상대방과 나와의 관계이므로 분명히 드러난다. 그래서 사람과 사물을 다 받는 3인칭에 대해서 그 의미를 명확히 해주면 되겠다.

A. 인칭대명사의 직목 / 간목의 용법

① le, la, les 는 직접목적보어로 쓰이며, 사람과 사물을 다 받는다.
이 때 〈정관사, 소유형용사, 지시형용사〉로 확정된 명사를 대신 받는다.
대명사는 동사 앞에 오므로 복합시제시 과거분사와 일치한다.
J'ai donné **les fleurs** à Hélène. (나는 엘렌느에게 그 꽃들을 주었다.)
⇒ Je **les** ai **données** à Hélène. Ce sont **les fleurs** que j'ai **données** à Hélène.

② 간접목적보어 me, te, nous, vous, lui, leur 는 신체의 일부나 소유관계를 나타낸다.
Un voleur **m'**a pris **la montre**. (한 도둑이 나에게서 시계를 빼앗아 갔다.)
Le cœur lui battait. (그의 가슴이 두근거렸다.)

③ 간접목적보어 lui, leur 는 남성, 여성 동형이다. 일반적으로 사람만을 대신한다.
문맥상 애매하지 않을 경우 얼마든지 사물을 가리킬 수 있다.
Je **lui** ai écrit et **lui** ai avoué la vérité. (나는 그에게 편지를 써서 진실을

고백했다.)

Le bateau est plus propre depuis qu'on **lui** a donné un coup de peinture.

(새로 페인트칠을 한 후 배가 더 깨끗해졌다. - 사물을 가리킬 수 있다.)

B. 강세형의 용법

① 주어를 강조한다.

Toi, tu es anglais, Pierre, **lui**, est français et **moi**, je suis coréen.

(너는 영국인이고, 피에르, 그는 프랑스인이고, 그리고 나는 한국인이야.)

② c'est, ce sont 뒤에서 강세형을 쓴다.

Qui a gagné la partie de tennis? **C'est moi**. (누가 테니스 경기를 이겼니? - 저요.)

③ 〈et / ou〉 앞과 뒤에서, 그리고 전치사 뒤에서 강세형을 쓴다.

Je travaille **avec elle** à Renault. (나는 그녀와 함께 르노에서 일한다.)

Toi **et moi**, nous sommes étudiants à la Sorbonne. (너와 나는 소르본 대학생이다.)

④ 동사가 생략된 문장에서 강세형을 쓴다.

J'aime bien le sport, **et toi**? — **Moi aussi**. / **Pas moi**.

(난 운동을 좋아하는데 너는 어때? — 나도 그래. / 난 아냐.)

Je n'aime pas le sport, **et toi**? — **Si**. / **Moi non plus**.

(난 운동을 싫어하는데 너는 어때? — 나는 좋아해. / 나도 싫어.)

C. 중성대명사 LE

① 직목으로 사용된 〈부정법, 절〉을 대신한다.

직접목적보어 인칭대명사 le, la, les 와 구별해야 한다.

Elle ne peut pas **rivaliser avec lui**, elle ne **le** veut pas. (le = rivaliser avec lui)

(그녀는 그와 경쟁할 수 없고, 그렇게 하기를 원하지 않는다.)

Que ces deux êtres détestassent Thérèse, il **le** savait. (le = que 절)

(그 두 사람이 떼레즈를 미워한다는 사실을 그는 알고 있었다.)

② 속사를 대신한다. 이때 수동적 과거분사도 대신할 수 있다.

Êtes-vous **coréenne**? — Oui, je **le** suis. (여성인데도 〈**LE**〉를 쓰는데 주의)

(당신은 한국인입니까? — 예, 그렇습니다.)

Il est aimé parce qu'il mérite de **l'être**.

(그는 사랑을 받고 있다. 왜냐하면 그럴 자격이 있기 때문이다.)

B. 중성대명사 EN

① de 를 동반하는 사물명사(구)를 대신한다. 즉 de 를 동반하는 〈동사의 상황보어〉, 〈동사의 보어〉, 〈형용사의 보어〉, 〈명사의 한정보어〉를 대신한다. 이 때 그 명사구는 〈사람〉이 아니어야 한다.

Il rammassa un bâton et **en frappa** son adversaire. (frapper **de ce bâton**)

(그는 막대기를 잡았다. 그리고 그 막대기로 상대방을 때렸다.)

Prêtez-moi ce livre. J'**en** ai besoin. (avoir besoin **de ce livre**)

(그 책 빌려 주십시오. 전 그것이 필요합니다.)

Bonne nouvelle! J'**en** suis heureux. (être heureux **de cette nouvelle**)

(좋은 소식이군요! 나는 그 소식으로 기뻐요.)

Quand on parle du loup, on **en** voit la queue. (la queue **de ce loup**)

(늑대에 대해 말할 때, 그 꼬리를 본다. ⇒ 호랑이도 제 말하면 온다.)

cf. 〈de + 사람〉이 오는 경우 : 〈강세인칭대명사〉 혹은 〈소유형용사〉를 써야 한다.

Il a besoin de sa mère. ⇒ Il a besoin d'**elle**. (그에게는 어머니가 필요하다.)

J'ai le stylo de Paul. ⇒ J'ai **son** stylo. (나는 뽈의 만년필을 가지고 있다.)

② 직목으로 사용된 〈부정관사 des + 명사〉, 〈부분관사 + 명사〉, 〈부정의 de + 명사〉는 그 전체가 〈en〉으로 대신한다.

J'ai acheté **des livres**. (나는 책들을 샀다.)

⇒ J'**en** ai acheté. (en 이 직목이라도 <u>중성이므로 과거분사는 불일치</u>.)

De l'argent, je n'**en** ai pas. (je n'ai pas d'argent) (돈, 나 없어.)

③ 직목으로 사용된 〈수형용사 + 명사〉, 〈부정형용사 + 명사〉에서 명사를 〈en〉으로 받고, 수개념은 문장 뒤에 명시해 준다.

quelques ⇒ quelques-un(e)s으로 바뀐다.

Avez-vous des amis? -- Je n'**en** ai qu'**un** seul. (un, une 도 수개념에 포함) (친구들이 있습니까? -- 난 단 한명밖에 없어요.)

J'ai lu **quelques** romans de Balzac. -- J'**en** ai lu **quelques-uns**.

(나는 발자크의 소설을 몇 권 읽었다. -- 나는 그것 몇 권 읽었다.)

④ 직목이 아닌 〈de + 부정법〉과 〈(de ce) que 절〉을 받는다.

Je n'ai jamais pensé à la mort parce que l'occasion ne s'**en** est présentée.

(나는 결코 죽음을 생각해 본적이 없었는데, 왜냐하면 그럴 기회가 없었기 때문이다. — l'occasion **de penser à la mort**)

Je ne doute pas **de le voir bientôt**. ⇒ Je n'**en** doute pas.

(나는 곧 그 사람을 만난다는 것을 의심치 않는다.)

Il s'est beaucoup réjoui de ce que tu as réussi à cet examen.

⇒ Il s'**en** est beaucoup réjoui (그는 네가 그 시험에 합격해서 매우 기뻤했다.)

Je suis content (de ce) que tu sois là. ⇒ J'**en** suis content. (être content de) (네가 있어서 난 좋아.)

⑤ 〈de + 장소〉를 대신 받는다.

Est-ce qu'il est dans son bureau? — Non, il vient d'**en** sortir.
(그 사람 사무실에 있니? — 아니, 방금 나갔어. en = de son bureau)

C. 중성대명사 Y

① 〈장소의 부사〉 혹은 〈de〉를 제외한 〈장소전치사 + 명사〉를 대신한다.
N'allez pas là, il **y** fait trop chaud.
(거기 가지 마세요. 거기는 너무 더워요.)
Je demeure à Séoul. ⇒ J'**y demeure**.
(나는 서울에 머무르고 있다.)

② 전치사 〈à〉가 동반된 〈사물명사〉, 〈부정법〉, 〈절〉을 대신한다.
Bien qu'il connaisse son devoir, il **y manque** souvent.
(⇒ il manque **à son devoir**.)
(그는 자기 의무를 알고 있음에도 불구하고 자주 그 의무를 저버린다.)
Il me fallait tuer les lapins. Je ne pouvais **m'y décider**.
(⇒ Je ne pouvais me décider **à tuer les lapins**.)
(나는 토끼를 죽여야 했다. 그러나 그렇게 하는 것을 결정할 수 없었다.)
Rien ne sert de courir, **réfléchissez-y**.
(⇒ réfléchissez **à ce que rien ne sert de courir**.)
(달려가 보았자 소용없습니다. 그 사실을 명심하십시오.)

1. 주어인칭대명사 il, elles 가 가리키는 것

> Tout le monde sait que chaque être humain apprend presque sans effort appréciable sa langue natale, **parce qu'il l'apprend** peu à peu, par un travail presque inconscient. Au contraire, l'étude d'une langue étrangère est un travail pénible et ennuyeux, **qui exige** des efforts de volonté très intense. **Si** beaucoup de personnes font aujourd'hui cet effort, **c'est qu'elles y sont poussées** par un intérêt ou par une passion.

【주안점1】 주어인칭대명사 il, elles, 직목대명사 l' 이 가리키는 것
【주안점2】 관계대명사 qui 의 선행사, 〈si ~, c'est que〉 구문
【어휘】

être 존재   apprendre 배우다
appréciable 현저한   inconscient 무의식적인
pénible 힘든   ennuyeux 지겨운
exiger 요구하다   volonté 의지
intense 강렬한   pousser 밀다
intérêt 이익

【구문】

① langue natale : 모국어

② peu à peu : 조금씩, 차차

③ Au contraire : 반대로

④ pousser qn à qc/inf : qn 을 ... 하게 하다

【초점】

① parce qu'il l'apprend : 주어인칭대명사 〈il〉을 함부로 〈그는〉이라고 하면 안된다. 여기서는 앞의 〈Tout le monde〉를 가리킨다.

② qui exige : 관계대명사 qui 의 선행사는 l'étude d'une langue étrangère 이다.

③ si ..., c'est qu'elles : si 절이 조건절이 아니다. 원인절이다. 〈si 이하

인 것은, c′est que 이하 한 까닭이다〉라고 번역해야 한다. 주어인칭대
명사 〈elles〉는 앞에 나온 〈beaucoup de personnes〉를 가리킨다.

④ y sont poussées : 구문 ④ 에서와 같이 poussées à faire cet effort 에
서 à faire cet effort 를 중성대명사 y 로 받았다. 여기에 또다시 수동
태가 적용되었다.

【해석】

모든 사람들은 모든 인류가 거의 현저한 노력 없이 자신의 모국어를 배운다는
것을 알고 있다. 왜냐하면 거의 의식하지 못할 정도의 노력으로 조금씩 배우기
때문이다. 반대로, 한 외국어에 대한 공부는 매우 강렬한 의지의 노력을 필요로
하는 고되고 지겨운 작업이다. 오늘날 많은 사람들이 이러한 노력을 하는 것은
그들이 어떤 이익이나 열정으로 그러한 노력을 하기 때문이다.

2. 대명사의 위치

L'historien parfait doit être plus qu'un savant érudit : il faut qu'il soit un écrivain
expressif. La science **s'achève par** l'art **comme une plante par sa fleur**.
L'imagination et la sensibilité qui ont aidé l'historien dans la recherche passionnée
et l'interprétation divinatoire des textes **doivent lui servir** pour animer son style.
C'est un autre travail, mais toujours créateur de vie.

【주안점1】 동사원형 앞에 오는 대명사 lui 가 받는 것
【주안점2】 plus que, il faut que + 접속법, 관계대명사 qui의 선행사,
　　　　　doivent의 주어 찾기

【어휘】

savant 학자　　　　　　　　　érudit 박식한
expressif 표현이 풍부한　　　　s′achever 완성되다
plante 식물　　　　　　　　　recherche 추구, 연구
interprétation 해석　　　　　　divinatoire 추측적인
animer 생명을 주다

【구문】
　　① plus que ＋ 명사 : 이상의
　　② il faut que ＋ sub : ..해야 한다
　　③ servir à qn : .. 에 도움이 되다　(servir à qc : .. 에 소용되다)

【초점】
　　① (:) deux points : 〈동격, 나열〉, 〈부연 설명〉, 〈이유〉 등의 의미가 있다.
　　② s'achève par : 주어가 사물일 때, 대명동사는 〈수동적인 의미〉이다.
　　③ comme une plante par sa fleur : 앞 문장과 댓구가 되므로 par 앞에
　　　　동사 s'achève 가 생략되었다.
　　④ doivent lui servir : 동사 doivent 의 주어는 L'imagination et la
　　　　sensibilité 이다. lui 는 servir à l'historien 에서 à l'historien 을 받았다.

【해석】

완벽한 역사가는 박식한 석학 이상의 사람이 되어야 한다. 즉, 그는 표현이 풍
부한 작가이어야 한다. 식물은 그 꽃으로 완성되듯이 학문은 예술로 완성된다.
정열을 쏟는 연구와 원문에 대한 추측적인 해석에서 역사가에게 도움을 주었던
상상력과 감수성은 역사가의 문체에 생명력을 부여하기 위해 역사가에게 도움
이 되어야 한다. 그것은 별개의 작업이긴 하지만 항상 생명의 창조자인 것이다.

3. 주어인칭대명사 il, elle

Quelles doivent être les qualités d'une bonne lettre? La clarté, la netteté, le
naturel. D'abord elle doit être comprise, donc précise et claire. Le style de la lettre,
qui révèle la condition et l'éducation du scripteur, peut s'établir à plusieurs
niveaux. Marque de la personnalité, il doit être naturel. Et la lettre, qui est une
visiteuse, doit aussi marquer de la politesse, avec respect, courtoisie ou cordialité
selon le cas, sans en exagérer la manifestation.

【주안점1】 주어인칭대명사 elle, il 이 받는 것
【주안점2】 생략된 분사구문, 관계대명사 qui, 중성대명사 en

【어휘】

qualité 특징, 품질, 장점

netteté 명료

précis 분명한

scripteur 육필로 쓴 사람

marque 특징

politesse 예절

cordialité 진심

clarté 명확성

comprendre 이해하다

révéler 드러내다

s'établir 확정되다

visiteuse 방문객

courtoisie 정중함

exagérer 과장하다

【구문】

① devoir + inf : ..해야 한다

② d'abord : 우선

③ selon le cas : 경우에 따라서

【초점】

① Quelles doivent être les qualités d'une bonne lettre : 일반명사가 주어일 때 속사로 오는 의문사는 quel 을 써야한다.

② qui révèle la condition et l'éducation du scripteur, qui est une visiteuse : 〈삽입구문〉으로 쓰인 관계사절은 〈부사적〉인 의미를 가지도록 해석하는 것이 좋다. 본문은 〈이유〉를 나타낸다.

③ Marque de la personnalité, il doit être naturel : 〈Marque〉는 〈여성명사〉이기 때문에 주절의 〈il〉과 같지 않다. 〈il〉은 〈Le style de la lettre〉를 가리킨다. 그렇다면 〈Marque de la personnalité〉는 이유를 나타내는 〈Étant〉이 생략된 분사구문, 즉 〈Étant la marque de la personnalité〉로 생각해야 한다.

좋은 편지의 특징들은 어떠해야 하는가? 명확성, 명료함, 자연스러움이다. 그러므로 우선 좋은 편지는 이해되어져야 하고 분명하고 명확해야 한다. 편지의 문체는 손으로 쓴 사람의 상태와 교양을 나타내 주기 때문에 몇몇 수준에서 확정될 수 있다. 개성의 특징이기 때문에 편지의 문체는 자연스러워야 한다. 그리고 또한 편지는 방문객이기 때문에 그 표현을 과장하지 않고, 경우에 따라 존경과 정중함 또는 진심으로 예의를 나타내야 한다.

4. 주어인칭대명사 ils

Les Français travaillent en moyenne 1700 à 1800 heures par an ; ils ont cinq semaines de vacances et une partie d'entre eux profite aujourd'hui de la semaine de 35 heures **ou encore de jours de congé** supplémentaires dans le cadre de la loi sur la réduction du temps de travail. Le temps libre est donc en augmentation. **Quand ils sortent, les Français** se consacrent au sport, aux activités culturelles.

【주안점1】 먼저 쓰는 주어인칭대명사 ils, 강세형 대명사 eux
【주안점2】 보편적인 의미의 정관사, 동사 profiter de 의 연결, ou encore
【어휘】

travailler 일하다	profiter 이용하다
congé 휴가	supplémentaire 추가의
cadre 범위, 테두리, 한계	loi 법률
réduction 축소	augmentation 증가
donc 그래서	sortir 외출하다
activité 활동	

【구문】
① en moyenne : 평균
② d'entre : ~중에서
③ profiter de : ~을 활용하다

④ la semaine de 35 heures : 주 35시간의 노동

⑤ être en augmentation : 증가하고 있다

⑥ se consacrer à : ~에 몰두하다 (＝s'adonner à, s'occuper de, s'absorber dans)

【초점】

① ou encore de jours de congé : encore는 〈ou〉를 강조하며, 〈de〉는 profiter 동사에 숙어로 걸린다.

② Quand ils sortent, les Français : 대명사 〈ils〉로 먼저 쓰고, 나중에 그것을 가리키는 〈les Français〉를 뒤에 두는 경우가 흔하다.

【해석】

프랑스인들은 일 년에 평균 1700 내지 1800시간을 일한다. 그들은 5주간의 휴가를 가지며, 오늘날 그들 중에서 일부분은 주 35시간의 노동시간을 활용하거나 혹은 근로시간 축소에 관한 법률의 범위에서 추가적인 휴일들을 활용한다. 그래서 자유시간은 늘어나고 있다. 프랑스인들이 외출할 때에는 그들은 운동과 문화 활동에 몰두한다.

5. 주어, 직목 인칭대명사 les

Ce livre est une biographie. Il ne s'agit donc pas d'une étude sur l'œuvre de Foucault. Et pourtant, **si l'on fait une biographie de Foucault, c'est bien parce qu'il a écrit des livres**. J'ai essayé de présenter les ouvrages majeurs et de les insérer **dans les périodes qui les ont vus naître**. Je suis resté fidèle aux textes, et j'ai évité de les commenter. En revanche, j'ai donné beaucoup de place à **l'accueil qui a été réservé à chacun d'eux**.

【주안점1】 주어인칭대명사 on, il, 직목대명사 les, 강세형 대명사 eux

【주안점2】 비인칭 구문 il s'agit de, 부정대명사 chacun, 수동태, 부정법

【어휘】

biographie 자서전   faire 공부하다

voir 보다, 체험하다   majeur 중요한

insérer 삽입하다   fidèle 충실한

éviter 피하다   accueil 접대

réserver 준비하다

【구문】

① il s'agit de : ..이 중요하다, ..이 문제이다

② essayer de + inf : ..하려고 애쓰다 (= tenter de, s'efforcer de, chercher à)

③ fidèle à : ..에 충실한

④ en revanche : 반대로(= au contraire)

⑤ réserver un bon accueil à qn : ..을 환영하도록 미리 준비해 두다

【초점】

① si … c'est (parce) que : si 를 조건절로 해석해서는 안된다. 〈원인절〉로 해서 〈si 이하 인 것은 que 이하 한 까닭이다〉로 해석한다.

② dans les périodes qui les ont vus naître : 〈그것들이 나온 시기에〉. les 는 les ouvrages majeurs 를 받으며, voir 의 직목, naître 의 의미상 주어이다.

③ l'accueil qui a été réservé à chacun d'eux : 수동태 구문이기 때문에 우리말로 옮기기가 쉽지 않다. 능동태로 옮기면, on a réservé l'accueil à chacun d'eux. (사람들은 그 각각의 책들을 환대하도록 미리 준비해 두었다.) 로 된다.

【해석】

그 책은 일종의 자서전이다. 그러므로 중요한 것은 푸코의 작품에 대한 연구가 아니다. 그렇지만 사람들이 푸코의 자서전을 공부하는 것은 바로 그가 책들을 썼기 때문이다. 나는 주요 작품들을 소개하려고 애썼고, 그 작품들이 나온 시기 안에 그것들을 삽입하려고 애를 썼다. 나는 원문에 충실했으며, 그것들을 주석달기를 피했다. 반대로 그 작품들 각각에 미리 준비된 환영을 위해서는 많은 공간을 할애했다.

6. 중성대명사 le

Ce que vous êtes aujourd'hui, le serez-vous encore demain ? Vous vous flattez d'être sûrs de l'avenir ; imprudents que vous êtes ! Cet avenir que vous voyez briller devant vous ne s'assombrira-t-il pas ? Votre bonheur ne durera peut-être que ce que durent tant de bonheurs humains : l'espace d'un matin.

【주안점1】 중성대명사 le, 주어인칭대명사 il 이 가리키는 것
【주안점2】 ce que 의 의미, 형용사를 받는 관계대명사 que, 동사원형 briller
　　　　　의 의미상 주어
【어휘】
　　se flatter de 은근히 믿다　　　　　avenir 미래
　　imprudent 경솔한　　　　　　　　briller 빛나다
　　s'assombrir 어두워지다　　　　　　durer 지속되다
　　espace 공간, 간격, 기간
【구문】
　　① Ce que vous êtes : 현재의 당신(의 모습)
　　② être sûr de : …를 확신하다
　　③ tant de : 그처럼 많은(=beaucoup de)
【초점】
　　① le serez-vous : le 는 앞문장(Ce que vous êtes)을 속사로 받는 중성
　　　대명사.
　　② imprudents que vous êtes! : 속사로 쓰인 형용사를 관계대명사의 선
　　　행사로 받는 특수한 경우이며, 감정적인 용법으로 쓰이는 것이 일반
　　　적이다.
　　③ Cet avenir que vous voyez briller devant vous ne s'assombrira-t-il
　　　pas? : Cet avenir 가 전체 문장의 주어이며, 의문문으로 만들기 위하
　　　여 il 로 다시 받아 도치를 시킨 구문이다. Cet avenir 의 다양한 기능

에 주의하여야 한다. Cet avenir 는 또한 지각동사 voir 뒤에 오는 동사원형 briller 의 의미상 주어이다.

④ ce que durent tant de bonheurs humains : l'espace d'un matin : espace 는 〈공간〉이라는 뜻 외에 〈기간〉이라는 뜻이 있음에 주의해야 한다. ce que는 l'espace d'un matin 을 가리키므로 ce que 를 〈기간, 동안〉이라고 번역해야 할 것이다.

【해석】

오늘 현재의 당신이 내일에도 여전히 그러할 것인가? 당신은 미래가 확실하다고 은근히 믿고 있지만, 그런 당신 모습이 얼마나 경솔한지! 당신이 당신 앞에서 빛나는 것을 보고 있는 그 미래는 어두워지지 않을 것인가? 당신의 행복은 아마도 그토록 많은 인류의 행복이 지속되는 기간, 즉 오전 시간 동안만 단지 지속될 뿐이다.

7. 중성대명사 en

La presse d'information exerce dans tous les pays, **quel qu'en soit le régime**, une influence qu'aucun pouvoir ne peut négliger et qui constitue, on l'a dit, un pouvoir en **elle-même**. De graves appréhensions sont nées à ce sujet et s'affirment au fil des ans. La presse écrite évolue dans une direction qui risque, sur les plans intellectuel et moral, d'aboutir à une impasse. Et c'est finalement toute l'opinion publique **qui en éprouverait un préjudice**.

【주안점1】명사의 보어를 받는 중성대명사 en
【주안점2】종속절에 쓰인 접속법, 어조완화 및 추측의 조건법
【어휘】

presse 출판물	exercer 행사하다
régime 정체, 제도, 다이어트	influence 영향력
négliger 무시하다	appréhension 불안(= inquiétude)
s'affirmer 두드러지다	évoluer 변화하다

impasse 막다른 골목   éprouver 느끼다, 경험하다

préjudice 손해, 피해

【구문】

① quel que + être(sub) : 어떻든 간에

② à ce sujet : 이 점에 관해서

③ au fil des ans : 해가 지나감에 따라 (= avec le temps)

④ risquer de + inf : ...할 위험이 있다, 위험을 무릅 쓰고 ...하다

⑤ aboutir à : ..에 도달하다 (= arriver à, parvenir à, atteindre)

【초점】

① quel qu'en soit le régime : 중성대명사 〈en〉은 le régime des pays 에서 〈des pays〉를 받았으며, 본문은 〈그 체제가 어떻든 간에〉의 뜻이다.

② elle-même : 인칭대명사 강세형 뒤에 〈même〉가 쓰여 주어를 강조한다. 본문의 동사 〈constitue〉의 주어 〈une influence〉를 받는다.

③ qui en éprouverait un préjudice : 조건법 〈éprouverait〉는 〈어조완화 및 추측〉을 나타낸다. 중성대명사 〈en〉은 〈un préjudice de cette presse〉에서 〈de cette presse〉를 받은 것이다.

【해석】

정보출판물은 모든 나라에서 그 정체(政體)가 어떠하든지 간에, 어떠한 권력도 무시할 수 없는 어떤 영향력을 행사하며, 그리고 사람들이 말했다시피, 그 영향력이라고 하는 것은 그 자체 속에 어떤 권력을 구성하게 된다. 이 점에 관해서 심각한 염려가 생기는 것이며, 해가 지나감에 따라 뚜렷해진다. 쓰여진 출판물은 지적이고 정신적인 측면에서 막다른 골목에 도달할 위험이 있는 방향으로 발전한다. 그리고 결국 전 여론은 그것에 대한 피해를 당할 것이다.

8. 중성대명사 le

Jamais je ne **fus** sur la terre un personnage plus important qu'en ce temps-là. J'avais une mine fleurie, la peau tendue sur des joues rouges, et dans un corps alerte une âme jamais contrainte. J'étais une âme libre enfin, et ne me rappelle pas **l'avoir été depuis**. J'essaie parfois de rassembler des souvenirs précis de cette glorieuse époque.

【주안점1】 내용을 받는 중성대명사 le
【주안점2】 부정법 과거, 부정의 강조, 비교표현, 단순과거, 반과거, 현재의 시제의 변화에 주의
【어휘】

personnage 인물	mine 안색
fleuri 혈색이 좋은	peau 피부
tendu 당겨진, 팽팽한	alerte 민첩한
âme 영혼, 사람	contraindre 구속하다
se rappeler 회상하다	rassembler 모으다

【구문】

① en ce temps-là : 그 시대에는, 당시에는

② plus important qu'en ce temps-là : 그 당시에 보다 더 신망있는

③ essayer de : tenter de, tâcher de, s'efforcer de, chercher à …하려고 애쓰다

【초점】

① fus : être 동사의 단순과거

② l'avoir été : l'는 중성대명사로서, cette âme libre를 속사로 받고 있다. 부정법 과거 〈avoir été〉는 기준 시점 보다도 더 이전의 일임을 나타낸다.

③ depuis : 단독으로 사용되면 부사가 되어 〈그 이래로〉의 뜻.

절대로 나는 그 지역에서 그 당시보다도 더 신망있는 인물은 아니었다. 나의 안색은 혈색이 돌았으며, 붉은 두 뺨의 피부는 탄력이 있었으며, 그리고 민첩한 신체 속에는 결코 구속받지 않은 영혼을 소유하고 있었다. 요컨데 나는 자유로운 사람이었으며, 그 이후로는 그런 사람이었다는 기억은 나지 않는다. 나는 가끔 그 영화로운 시대의 명확한 추억을 모으려고 애를 쓴다.

9. 중성대명사 le, en

La télévision est sans conteste l'activité de loisir favorite chez les enfants. Ils la regardent en moyenne deux heures **par jour**. Quand on leur demande **ce qui se passerait s'ils en étaient privés**, les trois quarts d'entre eux **le regretteraient** et 30% **en seraient** très affectés.

【주안점1】직목으로 쓰인 중성대명사 le, 전치사 de의 보어를 받는 중성대명사 en

【주안점2】si와 함께 쓰인 조건법, si 없이 쓰인 조건법

【어휘】

activité 활동	loisir 여가
favori 좋아하는	priver 빼앗다(~de)
regretter 안타까워하다	affecter 슬프게 하다

【구문】

① sans conteste : 이의 없이, 말할 것도 없이

② en moyenne : 평균

③ se passer : (사건이) 일어나다

④ trois quarts : 4분의 3

【초점】

① par jour : 전치사 par 는 〈분배, 배분〉을 나타낸다.

② ce qui se passerait : ce qui 는 직접의문 qu'est-ce qui 가 간접의문이 된 것이다. passerait 의 조건법 시제는 조건절 si 와 관계되기 때문이다.

③ s'ils en étaient privés : privés de la télévision 에서 de la télévision 을 en 으로 받았다. (그들이 그것을 빼앗긴다면)

④ les trois quarts d'entre eux le regretteraient : le 는 앞 문장을 받는 중성대명사.

⑤ 30% en seraient très affectés : en 은 30% des trois quarts에서 des trois quarts 를 en 으로 받았다. (그 중에서 30%는~)

④ 와 ⑤ 에 쓰인 조건법 시제는 si 절과 전혀 관계없이 쓰였다. 즉, 어조 완화 및 추측의 의미이다.

【해석】

텔레비전이 어린아이들에게 있어서 좋아하는 여가 활동이라는 데에는 이의가 없다. 그들은 평균 하루에 2시간 텔레비전을 본다. 그들이 텔레비전 보는 것을 빼앗긴다면 무슨 일이 일어날지를 그들에게 물어보면, 그들의 4분의 3은 그 사실을 안타까워 할 것이고, 그 중 30%는 매우 슬퍼할 것이다.

10. 중성대명사 en

Ce ne sont ni les bons sentiments ni l'exaltation d'une **quelconque** solidarité humaine qui ont transformé fondamentalement la situation **en moins de cinquante ans**. C'est le progrès technique, après quatre mille ans de stagnation. Il n'a pas éliminé complètement le travail mécanique, mais **il en a sensiblement diminué la durée**. Il a accru la productivité, donc la possibilité de répandre le bien-être.

【주안점1】 중성대명사 en 과 시간의 경과를 나타내는 전치사 en

【주안점2】 부정형용사 quelconque, 부정의 접속사 ni

【어휘】

exaltation 흥분   quelconque 그 어떤, 평범한

solidarité 연대성 progrès 진보 stagnation 정체

éliminer 제거하다 (=enlever, supprimer, soustraire)

sensiblement 두드러지게 diminuer 줄이다 accroître 증가시키다

productivité 생산성 répandre 퍼뜨리다 bien-être 안락

【구문】

① bon sentiment : 인정

② une quelconque solidarité humaine : 어떤 인간적인 연대성

③ en moins de + 시간 : 채 ~ 걸리지 않아서

【초점】

① quelconque : 〈그 어떤〉, 〈평범한〉, 〈보잘것 없는〉의 뜻이 있다.

   ex) Apportez-moi un livre quelconque.(아무 책이나 한 권 갖다 주세요.)

       Cet homme me paraît quelconque. (그 사람은 내게는 평범하게 보인다.)

       C'est un roman très quelconque.   (이건 아주 시시한 소설이다.)

② en moins de cinquante ans : en 뒤에 시간이 오면 〈시간의 경과〉를 나타낸다.

③ il en a sensiblement diminué la durée : en 은 la durée de ce travail mécanique 에서 de ce travail mécanique 를 받은 중성대명사.

【해석】

50년 이내로 상황을 근본적으로 변화시킨 것은 인정도 아니고 그 어떤 인간적인 연대성에 대한 흥분도 아니다. 그것은 4천 년간의 정체 이후의 기술적인 진보이다. 그 기술적인 진보가 완전히 기계적인 노동을 제거한 것은 아니었지만, 그에 대한 지속시간을 현저하게 줄였다. 그래서 그것은 생산성과 그리고 안락을 널리 퍼뜨리는 가능성을 증가시켰다.

11. 중성대명사 en

Tandis que l'humanité a fait des progrès constants dans la conquête de la nature et est en droit d'**en attendre de plus grands encore**, elle ne peut prétendre à un progrès égal dans la régulation des affaires humaines et il est vraisemblable qu'à toutes les époques comme aujourd'hui, bien des hommes **se sont demandé si** cette partie des acquisitions de la civilisation méritait vraiment d'être défendue.

【주안점1】〈형용사 + 명사〉에서 명사를 받는 중성대명사 en
【주안점2】비교급의 강조, 간접의문절을 유도하는 명사절 si
【어휘】
　　progrès 진보　　　　　　　　　conquête 정복
　　attendre 기대하다, 기다리다　　prétendre 열망하다(à), 주장하다
　　régulation 제한, 조정　　　　　acquisition 획득, 습득

【구문】
　　① tandis que : ..하는 반면에, ..하는 동안에
　　② être en droit de + inf : ..할 권리가 있다(=avoir le droit de + inf)
　　③ prétendre à : ..을 열망하다 (= aspirer à)
　　④ il est vraisemblable que : ..인 모양이다, 정말인 듯하다
　　⑤ mériter de + inf : ..할 만하다, ..을 받을 자격이 있다

【초점】
　　① Tandis que : Tandis que 절의 내용과 주절의 내용이 반대이므로, 〈대립〉의 의미로 해석해야 한다.
　　② en attendre de plus grands encore : 중성대명사 en 은 plus grands progrès 에서 progrès 를 받았으며, encore 는 비교급을 강조한다.
　　③ se sont demandé si : si 는 조건의 si 가 아니고, se demander 의 목적절을 유도하여 〈..인지 아닌지〉의 뜻이다.

인류는 자연에 대한 정복 속에서 끊임없는 진보를 했으며 훨씬 더 큰 진보를
기대할 권리가 있다 하더라도, 인류는 인간사의 제한 속에서는 동일한 진보를
열망할 수 없으며, 오늘날처럼 모든 시대에 많은 사람들이 문화에 대한 그런
일부의 습득이 진실로 금지되어질 가치가 있는지 자문해 본 모양이다.

12. 인칭대명사 elle, le, 중성대명사 y

Il semble que la diversité des cultures soit **rarement** apparue aux hommes **pour
ce qu'elle est : un phénomène naturel**, résultant des rapports entre les sociétés
; ils y ont plutôt vu une sorte de monstruosité ou de scandale ; dans ces matières,
le progrès de la connaissance **n'a pas tellement consisté** à dissiper cette illusion
au profit d'une vue **plus exacte qu'à l'accepter ou à trouver** le moyen de s'y
résigner.

【주안점1】 주어 직목 인칭대명사 elle, ils, le, 중성대명사 y
【주안점2】 접속법, 동사시제, 부정문, que의 역할
【어휘】

diversité 다양성	phénomène 현상
rapport 관계	monstruosité 기형, 기괴
scandale 소란, 난동	dissiper 일소하다
illusion 환영, 환상	

【구문】
　①Il semble que + sub : ..인 것 같다
　②résulter de : ...에서 기인하다
　③une sorte de : 일종의
　④dans ces matières : 그런 문제에 있어
　⑤consister à+inf : ...하는데 있다
　⑥au profit de : ...을 위하여

⑦ se résigner à : ...을 감수하다, 체념하다

【초점】

① rarement : 드물게. 번역할 때는 〈좀처럼 .. 않다〉처럼 부정으로 하는
것이 좋다.

② pour ce qu´elle est : pour 는 주어 la diversité 를 강조하여 〈..로 말
하자면, ..에 관해서는〉의 뜻이다. ce qu´elle est 는 〈현재의 그 다양
성〉의 뜻이며, un phénomène naturel 와 동격이다.

③ n´a pas consisté à dissiper cette illusion ... qu´à l´accepter : 여기서
que 의 역할이 중요하다. tellement ... que 도, plus ... que 도 아니다.
ne pas ... que 이다. (l´ = cette illusion, y = à cette illusion)

【해석】

문화의 다양성, 즉 사회들 사이의 관계에서 기인하는 자연적인 현상인 현재의
문화의 다양성으로서는 사람들에게 좀처럼 나타나지 않았던 것 같다. 인간들은
사회에서 오히려 일종의 기형 혹은 일종의 난동을 겪었습니다. 그러한 문제에
있어서, 지식의 진보는 보다 정확한 시야를 위하여 그런 환영을 그다지 일소하
지 않았고, 단지 그런 환영을 받아들이거나 그것을 감수하는 방법을 발견하는
것이었다.

13. 강세형 인칭대명사, 중성대명사 y, en

Elle s'attendait **si peu à le voir qu'elle eut** un mouvement d'effroi. Quant à lui,
il avait couru Paris non parce qu'il croyait possible de la rejoindre, mais parce
qu'il **lui était trop cruel d'y renoncer**. Mais **cette joie que sa raison n'avait
cessé d'estimer irréalisable**, lui **en paraissait** maintenant plus réelle. Comme un
voyageur ébloui par les rayons inattendus, il monta avec elle dans la voiture qu'elle
avait.

【주안점1】 강세형 인칭대명사, 중성대명사, 대명사의 순서
【주안점2】 동사의 시제, 결과 구문, 이유 구문, 관계대명사 que

effroi 두려움, 공포   courir 자주 드나들다

rejoindre 다시 만나다   cruel 잔인한, 가혹한

renoncer (à) 포기하다   cesser (de) 그만두다

estimer 평가하다   irréalisable 실현 불가능한

paraître ~인 듯하다   ébloui 넋을 잃은, 눈부신

rayon 광선, 빛, 햇살   inattendu 예기치 않은

【구문】

① s'attendre à : 예상하다, 기대하다

② avoir un mouvement d'effroi : 소스라치게 놀라다

③ quant à : ~에 관해서는

④ non parce que ~, mais parce que ~ : ~하기 때문이 아니라, ~ 하기 때문이다

【초점】

① si peu à le voir qu'elle eut ~ : voir동사에 직목 〈le〉가 있기 때문에 〈que〉절은 직목절이 아니다. 〈원인과 결과〉를 나타내는 〈si ~ que〉 절이다. 〈peu〉는 "거의 ~ 않다"는 부정적인 의미를 가지며, 〈eut〉는 avoir의 단순과거형.

② il avait couru Paris : courir는 "자주 드나들다"라는 뜻의 타동사이다.

③ il lui était trop cruel d'y renoncer : 〈il〉은 가주어, 〈d'y renoncer〉가 진주어. 〈lui〉는 "그에게, 그에게 있어서"의 뜻이고, 〈y〉는 〈renoncer à〉에 걸리고 있으며 〈à la rejoindre〉, 즉 "그녀를 다시 만나다"라는 사실을 가리킨다.

④ cette joie que sa raison n'avait cessé d'estimer irréalisable : cesser 동사는 pas 없이 〈ne〉 단독으로 부정문을 형성할 수 있다. cette joie 를 직목으로 받는 관계대명사 〈que〉는 estimer 동사의 직목이다.

⑤ en paraissait : 중성대명사 〈en〉은 "de cela"의 뜻으로 〈실현 불가능 한 것으로 여겼던 그 기쁨에 대하여〉의 내용을 받는다.

그녀는 그를 만난다는 것을 너무나도 거의 예상하지 않았기 때문에 그녀는 소
스라치게 놀랐다. 그 사람에 관해서 말하자면, 그는 파리를 자주 드나들었는데,
이는 그가 그녀를 다시 만날 수 있는 가능성이 있다고 믿은 것이 아니라, 그녀
를 다시 만나는 것을 포기하는 것이 그에게는 너무나 잔혹했기 때문이었다. 그
의 이성이 끊임없이 실현 불가능하다고 여겼던 그 기쁨이 지금 그에게는 그 기
쁨에 대하여 더 실제적인 것 같았다. 예기치 않은 햇살에 의해 넋을 잃은 한
여행자처럼, 그는 그녀가 가지고 있던 차에 그녀와 함께 올라탔다.

14. 직목대명사 la

> Je crois que **définir** la civilisation d'une façon trop étroite, **c'est la nier**. La
> civilisation, elle est multiple. Et **c'est précisément parce qu'elle est multiple,**
> **qu'elle est intéressante. Si vous étiez comme nous, vous ne nous enrichiriez**
> **pas**. Je pense que la civilisation, c'est **un bouquet de fleurs**. Cela tend d'ailleurs de
> plus en plus à être partagé par tout le monde.

【주안점1】 주어 직목 인칭대명사 la
【주안점2】 부정법, c'est ~ que 강조구문, 조건법문장, 수동태, 부정관사의
      의미, 비교표현
【어휘】

  définir 정의하다   étroite 좁은, 엄격한
  nier 부정하다   multiple 복합적인
  précisément 바로   enrichir 부유하게 하다
  partager 공유하다

【구문】

  ① d'une façon étroite : 엄격하게 (=étroitement)
  ② un bouquet de fleurs : 일종의 꽃다발
  ③ d'ailleurs : 게다가 (※ ailleurs 다른 장소에서)

④ de plus en plus : 점점 더 많이

⑤ tendre à + inf : ...하는 경향이 있다

【초점】

① définir ..., c'est la nier : 부정법 définir 를 ce 로 받았다. 속사도 부정법이면 순수부정법을 쓴다.

② c'est parce qu'elle est multiple, qu'elle est intéressante : c'est ... que 강조구문 속에 parce que 이하의 이유절이 들어있다.

③ Si vous étiez comme nous, vous ne nous enrichiriez pas : si 절의 직설법 반과거는 〈현재의 비현실적인 가정〉을 나타낸다. 다른 조건법 구문도 익혀두자.

④ un bouquet de fleurs : 주어가 실제 꽃다발이 아니므로, 부정관사의 의미를 명시해 주어야 한다.

【해석】

매우 엄격하게 문화를 정의한다는 것은 문화를 부인하는 것이다. 문화란 복합적이다. 문화가 흥미로운 것은 바로 문화가 복합적이기 때문이다. 만약 당신이 우리와 같다면, 당신은 우리를 부유하게 하지는 못할 것이다. 나는 문화란 일종의 꽃다발이라고 생각한다. 게다가 그런 것으로 보아 모든 사람들이 공유하는 경향이 점점 더 많아지고 있다.

❼ 관계대명사

(Les Pronoms Relatifs)

A. QUI

① 주어로 사용되며, qui 뒤의 동사는 선행사에 일치시키며, 사람, 사물, 중성어를 대리한다.

Je le vis **qui** ramassait un bout de ficelle.

(나는 그가 끄나풀을 줍고 있는 것을 보았다.)

② 전치사와 함께 쓰여 사람만을 받으며, 간접보어나 상황보어에 걸린다.

Pas un seul de ces convives **avec qui** Meaulnes ne se sentit à l'aise.

(초대객들 중에서 몬느가 편안함을 느끼지 않는 사람은 단 한 명도 없다.)

③ 선행사 없이 qui 단독으로 쓰이며, celui qui(..하는 사람)의 뜻으로, 일반인을 뜻하며, 동사는 항상 단수이다.

Qui s'est vaincu lui-même ne craint plus les autres.

(자신을 이긴 사람은 타인을 두려워하지 않는다.)

B. QUE

① 직접목적보어 역할을 하며 사람, 사물을 받는다.

Georges me montre **son pistolet qu'**il charge devant moi.

(조르주는 그의 권총을 내게 보여주는데 그 권총을 내 앞에서 장전하고 있다.)

② 속사 역할을 하며, 선행사는 명사, 대명사, 형용사가 될 수 있다.

Il n'était pas **l'homme heureux** qu'elle croyait (**qu'il était**).

(그녀가 생각하고 있듯이 그는 행복한 사람은 아니었다. ― 보어절의 생략)

Je ne suis plus **ce que j'étais**.

(나는 이제 더 이상 과거의 내가 아니다.)

Bien **fatiguée qu'elle était**, elle dansa un tour de valse.

(그녀는 몹시 피곤했지만 왈츠를 한 곡 추었다.)

③ 상황보어의 역할의 한다. 거리, 가격, 무게 등의 수량을 받기도 하고, 시간과 장소를 받기도 한다.

les 5 kilomètres que j′ai couru

(내가 달린 5 키로미터)

depuis une semaine que je suis à Paris

(내가 파리에 와 있는 일주일 이래로)

L′arbre est tombé **du côté qu**′il se penchait.

(그 나무는 그가 몸을 기울이는 쪽으로 쓰러졌다.)

c. OÙ

① 시간과 장소의 선행사를 상황보어로 받는다.

Je pense souvent au pays **où** je suis né. (naître **à ce pays**)

(나는 내가 태어난 고장을 자주 생각한다.)

Il a fait trop froid l′année **où** ma sœur est née. (naître **à cette année**)

(내 여동생이 태어난 해는 몹시도 추웠다.)

② où 는 전치사 de, par, jusqu′ 와 함께 쓰일 수 있다.

la maison **d'où** il est sorti. (그가 나온 집)

le chemin **par où** il a passé. (그가 지나간 길)

D. DONT

de 로 인도되는 보어를 받으며 사람, 사물을 그 선행사로 한다.
이 때 전치사 〈de〉의 다양한 의미가 있으므로 주의를 요한다.

① de 로 연결되는 명사의 보어가 된다.

Le petit garçon **dont** le père est mort demeure chez nous.
(le père **de ce petit garçon**)
(아버지를 여읜 그 소년은 우리집에 머물고 있다. — 소유)
une catastrophe **dont** nous sommes nous-mêmes les victimes.
(les victimes **de cette catastrophe**)
(우리 스스로가 희생자가된 파국)

② de 가 동반되는 동사 혹은 동사구의 간접목적보어가 된다.

Voici le livre **dont** vous m'avez parlé hier. (parler **de ce livre**)
(당신이 어제 나에게 이야기한 책이 여기에 있다.)
Mon enfance **dont** je me souviens souvent. (se souvenir **de cet enfance**)
(내가 자주 회상하곤 하는 내 어린 시절)

③ de 가 동반되는 형용사의 보어가 된다.

C'est une voiture **dont** je suis content. (être content **de cette voiture**)
(내가 만족하는 것은 한 자동차 때문이다.)

④ 간접목적보어나 상황보어를 한정하는 경우, 즉 〈전치사 + 명사〉
에 걸리는 보어는 〈dont〉 으로 받지 않는다. 〈de qui / duquel, de
laquelle〉 등으로 받는다.

C'est l'homme **sur les pieds de qui [duquel]** j'ai marché.
(marcher sur les pieds **de cet homme**)
(그 사람은 내가 발을 밟은 바로 그 사람이다.)

E. QUOI

〈전치사 + quoi〉의 형태로만 사용되는 중성관계대명사이다.
일반적으로 "남성, 여성, 단수, 복수"가 분명한 〈사물, 인물명사〉를
선행사로 받지 않는다.

① 〈ce, rien〉 등의 〈중성어〉를 받는다.

Il n'y a **rien sur quoi** l'on ait tant disputé.

(이만큼 논의된 문제도 없다.)

② 앞의 절이나, 거기에 포함된 관념을 받는다. 그 절 혹은 그 관념과 동
격인 〈ce〉로 다시 받는 것이 보통이다.

Elle partit sans me dire adieu, (ce) **à quoi** je fus très sensible.

(그녀는 작별인사도 없이 떠났다. 그 점에 대해 나는 매우 가슴이 아팠
다.)

F. LEQUEL, LAQUELLE, LESQUELS, LESQUELLES

① lequel 은 〈선택의 의미〉가 있다. 선행사가 성이나 수가 다른 보어명
사를 가질 때, 선행사를 명백히 하기 위해 lequel 을 쓴다. qui 를 쓰면
뜻이 모호해 질 수 있다.

Avez-vous remarqué **le portail de la cathédrale, lequel** a été restauré
au dix-neuvième siècle? (lequel 의 선행사는 le portail)

(19세기에 복원된 그 교회의 문을 유심히 보셨나요?)

② 〈전치사 + lequel〉을 쓰는 것이 가장 일상적인 표현이다.

선행사는 사람이나 사물 명사이며, 성과 수에 따라 〈lequel,
laquelle...〉을 쓴다.. 원칙적으로 선행사가 사람이면 〈전치사 + qui〉

를 쓰고, 선행사가 중성대명사 혹은 앞 문장의 개념을 받을 때는 〈전
치사 + quoi〉를 쓴다.

Voilà **un outil avec lequel** je pourrai travailler.

(내가 일을 할 수 있을 연장이 저기 있군.)

Les Vincent sont **des amis chez qui** nous allons souvent le week-end.

(벵쌍씨 가족은 친구들인데, 그들 집에 우리는 주말에 자주 간다.)

Il m′a posé une question **à laquelle** je n′ai pas pu répondre.

(그가 나에게 질문을 했는데, 그 질문에 나는 대답을 할 수 없었다.)

③ 전치사 〈DE / À〉와 같이 쓰이면, 〈duquel, de laquelle, desquels,
desquelles / auquel, à laquelle, auxquels, auxquelles〉로 축약되어 쓰
인다.

C′est un projet **auquel** je pense depuis longtemps.

(그것은 내가 오래전부터 생각하고 있는 계획이다. — penser à ~)

Enfin elle a rencontré un membre de sa famille **duquel** elle avait été
séparée.

(마침내 그녀는 헤어졌었던 가족을 만났다. — séparer de ~)

Il veut employer la force, (ce) **à quoi** je m′opposerai toujours.

(그는 폭력을 사용하고 싶어하지만 나는 언제나 반대할 것이다.)

1. 관계대명사 qui, que

Il n'est pas rare de **voir surgir des malentendus** d'ordre fondamental, lorsque les Francais et les Allemands s'efforcent réciproquement de comprendre la psychologie particulière de leurs nations. Car **chacun des deux interlocuteurs** a tendance à appliquer à la culture qui lui est étrangère, l'échelle de valeurs -- consciente ou inconsciente -- **que lui fournit sa propre culture**.

【주안점1】 주어 관계대명사 qui, 직목 관계대명사 que와 주어 찾기
【주안점2】 부정법의 의미상 주어, 부정대명사 chacun, 소유개념 강조
【어휘】

rare 드문	surgir 돌발하다
malentendu 오해	réciproquement 상호적으로
psychologie 심리	interlocuteur 대화자
tendance 경향	appliquer 적용하다
fournir 제공하다	

【구문】

① Il est rare de + inf : ...하는 일은 드물다

② s'efforcer de + inf : ..하려고 애쓰다 (= essayer de, tenter de, tâcher de)

③ appliquer A à B : A 를 B 에 적용하다

④ échelle de valeurs : 가치척도

【초점】

① voir surgir des malentendus : 지각동사 voir 뒤에 오는 동사원형 surgir 가 자동사이므로 des malentendus 는 surgir 의 〈의미상 주어〉이다.

② chacun des deux interlocuteurs : chacun은 〈두 대화자 각각〉을 나타내는 부정대명사로서, 3인칭 단수로 취급된다. 그 다음에 나오는 인칭대명사 〈lui〉는 〈chacun〉을 가리킨다.

② que lui fournit sa propre culture : sa propre culture 가 fournit 의 〈주어〉이며, 특히 propre 는 〈소유의 의미〉를 강조한다.

【해석】

프랑스인과 독일인들이 그들 민족의 독특한 심리를 상호적으로 이해하려고 애쓸 때, 근본적인 순서의 불일치가 생기는 것을 경험하는 일은 드물지 않다. 왜냐하면 두 대화자 각각은, 의식하든 의식하지 않든, 자기 자신의 교양이 자신에게 제공해 준 가치척도를 자신에게는 상이한 교양에 적용하려는 경향이 있다.

2. 관계대명사 que, celui qui

L'idée que l'on se fait des choses **dépend dans une large mesure de** comment on les observe. L'automobiliste **au volant** de sa voiture n'est pas dans les meilleures conditions pour observer un paysage, son regard ne peut que courir à la surface des choses, il observe superficiellement. **Celui qui** se contente d'une telle observation superficielle court le risque de croire que les choses qu'il a observées ne méritaient pas que l'on s'attarde à les examiner avec attention.

【주안점1】 직목 관계대명사 que 와 pp의 일치, 불특정인을 가리키는 celui qui

【주안점2】 관계대명사 que 와 접속사 que 의 구별, 간접의문절 comment

【어휘】

dépendre (de) 달려있다   observer 관찰하다

automobiliste 운전사   volant 운전대, 핸들

regard 시선   paysage 풍경, 경치

surface 표면   superficielle 표면적인

mériter 할 만하다   examiner 검토하다

【구문】

① se faire une idée : 생각을 품다, 인식을 갖다

② dans une large mesure : 대개

③ courir à : 뒤쫓다

④ se contenter de : ..으로 만족하다

⑤ courir le risque de+inf : ...할 위험을 무릅쓰다(= risquer de + inf)

⑥ s'attarder à + inf : ..하느라 늑장을 부리다, 속도를 늦추다

【초점】

① dépend dans une large mesure de : dans une large mesure 를 삽입 구문으로 처리하고, dépendre de 구문을 찾아야 한다.

② au volant : 여기에 적용된 전치사 à 의 의미는 〈특징〉을 나타낸다.

③ Celui qui : 지시대명사 celui 는 qui 와 함께 쓰여서 〈불특정인〉을 가 리킨다.

【해석】

사람들이 사물들에 대하여 품게 되는 생각은 대개 그 사물들을 어떻게 보느냐 에 따라 달려있다. 자기 자동차의 핸들을 잡고 있는 운전수는 어떤 풍경을 관 찰하기 위해서 가장 훌륭한 조건에 있는 것은 아니다. 그의 시선은 물체들의 표면을 뒤쫓을 수 있을 뿐이다. 즉, 그는 피상적으로 관찰한다. 그러한 피상적 인 관찰로 만족하는 사람은 그가 관찰한 사물이 주의 깊게 그것들을 검토하느 라 늑장을 부릴만한 가치가 없다고 믿게 되는 위험을 무릅 쓰는 것이다.

3. 관계대명사 qui, que, ceux qui, ce qui

Savants et artistes sont au service des puissants et des riches. Ils sont payés, non pour découvrir la vérité ou pour embellir la vie des peuples, mais pour justifier le pouvoir de ceux qui **les emploient**, et pour **servir leurs vices. Ce qui** compte d'abord **pour eux, c'est leur carrière**, ce sont **les avantages matériels** et les satisfactions de vanité qu'**ils tirent de leurs talents**.

【주안점1】 관계대명사 qui, que, ceux qui, ce qui

【주안점2】 전치사 + 부정법, 관사의 생략, 인칭대명사, 소유형용사 leur, leurs

【어휘】

savant 학자	découvrir 발견하다
embellir 미화하다	justifier 정당화시키다
vice 악덕	servir 만족시키다
compter 생각하다	carrière 생애
avantage 기쁨, 장점	vanité 허영

【구문】

① être au service de qn : ..에게 봉사하고 있다

② non A, mais B : A 가 아니라 B 이다

③ d'abord : 우선

④ tirer qc de : ..에서 ..을 끌어내다

【초점】

① les emploient, pour eux, c'est leur carrière, ils tirent de leurs talents : les, eux, leur, ils, leurs 등은 모두 Savants et artistes 를 받는다. 소유형용사, 대명사가 무엇을 받는지는 문맥을 정확히 파악했을 때만이 가능하다.

② servir leurs vices : leurs 는 de ceux qui les emploient 를 받은 것이다.

③ les avantages matériels : avantages 의 해석을 일반적으로 〈장점〉이라고 하지만, 여기서는 어색하다. 〈기쁨〉이라고 해석하는 것이 문맥에 맞다.

④ Ce qui : 〈ce + 관계대명사〉는 뒤에 c'est 로 다시 받는 것이 일반적이다. 〈ce + 관계대명사〉는 일반적으로 〈~ 하는 것〉으로 해석한다.

【해석】

학자와 예술가들은 권력가와 부자들에게 봉사하고 있다. 그들이 돈을 지불받기는 하지만 지식을 발견한다거나 백성들의 삶을 아름답게 표현하기 위해서가 아니라, 그들을 고용하고 있는 사람들의 힘을 정당화시키며, 그들의 악덕을 만족시키기 위해서이다. 그들에 대해 우선 생각할 것은 그들의 생애이며, 그들이 그들의 재능에서 끄집어내는 것은 물질적인 기쁨과 허영에 찬 만족감이다.

4. 관계대명사 où, ceux qui

Pendant un certain temps, les Français, attirés par un nouveau mode de vie, se sont éloignés de leur origine paysanne pour aller vers la ville. Aujourd'hui, on constate un retour à la campagne ; les Français achètent, **quand ils en ont les moyens**, une résidence secondaire où **ils vont passer leurs vacances et leurs week-ends**. C'est le refuge de ceux qui se sentent mal à l'aise dans les villes ; c'est aussi une sorte de retour au passé et à la nature.

【주안점1】장소의 관계대명사 où, 불특정인을 받는 ceux qui
【주안점2】중성대명사 en, 근접미래, passer + 시간
【어휘】

attirer 마음을 끌다	origine 출신
constater 확인하다, 실감하다	retour 회귀, 귀환
moyens 돈, 방법	résidence 주거
secondaire 제 2의	refuge 피난처

【구문】
　① mode de vie : 생활방식
　② s'éloigner de : ..에서 멀어지다
　③ se sentir à l'aise : 편안함을 느끼다
　④ une sorte de : 일종의
【초점】
　① quand ils en ont les moyens : 중성대명사 en 은 les moyens d'acheter une résidence secondaire 에서 d'acheter une résidence secondaire 를 받고 있다.
　② ils vont passer leurs vacances et leurs week-ends : 시제는 근접미래이며, leurs vacances et leurs week-ends 이 passer 의 직목이므로 〈시간을 보내다, 지내다〉의 뜻으로 해석해야 한다.

【해석】

한 동안, 생활의 새로운 방식에 매료된 프랑스인들은 도회지로 가기 위하여 시골 본토에서 멀어졌다. 오늘날은 시골로의 회귀를 실감한다(회귀가 확인된다.). 프랑스인들은 살 수 있는 재산이 있을 때, 그들이 휴가나 주말을 보낼 제 2의 주거를 산다. 그것은 도회지에서 편안함을 잘 느끼지 못하는 사람들의 피난처인 것이다. 그것은 또한 일종의 과거로의 회귀이며 자연으로의 회귀이다.

5. 전치사 + 관계대명사, dont, que, qui

> **L'homme à l'état de nature** appartient irrévocablement au passé. Non seulement il n'est pas possible, mais il n'est pas souhaitable **de se soustraire à la vie sociale, pour laquelle**, en définitive, la nature a formé l'homme. **Ce qu'il faut, c'est** changer la société, **c'est** tenter de retrouver en elle les qualités **dont l'homme s'est dépouillé. Dieu, ou la nature**, a voulu la société, mais non pas **celle que** nous connaissons **et dont** seul l'homme est responsable. Nos passions nous ont égarés, elles ont obscurci notre raison. Nous cherchons notre bonheur dans des biens faux, nous sommes aveuglés par les préjugés. **L'ambition de Rousseau est d'enseigner** aux hommes des vérités utiles, **de leur enlever** le bandeau qui les aveugle.

【주안점1】 pour laquelle, 전치사 de에 걸리는 dont, 관계대명사 que와 qui

【주안점2】 〈ce que ~, c′est〉 구문, 복합과거에서 pp의 일치, 수동태, de + 동사원형

【어휘】

irrévocablement 결정적으로	souhaitable 바람직한
soustraire 벗어나게 하다	retrouver 되찾다
responsable 책임 있는	égarer 혼란시키다
obscurcir : 흐리게 하다	aveugler 눈멀게 하다
préjugé 편견	ambition 야망
enlever 제거하다	bandeau 띠

【구문】

① non seulement A, mais (aussi) B : A 뿐만 아니라 B 도 역시

② se soustraire à : ..으로부터 피하다

③ se dépouiller de : 옷을 벗다, 버리다

④ enlever qc à qn : ..에게서 ..을 빼앗다, 탈취하다 (à 는 탈취, 분리의 의미)

【초점】

① pour laquelle : 전치사 뒤에서 구체적인 사물명사를 받을 때는 lequel, laquelle 등의 변화하는 관계대명사를 쓴다. pour laquelle의 선행사는 la vie sociale 이다.

② Ce qu'il faut, c'est : ⟨ce + 관계대명사⟩를 c'est 로 다시 받는다.

③ dont l'homme s'est dépouillé : se dépouiller de에서 de 이하를 dont 으로 대리.

④ celle que, et dont : que, dont 은 공통의 선행사 celle (la société)를 받는다.

⑤ L'ambition de Rousseau est d'enseigner, de leur enlever le bandeau : 주어가 명사이고 속사가 부정법이면 ⟨de + inf⟩을 쓴다.

【해석】

자연적인 상태에 있는 인간은 결정적으로 과거에 속해 있다. 사회생활에서 부터 벗어난다는 것은 불가능할 뿐만 아니라 바람직하지도 않다. 그 사회생활을 위하여 결정적으로 자연은 인간을 만들었다. 중요한 것은 사회를 변화시키는 것이며, 인간이 내다 버린 장점들을 사회 안에서 다시 발견하려고 애쓰는 것이다. 신, 즉 자연은 사회를 원했지만 우리가 알고 있고 단지 인간만이 책임을 지는 그런 사회는 아니었다. 우리의 정열이 우리를 혼란시켰고, 우리의 이성을 흐리게 했다. 우리들은 잘못된 재산 속에서 우리의 행복을 추구하고 있으며, 편견으로 눈이 멀었다. 루쏘의 야망은 사람들에게 유용한 진리들을 가르치며, 사람들을 눈 멀게 하는 띠를 그들에게서 제거하는 것이었다.

6. 관계대명사 dont

> Un roman s'adresse à la solitude. Un écrivain écrit, puis un lecteur lit. **Le roman comme le poème postulent** un public, mais ce public est partout et nulle part, sans consistance. Il en va **tout autrement** dans le cas de théâtre. Il suppose un lieu de rencontre, et la présence en ce lieu d'un certain nombre de spectateurs. C'est **l'être collectif dont chaque membre**, arraché à la solitude, trouve son plaisir dans la communion.

【주안점1】명사의 보어를 받는 관계대명사 dont
【주안점2】et의 뜻으로 쓰이는 comme, 주어 찾기
【어휘】

roman 소설	solitude 고독
écrivain 작가	lecteur 독자
postuler 가정하다	public 대중
partout 도처에	supposer 가정하다
spectateur 관객	communion 일치, 공동체

【구문】

① s'adresser à : 호소하다, 문의하다

② nulle part : 아무데도

③ sans consistance : 일정함이 없이

④ Il en va : 사정은 …하다

⑤ un certain nombre de : 수많은

⑥ l'être collectif : 공동체

⑦ arraché à : ..으로부터 벗어난

【초점】

① Le roman comme le poème postulent : comme, ainsi que, de même que 는 〈비교(..처럼)〉를 나타낼 수 있고, 〈그리고(et)〉의 의미로 쓰일 수 있다. 본문의 동사(postulent)가 복수로 되어 있으니, comme 는 〈그

리고(et)〉의 의미.

② tout autrement : tout 는 autrement 을 수식하는 부사로써 〈완전히〉의
뜻이다.

③ l'être collectif dont chaque membre : 관계대명사 〈dont〉은 chaque
membre de cet être collectif 에서 〈de cet être collectif〉를 받았다.

【해석】

소설은 고독에 호소한다. 작가는 글을 쓰고 독자는 읽는다. 소설과 시는 대중을
전제로 한다. 하지만 대중이란 도처에 있기도 하고 없기도 해서 일정치 않다. 연
극의 경우에 있어서는 사정은 완전히 다르다. 연극은 만남의 장소와 그리고 그
장소에 수많은 관객의 참석을 전제로 한다. 그것이 바로 공동체이며, 고독에서
벗어난 그 공동체의 각 회원들은 그 일치감 속에서 자기의 즐거움을 발견한다.

7. 전치사+관계대명사 lequel, qui

Les Français ont un besoin esthétique de définitions claires et rigoureuses. Cela
vous conduit à créer des catégories rigides, des divisions, des subdivisions, des
différentiations subtiles. Prenez par exemple l'enseignement de la géographie :
vous partez du tout - le monde - et **vous le divisez en continents, à l'intérieur
desquels** vous étudiez successivement chacun des pays **qui le composent**.

【주안점1】 전치사(구) + lequel, 주어 관계대명사 qui
【주안점2】 명령적인 표현, 부정대명사 chacun, 직목 대명사 단수 le 가 가리
키는 것

【어휘】

besoin 욕구, 필요	esthétique 미적인
définition 정의	rigoureux 엄격한
rigide 엄격한	division 분할
subdivision 세분, 재분할	différentiation 미분

subtile 미세한, 정묘한   continent 대륙

successivement 연속적으로   composer 구성하다

【구문】

① conduire qn à + inf : qn 을 …하도록 이끈다, 유도한다

② à l'intérieur de : ..내부에, 안에

【초점】

① vous partez du tout : le tout 는 명사로써 〈전체〉의 뜻이다. 본문을 〈당신은 전체에서부터 출발한다.〉로 해석하면 대단히 어색하다. 직설법 현재에 〈명령〉의 의미가 있다.

② vous le divisez en continents : le 는 le monde 를 받는다.

③ à l'intérieur desquels : à l'intérieur de 와 lesquels 이 합쳐진 관계대명사이며, 이때, 전치사구에 연결된 desquels 대신에 절대로 dont 을 쓸 수 없다. lesquels 의 선행사는 continents 이다. 일반적으로 해석은 〈관계대명사〉를 먼저 해석한 다음에 뒷 문장을 하는 것이 좋다.

④ qui le composent : 직목대명사 〈le〉는 단수 〈continent〉을 가리킨다. 왜냐하면 나라들이 속해 있는 대륙은 〈하나의 대륙〉이기 때문이다.

【해석】

프랑스 사람들은 명백하고 엄격한 정의의 미적 욕구를 가지고 있다. 그것이 당신으로 하여금 엄격한 범주, 분할, 재분할, 치밀한 미분을 만들어 내도록 유도한다. 지리교육을 예로 들어 보십시오. 전체, 즉 세계에서 시작하십시오. 그러면 당신은 그것을 대륙으로 나누고, 그 대륙내부에서 그 대륙을 구성하고 있는 각각의 나라들을 당신은 연속적으로 연구하게 될 것이다.

8. 지시대명사 + 관계대명사, 전치사 + 관계대명사, que

L'homme du XXe siècle **ne vit de la même façon que** ses lointains ancêtres. Qui le niera? Mais l'enfant qui naît aujourd'hui n'est pas différent de **celui que mettaient au monde, il y a quelques millénaires, les peuples constructeurs de pyramides** et même ceux de l'âge de la pierre polie. Peut-être nos enfants atteignent-ils une taille un peu plus élevée, probablement par l'effet d'une meilleure diététique. En fait, depuis qu'elle est sur la terre, l'humanité ne change pas dans son équipement physique. Toute la différence entre une génération et **celles qui l'ont précédée** tient non pas à la nature, mais à la culture, c'est-à-dire à ce que le futur adulte apprend, à l'éducation qu'il reçoit, à l'environnement **dans lequel** il grandit.

【주안점1】 지시대명사를 선행사로 받는 관계대명사와 주어 찾기

【주안점2】 ne ~ que에 주의, 의문대명사 Qui, 지시대명사 celui

【어휘】

ancêtres 조상	nier 부정하다
millénaire 천년	atteindre 도달하다
taille 신장, 키	diététique 식이요법
équipement 장비	environnement 환경

【구문】

① être différent de : ..와 다르다

② mettre un enfant au monde : 아이를 낳다

③ depuis que : ..이래로

④ entre A et B : A 와 B 사이에

⑤ tenir à / tenir à ce que + ind : ..에 기인하다

【초점】

① ne vit de la même façon que : même ... que, autre ... que 로 쓰인 〈비교의 que〉이다. ne ~ que 구문이 아니다. 이 때, ne 는 단독으로 〈부정〉이다.

② celui que mettaient au monde les peuples constructeurs de pyramides : 관계대명사 que 의 선행사 celui 는 l'enfant 을 받으며, 동사 mettaient 의 주어는 les peuples constructeurs de pyramides 이다. 문장구조분석에 주의를 요한다.

③ celles qui l'ont précédée : l' 는 génération을, celles는 générations을 받는다.

④ dans lequel : 전치사에는 관계대명사 lequel 을 쓴다. 선행사는 l'environnement.

【해석】

20세기의 인간은 먼 조상들과 같은 방식으로 살지 않는다. 누가 그 사실을 부인할 것인가? 그러나 오늘날 태어나는 아이는 수천년전에 피라미드를 건축한 사람들, 심지어 신석기시대의 사람들이 낳았던 아이와 다르지 않다. 아마도 우리네 아이들은 보다 훌륭한 식이요법의 결과로 신장면에서 약간 더 클 것이다. 사실 인류가 지상에 존재한 이래로 신체기관면에서는 변함이 없다. 한 세대와 그 세대를 앞선 세대들 사이의 차이점은 자연에 기인하는 것이 아니고 문화, 즉 미래의 성인이 배우는 것, 그가 받는 교육, 그가 자라나는 환경에 기인하는 것이다.

9. 관계대명사 dont

Les sciences humaines et sociales, **dont certaines sont nées** il y a moins d'un siècle, **ont subi depuis une trentaine d'années le contrecoup** des mutations intervenues dans les sciences exactes, les techniques et l'ensemble de la société. Elles ont remis en question leurs concepts et leurs méthodes et tendent de plus en plus aujourd'hui à converger autour de leur objet commun : l'homme, dans sa double dimension individuelle et sociale.

【주안점1】 〈그 중에〉의 뜻으로 쓰이는 관계대명사 dont
【주안점2】 부정대명사 certaines, 소유형용사 leurs 가 가리키는 것

subir 감내하다, 치르다, 받다   contrecoup 반동, 충격

mutation 급격한 변화   intervenir 생기다, 개입하다

concept 개념   converger 집중하다 (=concentrer)

【구문】

① il y a + 시간 : .. 전에

② sciences exactes : 정밀과학

③ remettre qc en question : 문제 삼다, 재검토하다

④ tendre à + inf : ..의 경향이 있다 (= avoir tendance à)

⑤ de plus en plus : 점점 더 많이

⑥ autour de : .. 주위로

【초점】

① dont certaines sont nées : 관계대명사 dont 은 〈그 중에서〉의 뜻으로 des(de+les) sciences 를 받으며, certaines 는 부정대명사로써 certaines sciences 를 의미한다.

② ont subi depuis une trentaine d'années le contrecoup : depuis une trentaine d'années 의 부사 구문이 동사 subi 와 직목 le contrecoup 사이에 삽입되었으며, 주어는 Les sciences humaines et sociales 이다.

【해석】

인문과학과 사회과학, 그 중에 몇몇은 채 1세기도 안 되는 세월 이전에 생겼지만, 30여년전 이래로 정밀과학, 기술 그리고 전체 사회에서 생긴 급격한 변화에 대한 반발을 겪었다. 인문 사회과학은 그것들의 개념과 방법들을 재검토했으며 그것들의 공동목표, 즉 다시 말하면, 개인과 사회의 이중적인 차원 안에 있는 인간이라는 공동목표 주위로 집중하는 경향이 오늘날 점점 더 많아지고 있다.

10. 관계대명사 ce que

L'idée de modernité repose sur le triomphe de la raison. Elle seule établit une correspondance entre l'action humaine et l'ordre du monde, **ce que** cherchaient **déjà** bien des pensées religieuses qui étaient pourtant paralysées par le finalisme propre à elles. C'est la raison qui anime **la science et ses applications** ; c'est elle aussi qui commande l'adaptation de la vie sociale aux besoins individuels ou collectifs ; c'est elle enfin qui remplace l'arbitraire et la violence par l'État de droit et par le marché.

【주안점1】 절을 받는 관계대명사 ce que, 주어관계대명사 qui

【주안점2】 déjà의 의미, 사물을 받는 소유형용사, 강조구문 c'est ~ qui

【어휘】

triomphe 승리, 개가   établir 확립시키다

correspondance 일치, 교감   paralyser 마비시키다

finalisme 목적원인론   animer 생기를 불어넣다

arbitraire 독재

【구문】

① reposer sur : 근거를 두고 있다

② propre à : …에 고유한, 적합한

③ adaptation de A à B : A 를 B 에 맞추기

④ remplacer A par B : A를 B로 바꾸다

【초점】

① ce que : 관계대명사의 선행사가 앞에 나온 절일 때, 그 절을 ce 로 받아 동격으로 하여 관계사 앞에 위치시킨다. 이런 경우 〈ce〉가 생략 될 수도 있다.

② déjà : 현재의 개념이 들어가면 〈이미, 벌써〉, 과거의 개념이면 〈전에〉 의 뜻.

③ la science et ses applications : la science et les applications de cette science 에서 de cette science 를 ses 로 받은 것이다. 소유자가 한 문장내에 있을 때, 사물일지라도 en 으로 받지 않고 소유형용사로 받으며, 문제의 사물과 관련된 특성을 나타낸다.

【해석】

현대적인 사고는 이성의 개가에 근거를 두고 있다. 그 사고만이 인간행동과 세계질서 사이의 교감을 확립하게 해주는 것이며, 바로 그 사실을 많은 종교사상들이 전에 추구해 왔다. 그러나 그 종교사상들은 그 종교사상에 고유한 목적원인론에 마비되어 있었다. 바로 이성이 학문과 그 학문의 응용에 생기를 불어넣는다. 또한 바로 이성이 사회생활을 개인이나 공동체의 욕구에 맞추도록 요구한다. 마침내 바로 그 이성이 독재와 폭력을 법치국가와 시장거래로 바꾼다.

11. 전치사(구) + 관계대명사

Les rapports de l'homme avec sa langue **sont d'une nature très particulière. Il l'a apprise sans le vouloir**. Elle s'est imposée à lui par simple contact avec son entourage. Elle a coïncidé pour lui avec la prise de conscience du monde **dans lequel il vit**. Comment pourrait-il, dans ces conditions, ne pas identifier le mot et la chose? Si la chose fait peur, le mot fait peur : **qui n'a eu un recul** devant le mot cancer, cette longue maladie **à l'issue de laquelle** on trépasse.

【주안점1】 dans lequel, à l'issue de laquelle
【주안점2】 〈être de〉의 의미, 대립 양보의 의미의 전치사 〈sans〉, 의문대명사 qui
【어휘】

nature 성질	s'imposer 필요불가결하다
contact 접촉	entourage 주위
coïncider 일치하다	identifier 동일시하다
recul 후퇴	cancer 암
trépasser 죽다	

【구문】

① la prise de conscience : 자각, 의식

② faire peur : 무섭게 하다 (※ avoir peur de 무서워하다)

③ à l'issue de : ..가 끝났을 때에

【초점】

① sont d'une nature très particulière : 〈être de〉 구문은 중요하다.

   1. 출신, 출처 2. 소속, 참여 3. 성질 등의 3가지 의미가 있는데, 본문은 〈성질〉의 의미로써, 이것은 〈명사의 형용사적 용법〉이다.

② Il l'a apprise sans le vouloir : l' 는 la langue 를 받으며, le 는 〈중성대명사〉로써, vouloir apprendre la langue 에서 apprendre la langue 를 받는다.

③ dans lequel il vit : 선행사가 사물일 때, 전치사 뒤에서는 lequel, laquelle 등으로 받는다. 본문은 장소를 나타내므로 〈où〉로 받을 수도 있다.

④ qui n'a eu un recul : qui 는 〈의문대명사〉이며, ne 는 의문사와 함께 단독으로 〈부정〉을 나타낸다. 복합과거는 현재와 마찬가지로 〈일반적인 진리〉를 나타낸다.

⑤ à l'issue de laquelle on trépasse : de 로 끝나는 전치사구에 걸리는 관계대명사는 dont 으로 받을 수 없고 lequel 등으로 받아야 한다. 본문의 선행사는 maladie.

【해석】

인간과 언어와의 관계는 대단히 특별한 성질에 속한다. 인간은 언어를 배우려고 원하지 않았는데도 언어를 배웠다. 언어는 인간을 둘러싸고 있어서, 단순한 접촉으로 인하여 인간에게는 필수 불가결했다. 인간에게 있어서 언어는 인간이 살고 있는 세계에 대한 자각과 일치했다. 그런 조건에서 인간은 어떻게 말과 사물을 동일시하지 않을 수 있겠는가? 만약 사물이 겁나게 하면 말도 겁나게 한다. 즉, 병을 다 앓고 나서 사람을 죽음으로 몰고 가는 그 오랜 병인 암이라는 말 앞에서 누군들 뒤로 물러서지 않겠는가?

12. 관계대명사 que, où, qui, à qui

Pour se faire dans un premier temps une idée au moins approximative de **ce qu'est la diversité des langues**, il y a lieu d'examiner successivement **les effets qu'elle engendre et les formes qu'elle revêt**. Les effets engendrés peuvent commodément s'apprécier à partir d'une situation très élémentaire de dialogue **où sont mises** en présence une personne qui parle, le locuteur, et une personne à qui parle le locuteur, l'allocutaire.

【주안점1】 직목받는 que, 장소받는 où, 주어받는 qui, 간목받는 à qui

【주안점2】 간접의문으로 쓰는 ce que, 관계절 속에서 주어 찾기

【어휘】

approximatif 대략적인   diversité 다양성

successivement 연달아   effets 결과

revêtir 모습을 띠다   engendrer 낳다, 만들다

commodément 편리하게   s'apprécier 평가되다

locuteur 화자   allocutaire 청자

【구문】

① se faire une idée ..의 관념을 갖다

② dans un premier temps 초창기에

③ au moins 적어도

④ il y a lieu de + inf ..할 필요가 있다

⑤ à partir de ..에서 부터

⑥ en présence 대면하여

【초점】

① ce qu'est la diversité des langues : ce que 는 qu'est-ce que 의 간접 의문 형태.

② les effets qu'elle engendre et les formes qu'elle revêt : 등위접속사 et 가 연결하고 있는 것은 examiner 동사의 직목인 les effets 와 les formes 이며, 직목관계대명사 que의 선행사이다.

③ où sont mises : 관계대명사 où 의 선행사는 dialogue이며, 동사가 복수이므로 주어는 동사 뒤에 열거된 전체이다. une personne qui parle, le locuteur, et une personne à qui parle locuteur, l'allocutaire 이 된다.

【해석】

언어의 다양성이 무엇인지에 대한 적어도 대략적인 관념을 초창기에 갖기 위해서는, 그 다양성이 낳게 되는 결과와 그 다양성이 띠게 되는 형태를 연달아 점검해 볼 필요가 있다. 만들어진 결과들은 대화라고 하는 대단히 기본적인 상황에서부터 쉽게 평가될 수 있다. 그 대화에는 말하는 사람, 즉 화자와 그 화자가 말하는 대상, 즉 청자가 대면하고 있음은 당연하다. (만들어진 결과들은 말하는 사람, 즉 화자와 그 화자가 말하는 대상, 즉 청자가 대면하고 있는 대화라고 하는 대단히 기본적인 상황에서부터 쉽게 평가될 수 있다.)

13. 전치사 + 관계대명사 lequel

> Les aspirations des jeunes. Il y a d'abord le besoin d'évasion et le goût de l'aventure. Ils se traduisent, dans un premier temps, par la lecture des romans, **puis à partir de 18 ans surtout**, par un saut dans le concret. **C'est l'âge des voyages à l'étranger pour lesquels** les bourses ne sont jamais nombreuses, **des écoles de voile** où l'on doit bourlinguer dans la tempête, **des écoles d'escalade ou de ski** où le risque est souvent très grand.

【주안점1】 전치사 + 관계대명사, 장소를 받는 관계대명사 où
【주안점2】 대명동사의 수동적 의미, 열거된 단어의 연결 구조 찾기
【어휘】

aspiration 열망	besoin 욕구, 필요
évasion 도피	lecture 독서

saut 비약적 전진, 도약(=élan)　　　concret 구체성, 구상

bourse 장학금, 증권시장　　　bourlinguer 난항하다

tempête 폭풍우　　　escalade 등반, 등산

【구문】

① dans un premier temps : 초창기에

② à partir de : …에서부터

③ dans le concret : 구체적으로

【초점】

① puis à partir de 18 ans surtout : puis 다음에 Ils se traduisent 가 생략되었다.

② C'est l'âge des voyages à l'étranger pour lesquels : 관계대명사 〈lesquels〉의 선행사는 "les voyages à l'étranger"이다. 해석할 때는 관계대명사 앞에서 끊고, 관계대명사를 선행사로 받아 다시 한 번 해석한 뒤, 앞에서 뒤로 해석하기를 권한다.

③ C'est l'âge : C'est l'âge 에 걸리는 보어는 des voyages à l'étranger, des écoles de voile, des écoles d'escalade ou de ski 이며, 이 보어들 뒤에 각각 관계사절이 이어지고 있어서, 문장구조 분석하는 것이 쉽지 않다.

【해석】

젊은이들의 열망. 우선 도피의 욕구와 모험에 대한 취향이 있다. 그 욕구와 취향은 초창기에는 소설을 읽는 것으로 나타난다. 그 다음에 특히 18세부터는 구체적으로 비약적인 전진으로 나타난다. 그것은 곧 외국에 여행하는 나이이며, 이 외국여행을 위한 장학금은 결코 많지 않다. 또 범선학교에 다닐 나이이지만 폭풍우 속에서는 난항해야 한다. 그리고 등산이나 스키학교에 다닐 나이이지만 여기서는 위험이 종종 매우 크다.

14. 관계대명사 où, qui

Au milieu de sa gloire, cet écrivain demeure infiniment modeste. **S'il revient sans cesse sur lui-même, ce n'est point** pour s'analyser. Au contraire, l'auteur d'une œuvre aussi vaste **et où l'élément autobiographique tient tant de place, se désintéresse de son « moi »**. Il ne parle pas pour montrer en quoi son « moi » se distingue des autres. A aucun moment, **cet homme qui, de son vivant, a connu une gloire sans pareil, n'a cédé à la vanité.**

【주안점1】 장소를 받는 관계대명사 où, 주어를 받는 관계대명사 qui

【주안점2】 〈Si ~, c′est〉 구문의 의미, 간접의문절을 유도하는 en quoi (관계대명사가 아니다)

【어휘】

milieu 중간, 한창	gloire 영광
écrivain 작가(=auteur)	demeurer 머물다
infiniment 끝없이, 매우	modeste 겸손한, 겸손한
analyser 분석하다	œuvre 작품, 저서
vaste 대규모의, 광대한	élément 요소
autobiographique 자서전의	se distinguer 구별되다
céder à ~에 굴복하다	vanité 허영

【구문】

① au milieu de : ~이 한창일 때에, ~중간에

② sans cesse : 끊임없이

③ ne ~ point : 조금도 ~ 않다. point은 pas의 강조형

④ se désintéresser de : ~ 에 무관심해지다

⑤ à aucun moment : 결코, 한 번도

⑥ de son vivant : 자기가 살아있는 동안에

⑦ sans pareil : 비길 데 없는, 유일무이의, 최고의

① S'il revient sans cesse sur lui-même, ce n'est point : 〈Si ~, c'est〉 구문에서 〈Si〉는 "조건"이 아니라 "이유"를 나타낸다. (~하는 이유 는)

② et où l'élément autobiographique tient tant de place : 삽입구문으로 관계대명사 〈où〉의 선행사는 〈une œvre〉이다.

③ se désintéresse de son《 moi》:《 moi》는 〈자아, 사욕〉의 뜻을 가진 일 반명사. 앞 문장의 〈gloire〉와 대비하여 "사욕"으로 번역하는 것이 자 연스럽다.

④ cet homme qui, ~, a connu une gloire sans pareil, n'a cédé à la vanité : 〈connaître〉는 "경험하다"의 뜻, 앞의 〈aucun〉 때문에 부정의 〈pas〉는 생략함.

【해석】

그 작가는 자신의 영광이 한창일 때에도, 그는 끝없이 마음이 겸손하다. 그가 끊임없이 자기 자신에게로 되돌아오는 이유는 결코 자신을 분석하기 위해서가 아니다. 반대로 이 만큼 광대한 작품의 저자는, 그리고 물론 그 작품 속에는 자 전적인 요소가 많은 자리를 차지하고 있는데, 자신의 〈사욕〉에는 무관심하다. 그는 자신의 〈사욕〉이 다른 사람들과 어떤 점에서 구별되는 지를 보여주기 위 하여 말하고 있지 않다. 살아생전에 비길 데 없는 영광을 경험한 이 작가는 단 한 순간에도 허영심에 굴복하지 않는다.

15. 전치사 + 관계대명사 lequel

> Aux yeux de Claude Hagège, le vrai danger pour la langue française vient surtout
> d'une insuffisante confiance dans **sa propre créativité**. Selon lui, d'ailleurs,
> "l'avenir du français n'est plus en France. La langue française est en train de
> recevoir une sève extrêmement puissante et nouvelle **des pays francophones.**
> **C'est une des raisons pour lesquelles**, aujourd'hui, elle peut prétendre à **une**
> **certaine universalité**".

【주안점1】 les raisons pour lesquelles
【주안점2】 소유형용사의 강조, 축약관사 des의 연결, 부정형용사 certain
【어휘】

surtout 특히	insuffisant 불충분한, 무능한
confiance 신뢰, 확신	créativité 창의성, 창작력
selon ~에 의하면(=d'après)	avenir 미래, 장래
sève 수액, 생기, 활기	francophone 프랑스어권의
raison 이유, 동기	prétendre 주장하다, 열망하다(à)
universalité 보편성, 일반성 (= généralité)	

【구문】

① aux yeux de : ~의 견해로는

② venir de : ~에서 기인하다

③ d'ailleurs : 게다가 (=par ailleurs, en outre, en plus, de plus, voire)

④ ne ~ plus : 이제 더 이상 ~ 않다

⑤ être en train de + inf : ~하고 있는 중이다

⑥ un(e) des + 명사 : ~ 중에서 하나

⑦ prétendre à qc : ~을 희망하다, 열망하다, (자신의 권리로서) 요구하다

【초점】

① sa propre créativité : 형용사 〈propre〉가 명사 앞에 오면, 소유형용사
와 함께 〈소유〉의 의미를 강조한다. 〈sa〉는 〈la langue française〉이다.

② des pays francophones : 〈des〉는 〈de + les〉의 축약형으로, 전치사 〈de〉는 〈recevoir〉 동사와 연결되어 "~로 부터"로 해석한다.

③ C'est une des raisons pour lesquelles : 바로 그 여러 이유들 중의 하나 때문에, 전치사 pour와 함께 쓰인 관계대명사 〈lesquelles〉의 선행사는 앞의 les raisons.

④ une certaine universalité : 단수 certain이 명사 앞에 쓰이면 〈어떤〉의 뜻이다.

【해석】

Claude Hagège의 견해로는 프랑스어에 있어서 진정한 위험은 무엇보다도 프랑스어 자체의 창의성에 있어서의 불충분한 신뢰에서 기인한다. 게다가 그에 따르면, "프랑스어의 미래는 이제 더 이상 프랑스에 있지 않다. 프랑스어는 프랑스어권 나라들로부터 대단히 강력하고도 새로운 수액을 받고 있는 중이다. 바로 그 여러 이유들 중의 하나 때문에 프랑스어가 어떤 보편성을 열망할 수 있다"는 것이다.

16. 관계대명사 dont, ce qui

J'aime m'entretenir avec des personnes **dont la parole** est l'expression aussi exacte que possible **de ce qui se vit** à l'intime de leur être. A l'inverse, **il est des gens dont la pensée** semble coupée de leur réalité interne. Ils peuvent avoir une parole facile et abondante, mais **eux, ils bavent** des mots sans substance.

【주안점1】 〈de + 선행사〉를 받는 관계대명사 dont
【주안점2】 〈il est〉의 의미, vivre 동사의 의미, 주어를 강조하는 강세형 대명사 eux

【어휘】

s'entretenir 서로 이야기하다	parole 말
se vivre 경험되다	intime 내면, 깊은 속
être 존재	pensée 생각, 사상

sembler ~인 것 같다　　　　　　　coupé 단절된

réalité 실제, 현실세계　　　　　　interne 내면의

abondant 풍부한　　　　　　　　　baver 지껄이다(=causer, bavarder)

substance 본질(=essentil), 요점

【구문】

① s'entretenir avec qn de qc : ~에 관해 ~와 서로 이야기하다

② aussi exacte que possible : 가능한 한 정확한

③ à l'inverse : 정반대로, 거꾸로 말하면

④ sans substance : 요지가 없는, 실속이 없는

⑤ avoir une parole facile et abondante : 좋은 말주변과 표현력이 풍부
한 입담을 가지다

【초점】

① dont la parole, dont la pensée ~ : 관계대명사 dont은 〈de+선행사〉
를 받는다.

la parole des personnes, la pensée des gens 의 의미이다.

personnes, gens 은 동의어로서, 어휘의 반복을 피하기 위해 쓰였다.

② de ce qui se vit : 대명동사의 주어가 사물일 때는 항상 수동적인 의
미로 쓰인다. 전치사 〈de〉는 m'entretenir 동사의 상황보어를 유도한
다.

③ il est des gens : 문어체에서 〈il y a〉 대신에 〈il est〉를 쓴다.

④ eux, ils bavent : 강세인칭대명사 〈eux〉는 주어 〈ils〉을 강조한다.

【해석】

나는 사람들 자신의 존재의 내면에서 경험되어지는 것에 관하여 자신의 말이
가능한 한 정확한 표현을 하는 사람들과 이야기하는 것을 좋아한다. 반대로, 자
신의 생각이 그들의 내면의 현실세계와 단절된 것 같은 사람들이 있다. 그들은
좋은 말주변과 표현력이 풍부한 입담을 가질 수 있다. 그러나 그들은 알맹이
없는 말을 지껄인다.

17. 장소를 받는 où, 전치사구 + 관계대명사 lequel

Si l'on veut que l'histoire sociale progresse et conquière son indépendance, il convient de l'engager dans une voie où s'opère la convergence, d'une histoire de la civilisation matérielle et d'une histoire du mental collectif. L'histoire sociale en fait, c'est toute l'histoire. Et parce que toute société est un corps, **dans la composition duquel interviennent, sans qu'il soit possible de les dissocier, des facteurs** économiques, politiques et mentaux.

【주안점1】 장소를 받는 où, 전치사구 + 관계대명사 lequel

【주안점2】 sans que + 접속법, 삽입구문의 문장 속에서의 의미

【어휘】

conquérir 획득하다	engager 끌어넣다
s´opérer 일어나다	convergence 일치
corps 몸, 유기체	intervenir 사이에 끼이다
dissocier 떼어놓다	facteur 요인

【구문】

① il convient de + inf : ...해야 한다 (= il faut + inf), ...하는 것이 좋다

② en fait : 사실

【초점】

① dans la composition duquel interviennent des facteurs : interviennent의 주어는 〈des facteurs〉이며, 삽입절 sans que 절의 les 는 〈les facteurs〉를 받는다. duquel 의 선행사는 〈un corps〉이며, 전 치사 dans 의 보어에 걸리는 〈de+명사〉는 dont 으로 받을 수 없으며, 〈de qui〉 혹은 〈duquel〉 등으로 해야 한다.

② sans que + sub : 〈양태〉, 〈결과〉, 〈양보〉, 〈이유〉의 의미가 있다.

Ne faites pas cela sans qu´il soit averti.

(그에게 알리기 전에는 그렇게 하지 마세요. ― 양태)

Elle ne pouvait penser à lui sans que son cœur défaillît de joie.

(그를 생각할 때마다 그녀의 마음은 기뻐서 미칠것만 같이 되었다. ― 결과)

Je le ferai bien sans que vous me le disiez.

(당신이 내게 그 말을 하지 않더하도 나는 그 일을 할 것입니다. ― 양보)

【해석】

사회역사가 진보하고 그 독립성을 획득하기를 원한다면 물질문명의 역사와 공동의 정신역사의 일치가 일어나고 있는 도정에 사회역사를 끼워넣어야 한다. 사실 사회역사는 역사 그 자체이다. 그리고 전 사회가 하나의 몸통이기 때문인데, 당연히 경제적, 정치적 그리고 정신적인 요인들을 분리하는 것이 가능하지 않기 때문에, 그 요인들이 그 몸통의 구성 속에 삽입된다.

❽ 동사

(Les Verbes)

❽ 동사 (Les Verbes)

A. 자동사 (Les Verbes Intransitifs)

① 속사 없이도 충족되는 〈완전자동사〉와 속사나 상황보어(부사어)
를 필요로 하는 〈불완전자동사〉로 나뉘며, 속사동사 (être, devenir,
rester, paraître)는 불완전자동사이다.

La neige **tombe**. (눈이 내린다.)

Il **devient** célèbre. (그는 유명해졌다.)

② 자동사와 타동사는 동사 그 자체로 구별하지 말고 그 기능으로 구별
하여야 한다. 따라서 상태를 나타내는 동사를 제외한 대부분의 자동
사는 타동사로 쓸 수 있다.

Pleurez, mes yeux. (눈물을 흘려라, 내 눈이여. — 자동사)

Il **a pleuré** sa jeunesse perdue. (그는 헛되이 보낸 자기 청춘을 한탄했다.
— 타동사)

자 동 사	타 동 사
* Le temps **passe**. (세월이 지나간다.)	* Il **a passé** ses vacances à la mer. (그는 바다에서 휴가를 보냈다.)
* Il aspire à **descendre**. (그는 내려가기를 갈망한다.)	* Il **a descendu** une malle du grenier. (그는 다락에서 트렁크를 내려왔다.)
* **réfléchir** un instant. (잠깐 생각하다)	* **réfléchir** la lumière du soleil. (햇빛을 반사하다)

B. 연결동사 (혹은 속사동사)

주어 혹은 직목과 속사를 전치사 없이 혹은 전치사로 연결하는 동사를 말한다.

① 주어와 속사를 연결시키는 자동사

être (이다), devenir (되다), rester (남아있다), sembler (..인 것 같다)
paraître (..인 것 같다), avoir l'air (..처럼 보이다), se faire (이루어지다)
passer pour (..로 인정받다)

Elle **semble** fatiguée. (그녀는 피곤한 것 같다.)
Il **passe pour** riche. (그는 부자로 알려져 있다.)

② 직목과 속사를 연결시키는 타동사

---

appeler (부르다), faire (행하다), rendre (되게하다), trouver (생각하다)
croire (믿다), rendre pour (..로 알다), choisir pour (..로 선택하다)
regarder comme (..로 여기다), considérer comme (..로 여기다)
traîter de (..로 대하다)

On m'**appelle** l'homme à tout faire. (사람들은 나를 잡역부라고 부른다.)
Pour qui me **prends**-tu? (너 내가 누군줄 알아?)

C. 타동사 (Les Verbes Transitifs)

전치사 없이 목적어를 직접 취하는 동사를 직접타동사라 한다.
전치사가 있으면 간접타동사가 된다. 전치사의 유무로 구분되며, 또한 동사의 문법적 특성이나 문장구조를 분석하는데 결정적 역할을 할 수 있다.

① 전치사의 유무에 따라 뜻이나 뉘앙스의 차이가 생긴다.

Hélène **tient** sa mère par la manche. (엘렌느는 자기 어머니의 소매를 잡고 있다.)

Pierre **tient à** Marie. (삐에르는 마리를 좋아한다.)

Cet enfant **tient de** son père. (그 아이는 자기 아버지를 닮았다.)

---

* tenir qn (..를 잡다), tenir à qn (애착을 느끼다), tenir de qn (..를 닮다)
* user qch (닳게 하다), user de qch (사용하다)
* servir (봉사하다, 대접하다), servir à (쓰이다),
 servir à qn de qch (..의 구실을 하다), se servir de (사용하다)

---

② 직목과 간목을 동시에 가지는 이중타동사도 있다. 이 때, 우리말 해석에 너무 집착하지 않도록 한다. 〈..을, ..를〉로 해석된다고 해서 다 직목이 아니다.

Il **enseigne** la grammaire aux élèves. (그는 학생들에게 문법을 가르친다.)
⇒ 〈동사 + qch à qn〉의 형태가 되며, donner 등의 수여동사가 다 여기에 속한다. 이때, 직목이 부정법이면 〈de+inf〉를 취한다.

Je l'**ai averti** de mon prochain départ. (나는 나의 다음 출발을 그에게 알렸다.)
⇒ 〈동사 + qn de qch〉의 형태가 된다.

On m'a **exhorté** à me lever tôt chaque matin.
(내가 매일 아침 일찍 일어나기를 권고했다.)
⇒ 〈동사 + qn à qch〉의 형태가 된다.

D. 수동태 (Le Passif)

① 형태는 〈être + p.p〉이다. 과거분사는 주어의 성과 수에 일치를 시키며, 법과 시제는 〈être〉가 나타낸다. 동작주보어는 수동의 동작이 구체적이고 일시적일 때 〈par〉를 쓰고, 행위가 습관적, 추상적, 지속적

일 때 〈de〉를 쓴다.

La porte **est fermée par** le concierge. (그 문은 수위에 의해 닫혀 진다.)

La petite Louise **est aimée de** tout le monde.

(어린 루이즈는 모든 사람으로부터 사랑을 받고 있다.)

② 직접목적보어가 〈절, 부정법〉일 때, 문어체에서 비인칭으로 수동태
가 된다.

Il a été arrêté qu′on se réunirait chez elle.

(그녀 집에서 만날 일이 정해졌다. ─ Il 은 가주어, que 이하는 진주어)

Il m'a été permis de partir avec deux amis.

(두 친구가 함께 떠나는 일이 나에게 허가 되었다. ─ Il 은 가주어, de 이
하는 진주어)

③ 〈se voir + 과거분사〉 혹은 〈se trouver + 과거분사〉는 앞의 수동태
문장의 반복을 회피하기 위해 사용되며, 종종 단독으로도 사용된다.

Elle était fière de **se voir admirée** de tout le monde.

= Elle était fière d′étre admirée de tout le monde.

(그녀는 모든 사람들에게서 칭찬을 받아서 자랑스러웠다.)

④ 〈se faire + 직접타동사의 부정법〉은 항상 생물 주어를 취하며, 그
주어의 〈책임성〉이 강조되어, 〈..당하는 결과를 자초하다〉의 뜻이다.

Le chien **s'est fait écraser** par un camion.

= Le chien a été écrasé par un camion. (그 개는 한 화물차에 치었다.)

⑤ 〈se laisser + 직접타동사의 부정법〉은 항상 생물 주어를 취하며, 그
주어의 〈수동성〉이 강조되어 방임을 표현한다.

Elles **se sont laissé surprendre** par l′orage.

= Elles ont été surprises par l′orage. (그들은 갑자기 소나기를 만났다.)

E. 대명동사 (Les Verbes Pronominaux)

주어와 동일한 인칭의 재귀대명사(me, te, se, nous, vous)가 앞에 딸린 동사를 말한다. 재귀적, 상호적, 수동적, 본래적 대명동사의 4가지 용법 이 있다. 복합시제시 조동사는 être를 취하며, 과거분사는 동사 앞에 위 치한 직목의 성수에 일치한다.

① 재귀적 대명동사 : 주어의 행위가 주어 자신에게 돌아온다. 재귀적 대명동사는 대개 타동사에서 만들어지기 때문에 재귀대명사 〈se〉는 직목 혹은 간목이 된다.

Elle **s'est cachée** derrière un arbre. (그녀는 나무 뒤에 숨었다.)

Ils **se sont approprié** le dépôt qui leur était confié.

(그들은 그들에게 맡긴 돈을 횡령했다.)

② 상호적 대명동사 : 복수 주어의 행위가 주어 상호간에 동시에 미친 다. 이때에도 재귀대명사는 직목 혹은 간목이 되기 때문에 과거분사 의 일치에 주의한다.

Les troupes **se sont battues** pendant trois jours.

(그 부대들은 3일동안 전투했다.)

Ces deux hommes **se sont adressé** des injures l'un à l'autre.

(이 두 사람은 서로서로에게 욕설을 퍼부었다.)

③ 수동적 대명동사 : 원칙적으로 주어는 거의 사물이고 3인칭에만 쓰 인다. 주어가 행위를 함과 동시에 행위를 받기 때문에 수동의 의미가 나오는 것이다. 재귀대명사는 항상 직목으로 취급한다.

Ma maison s'est bien vendue. (내 집은 잘 팔렸다. 비싼 값에 팔렸다.)

cf. 수동적 대명동사의 현재형은 완료를 나타내지 않는다.

　- Le blé **se vend** cher. (밀이 비싸게 팔린다. ⇒ 사물의 성질, 즉 행위의 대상을 강조)

　- **On vend** cher le blé. (사람들은 밀을 비싸게 판다. ⇒ 파는 행위를 강조)

－ Le blé **est vendu** cher. (밀이 잘 팔렸다. ⇒ 수동태는 이미 팔린 현재
완료의 의미)

④ 본래적 대명동사 : 재귀대명사가 의미상 직목으로 생각되지 않는 경
우이며, 그러나 〈se〉는 문법적으로는 직목으로 취급한다.

---

s'évader (도망치다), se taire (침묵하다), se mourir (죽을 지경이다)
se jouer de qn (놀리다), s'en aller (가버리다), s'enfuir (도망치다)
s'effrayer (겁내다), s'ennuyer (지겹다), s'étonner (놀라다)
se fâcher (화내다), se tromper (틀리다)

s'apercevoir de (알아차리다), s'attendre à (기대하다)
se battre avec (싸우다), se douter de (예상하다)
se moquer de (조롱하다), se plaire à (좋아하다)
se servir de (사용하다), se souvenir de (기억나다)

Ils **se sont tus** au sujet de cette faute inadmissible.

(그들은 이 용납할 수 없는 잘못에 대하여 침묵을 지켰다.)

Sa culpabilité ne **s'est révélée** que plus tard.

(그의 죄악성은 단지 더 후에 드러났다.)

Je ne **me suis** pas **aperçu** que mes auditeurs étaient lassés.

(나는 청중들이 싫증난 것을 알아차리지 못했다.)

F. 비인칭 동사 (Les Verbes Impersonnels)

중성의 il, ce, cela 를 형식주어로 취하며, 명령법이 없다. 과거분사는
변화하지 않는다.

① falloir

a. 명사가 오면 〈필요〉를 나타낸다.

Il faut dix minutes à pied pour se rendre à la gare.

(역에 가려면 걸어서 10분 걸린다.)

b. 부정법이나 que 절이 오면 〈의무 또는 추측〉을 나타낸다.

Il faut agir vite, si nous voulons le sauver.

(우리가 그를 구하려면 신속히 행동해야 한다.)

Il ne suffit pas de posséder une vérité, **il faut que** la vérité nous possède.

(하나의 진리를 소유하는 것으로는 충분치 않다. 진리가 우리를 사로잡아야 한다.)

Pour être au courant de ce qui se passe, **il faut que** vous lisiez un journal.

(무슨 일이 벌어지고 있는지 잘 아는 것을 보니 당신은 신문을 읽는 모양이군요.)

② faire

인칭동사에서 비인칭으로 전환되어 날씨, 가격, 기간을 나타낸다.

Quel temps **fait-il**? (날씨가 어떻습니까?) — **Il fait** chaud. (날씨가 덥습니다.)

Il fait jour. (날이 밝는다.)   **Il fait** du soleil. (햇빛이 난다.)

Ça fait combien? (얼마입니까?)

Ça fait 6 mois j'apprends le français. (프랑스어를 배운지 6개월 됐다.)

③ être

a. 시각을 나타낸다.

Quelle heure **est-il**? — **Il est** six heures et demie. (몇십니까? — 6시 반입니다.)

b. 요일, 날짜, 달을 나타낸다.

Quel jour **est-ce** aujourd'hui? — Aujourd'hui, **c'est** mardi, le 26 octobre.(오늘은 며칠입니까? — 오늘은 화요일이며 10월 26일 입니다.)

c. 문어체에서 il y a 대신에 il est 를 쓴다.

Il n´est pire douleur qu´un souvenir heureux dans les jours de malheur.
(불행할 때의 행복했던 기억보다 더 쓰라린 괴로움은 없다.)

Il est aux bois des fleurs sauvages. (숲속에 야생꽃들이 있다.)

④ Il est + de + inf / que (구어체에서는 Il 대신 Ce 를 쓴다.)

Il n´est pas **facile d'apprendre** à conduire quand on est vieux.
(나이가 들어서 운전을 배우는 일은 쉽지 않다.)

Il est important qu´on sache qui en est responsable.
(그 일에 대해서 책임을 져야하는 사람이 누구인지 아는 것이 중요하다.)

⑤ 전환된 비인칭동사 : 다수의 인칭동사(자동사, 대명동사, 수동동사)가
비인칭으로 전환되어 사용될 수 있다. 이 때, 가주어로 〈il〉 을 취하
며, 진주어는 명사, 대명사, 부정법, 절 등이 된다. 또한 인칭대명사를
간목으로 취하기도 한다.

Tous les lundis, **il part** maintenant pour Grenoble plus de soixante
charettes.
(월요일마다 요즘 60대 이상의 짐수레들이 그르노블을 향해 떠난다.)

Il m'est venu une bonne idée. (나에게 좋은 생각이 떠올랐다.)

Il lui manque du courage. (그에게는 용기가 부족하다.)

Il me semble qu´il fait plus chaud aujourd´hui. (오늘이 더 더운 것 같다.)

⑥ 관용적으로 쓰는 다음과 같은 표현은 숙어처럼 외워두어야 한다.

Il y a quelqu´un? (누구 없어요[거기 누구세요]?)

Il y va de mon honneur. (내 명예가 달린 일이다.)

Il semble que quelqu´un le manipule. (누군가가 그를 배후에서 조종하
는 것 같다.)

Il s'agit de ne pas se tromper. (실수를 하지 않는 것이 중요하다.)

De quoi **s'agit-il**? (무엇이 문제인가?)

Il importe que nous agissions vite. (우리는 빨리 행동하는 것이 중요하다.)

Il se peut qu′elle soit un peu en retard. (그녀가 좀 늦을지도 모른다.)

Il vaut mieux partir tout de suite. (곧바로 떠나는 편이 더 낫다.)

Il vaut mieux que tu attendes. (너는 여기서 기다리는 편이 더 낫다.)

E. 사역동사 faire, 방임동사 laisser

① 사역동사 faire 는 동작주보어를 유도하는 전치사 〈par, à〉를 써서, 사역을 나타낸다.

Je **ferai bâtir** ma maison **à [par]** cet architecte.

(나는 그 건축가를 시켜서 내 집을 짓게 하겠다.)

② 방임동사 laisser 도 faire 동사와 같은 구문을 취하여, 방임, 허용을 뜻한다.

Le gardien **a laissé s'échapper** un prisonnier.

(그 간수는 죄수의 도주를 방임했다.)

H. 준조동사

① ALLER

a. 〈aller + inf〉의 형태로 근접미래를 나타낸다.

Les feuilles **vont tomber**, les froids **vont venir**.

(나뭇잎은 곧 떨어질 것이며, 추위가 곧 닥칠 것이다.)

b. 〈aller + inf〉의 형태로 목적을 나타낸다.

Où vas-tu? — Je **vais voir** mon professeur.

(너 어디 가니? — 교수님 만나러 간다.)

② VENIR

a. ⟨venir de + inf⟩의 형태로 근접과거를 나타낸다.

Je **viens de finir** mon travail. (나는 방금 내 일을 끝냈다.)

b. ⟨venir + inf⟩의 형태로 목적을 나타낸다.

Je **viendrai** vous **chercher**. (당신을 데리러 가겠소.)

③ DEVOIR

a. 의무, 필연을 나타낸다.

Vous **devez** poursuivre vos études. (당신은 당신의 연구를 계속해야 합니다.)

Tous les hommes **doivent** mourir. (모든 인간은 죽게 마련이다.)

b. 강한 추측을 나타낸다.

Ce bijou **doit** coûter plus de cinq cent euros.

(이 보석은 500유로 이상의 가치가 나감에 틀림없다.)

④ POUVOIR

a. 능력을 나타낸다.

On ne **peut** pas travailler en dormant. (잠자면서 공부할 수는 없다.)

b. 허용, 허가, 권리를 나타낸다.

Le médecin dit que Jean **pourra** sortir demain.

(의사는 쟝이 내일 퇴원할 수 있을 거라고 말한다.)

On ne **peut** pas fumer dans les salles de théâtre.

(극장 홀에서 담배를 피울 수 없다.)

c. 개연성, 짐작을 나타낸다.

Cet enfant **pouvait** avoir tout au plus six ans.

(이 아이는 기껏해야 6살쯤 될 것이다.)

I. 기타 동사 및 동사구

avoir à (해야 한다)	avoir beau (아무리 .. 해도)
être en train de (..하는 중이다)	être à (..하는 중이다)
être sur le point de (막 .. 하려하다)	être près de (막 .. 하려하다)

C'est énervant d'**avoir à** attendre si longtemps.

(그렇게 오래 기다려야 한다니 짜증이 난다.)

Ils **ont beau** se plaindre, on ne les écoute pas.

(그들은 아무리 불평을 해도 소용이 없다. 사람들은 그들 말에 귀를 기울이
지 않으니까.)

Elle **est en train de** prendre une douche.

(그녀는 샤워하고 있는 중이다.)

J'ai aperçu les enfants **en train de** jouer au coin de la rue.

(나는 길모퉁이에서 놀고 있는 그 아이들을 얼핏 보았다.)

Ils **sont** toujours **à** se disputer.

(그들은 여전히 다투고 있는 중이다.)

J'**étais sur le point de** sortir, lorsque le téléphone a sonné.

(나는 막 나가려는 데 전화벨이 울렸다.)

Le jour **est près de** paraître.

(곧 날이 밝으려고 한다.)

1. 본질적, 재귀적 대명동사

Dans le couple moderne, les parents **s'occupent tous les deux des enfants,
considérés d'emblée comme** des personnes à part entière : les relations de
confiance, d'écoute et de tendresse l'emportent sur la discipline et l'autoritarisme.
Les enfants doivent pouvoir **s'exprimer** : on discute avec eux, on les punit peu.
Garçons et filles sont élevés de la même façon.
Les éventuels conflits ne **portent** plus tellement **sur** le choix des copains, les
vêtements ou les sorties... **mais plutôt sur les résultats scolaires**!

【주안점1】 본질적 대명동사 s'occuper de, 재귀적 의미의 s'exprimer
【주안점2】 considére A comme B 구문의 수동적 변형, peu의 의미, 수동태
【어휘】

couple 부부	confiance 신뢰
tendresse 애정, 자애	discipline 규율
autoritarisme 독선	s'exprimer 자기 생각을 나타내다
éventuel 우발적인	conflit 음모

【구문】

① s'occuper de : 돌보다, 담당하다

② d'emblée : 쉽게

③ à part entière : 완전한 권리를 가진

④ l'emporter sur : 우세하다 (l' 는 허사)

⑤ de la même façon : 같은 방식으로

⑥ porter sur : ..에 근거를 두다

【초점】

① s'occupent tous les deux des enfants : tous les deux 는 주어를 강조하
며, s'occupent des enfants 으로 연결시켜야 한다. 본질적 대명동사이다.

② considérés comme : On considère les enfants comme des personnes.
(어린이들을 완전한 사람으로 여긴다.) 이 문장이 수동적으로 변형된
것이다.

③ mais plutôt sur les résultats scolaires : 전치사 sur 는 앞의 portent 에 걸린다.

【해석】

현대 부부에 있어서, 부모들은 둘 모두 아이들을 돌보며, 그들을 쉽게 완전한 권리를 가진 인격체로서 여긴다. 즉 신뢰하고, 이야기를 들어주고 그리고 애정 어린 관계가 규율과 독선보다 우세하다. 아이들은 자신들의 생각을 표현할 수 있어야 한다. 부모들은 아이들과 토론하며, 그들을 거의 벌주지 않는다. 남자아 이들과 여자아이들은 똑같이 양육된다. 우발적인 의견 충돌은 이제 더 이상 친 구의 선택, 옷, 또는 외출 등에서는 그렇게 기인하지 않고, 다만 학업성적에서 오히려 기인한다.

2. 상호적인 의미의 대명동사

Bien **peu osent** encore défendre la conception unanimiste et populaire de la démocratie, qui a servi si constamment de couverture à des régimes autoritaires et répressifs. **Plus nombreux**, en revanche, **sont ceux qui souhaitent** le dépérissement non seulement de l'État, mais du système politique, **et placent** toute leur confiance dans le marché, étendu au domaine des décisions politiques. Il faut **s'éloigner autant des uns que des autres** et reconnaître que la démocratie **repose** aujourd'hui à la fois **sur le libre choix** des dirigeants **et sur la limitation** du pouvoir politique par un principe non politique.

【주안점1】 상호적인 의미의 대명동사에 연결된 다양한 표현의 결합
【주안점2】 대명사로 쓰인 Peu 의 의미, 등위접속사 et 의 연결, 주어 찾기
【어휘】

défendre 옹호하다   conception 개념
unanimiste 만장일치의   populaire 인민적인
couverture 은폐물   régime 제도
autoritaire 독재적인   répressif 억압적인
dépérissement 쇠퇴   marché 거래
étendre 펼치다   s'éloigner de ~에서 멀어지다

① servir à qn de + 무관사명사 : ..에게 ..의 구실을 하다

② en revanche : 반대로 / à la fois : 동시에

③ non seulement A, mais (aussi) B : A 뿐만아니라 B 도 역시

【초점】

① peu osent : peu 가 〈주어〉로 사용되었고, 〈3인칭 복수〉로 취급된다.

② Plus nombreux sont ceux qui souhaitent : ceux qui souhaitent 가 주어이고, être 동사의 속사는 nombreux 이다.

③ et placent : 등위접속사 〈et〉가 연결하는 것이 souhaitent 와 placent 이다. et sur la limitation 도 앞의 reposer sur (..에 근거를 두다)에 같이 걸리고 있다.

④ autant des uns que des autres : 상호적 의미를 강조하는 les uns les autres 가 s'éloigner de, 그리고 autant … que 와 결합된 형태이다.

【해석】

독재적이고 억압적인 제도에게 그토록 한결같이 은폐물의 구실을 한 민주주의에 대한 만장일치적이고도 인민적인 개념을 아직도 감히 옹호하는 사람은 거의 없다. 반대로, 국가 뿐만아니라 정치체제의 쇠퇴를 바라고, 또 정치적인 결정의 영역에 뻗어있는 거래에서 자신들의 신뢰를 쌓는 사람들은 보다 많다. 한쪽 편 사람들과 다른 한 쪽 편 사람들이 똑같이 서로에게서 멀어져야 하며, 민주주의란 오늘날, 지도자들에 대한 자유로운 선택과 동시에 비정치적인 원칙에 의한 정치권력의 한계위에 근거하고 있다는 사실을 인식해야 한다.

3. 수동태 미래

> Une des caractéristiques de la faculté créatrice, chez un individu, est qu'il met en question les réalités données, alors que l'individu doué d'une intelligence plus stérile **trouvera** normales et sans problèmes ces mêmes réalités. L'esprit créateur **sera** plus facilement **intrigué par** un détail insolite dans une réalité quotidienne et son attention **sera** infailliblement **attirée par** l'existence d'un problème que **d'autres ne voient pas.**

【주안점1】수동태 미래

【주안점2】une des, trouver + 직목 + 형용사, 부정대명사 d'autres

【어휘】

caractéristique 특징, 특성(=caractère, trait, particularité)

faculté 능력, 기능　　　　　　　créateur 창조의, 창조적인

individu 개인　　　　　　　　　stérile 창의력이 빈약한

intriguer 마음에 걸리게 하다　　détail 상세, 세세한 것

insolite 괴상한, 야릇한　　　　　quotidien 나날의

infailliblement 반드시　　　　　attirer 마음을 끌다

【구문】

① Une des : ...중에서 하나

② chez un individu : 개인에게 있어서

③ mettre en question : 문제를 삼다

④ alors que : 반면에

⑤ doué de : ...을 부여받은

【초점】

① trouvera normales et sans problèmes ces mêmes réalités : ces mêmes réalités 가 trouver 동사의 직목이고, normales et sans problèmes 이 속사이므로 trouver 를 〈생각하다〉로 번역한다.

② sera intrigué par, sera attirée par : 수동태의 시제는 être 동사가 결정한다.

③ d'autres ne voient pas : voir 동사에는 주어의 적극적인 의지가 없으므로 〈보이다〉로 해석하며, 따라서 주어를 간접목적으로 해석해야 한다.

【해석】

개인에게 있어서 창조적인 능력의 특징들 중의 하나는 주어진 현실을 문제삼는 것이다. 반면에 보다 창의성이 빈약한 지성을 부여받은 개인은 그와 똑같은 현실을 정상적이며 아무 문제가 없다고 생각할 것이다. 창조적인 정신은 나날의 현실에서 이상야릇한 세세한 일에 의해 보다 쉽게 마음에 걸릴 것이며, 그의 주의는 다른사람에게는 보이지 않는 어떤 문제의 존재에 의해 반드시 끌리게 될 것이다.

4. être 를 대신하는 동사와 쓰인 수동태

A propos de cette révolution culturelle, je crois qu'il faut bien **avoir en vue qu'**au cours de **celle-ci** les deux choses **dont on a parlé**, c'est-à-dire le développement de la création littéraire et cette nécessité de développer la création de tous, **réagiront l'une sur l'autre**. Les fonctions de la littérature et la place de l'écrivain dans la société **s'en trouveront transformées**.

【주안점1】 être + pp 를 대신하는 se trouver + pp
【주안점2】 지시대명사 celle-ci 가 가리키는 것, réagirons 동사의 주어 찾기,
　　　　　 중성대명사 en

【어휘】

révolution 혁명　　　　　développement 발달
création 창조, 창작　　　　fonction 기능
écrivain 작가

【구문】

① à propos de : ...에 대하여
② avoir en vue que : ..을 계획중이다, 고려중이다
③ au cours de : ..하는 동안에
④ réagir sur : ...에 역작용(영향)을 미치다, ...에 반향을 일으키다

【초점】

① avoir en vue que : que 절이 avoir 동사의 직목절이다.
② celle-ci : 복합형 지시대명사이며, cette révolution culturelle 을 가리킨다.
③ dont on a parlé : dont 은 parler de 에 걸리는 관계대명사이다. 선행사는 les deux choses 이다.
④ réagiront l'une sur l'autre : l'une 와 l'autre 는 부정대명사로써, 앞에 언급된 2가지가 서로에게 영향을 미친다는 뜻이며, sur 는 동사 réagir 가 sur 를 요구하기 때문이다. réagiront 동사의 주어는 les deux choses 이다.

⑤ s'en trouveront transformées : se trouver + p.p 형태로 être + p.p
의 〈수동태〉를 대신한다. 중성대명사 en 은 〈de + cela〉를 받으며,
cela 는 〈앞 문장의 내용〉을 가리킨다.

【해석】

그러한 문화적인 혁명에 관하여 나는 그런 혁명 도중에 사람들이 이야기한 두
가지 즉 다시 말하면, 문학 창조의 발전과 모든 작가의 창조를(창작물을) 발전
시키려는 필연성 이 두가지는 한 편이 다른 한 편에 영향을 미칠 것이라는 사
실을 정말 고려해야 한다고 생각한다. 문학의 기능과 사회에서의 작가의 위치
는 그러한 사실로 인하여 변화될 것이다.

5. 다른 요소가 삽입된 수동태

En même temps que **de nouveaux moyens** de distribution apparaissaient, la
France entrait dans l'époque de la consommation de masse : **les produits sont de
plus en plus diversifiés**, la publicité se fait plus agressive, **et on gaspille**... Des
cris d'alarme sont poussés : par exemple, le sociologue Jean Baudrillard parle de
«système des objets», c'est-à-dire d'une civilisation où les rapports humains **sont
remplacés** par l'adoration des objets.

【주안점1】 être 와 pp 사이에 다른 요소가 끼어들 수 있다. pp는 주어의 성수
에 일치.
【주안점2】 복수의 de, 등위접속사 et 의 의미, 관계대명사 où
【어휘】

distribution 분배, 유통   apparaître 나타나다
consommation 소비   diversifier 다양화하다
agressif 적극적인   gaspiller 낭비하다
alarme 경보, 놀람   pousser 소리를 지르다
sociologue 사회학자

    ① en même temps que : ..와 동시에

    ② de masse : 대중의, 대중적

    ③ de plus en plus : 점점 더 많이

    ④ se faire + 속사 : ..이 되다

    ⑤ remplacer A par B : A 를 B 로 대체하다

【초점】

    ① de nouveaux moyens : 복수형용사가 복수명사 앞에 올 때, 부정관사
      des 대신에 de 를 쓴다.

    ② les produits sont de plus en plus diversifiés : 수동태 구문이다. sont
      poussés, sont remplacés 도 수동태 구문이다. être 와 pp 사이에 다른
      요소가 끼어들 수 있다. pp는 항상 주어의 성수에 일치시켜야 한다.

    ③ et on gaspille : 등위접속사 et 가 〈결과〉의 의미로 쓰였다.

【해석】

새로운 유통 방법들이 나타남과 동시에 프랑스는 대중의 소비시대로 진입했
다. 상품들은 점점더 다양화되고, 광고는 더 적극적이 되고, 그러면 사람들은
소비한다... 놀라움의 외침소리가 터져나오게 된다. 예를 들어 사회학자 Jean
Baudrillard 는 〈사물들의 체계〉, 즉 다시 말하면 인간관계들이 사물에 대한 숭
배로 대체되는 문화에 대해서 말하고 있다.

6. 수동태 대과거, 수동태 미래

Sous le second Empire, Paris **subit** des changements **plus profonds qu'au cours
des quinze siècles précédents. Jusqu'alors** les transformations **n'avaient été
dictées que par les nécessités** de l'évolution naturelle. Désormais -- et pour la
première fois dans l'histoire -- elles **seront soumises** à un principe scientifique,
c'est-à-dire à l'urbanisme.

【주안점1】 수동태 대과거와 미래, 동작주보어 par 이하의 생략
【주안점2】 subir 동사의 시제 구별, 비교급, ne ~ que
【어휘】
subir 겪다   profond 심오한
précédent 앞서는   transformation 변화
dicter 강요하다   évolution 발달
désormais 그 후로   soumettre 복종시키다
urbanisme 도시계획

【구문】
① Sous le second Empire : 나폴레옹 3세의 제 2제정 하에서
② au cours de : ..하는 동안에
③ pour la première fois : 처음으로
④ c'est-à-dire : 즉, 다시 말하면

【초점】
① subit : subir 동사는 3인칭 단수에서 현재와 단순과거가 같은 모양이다. 제 2제정시대라는 시간의 표시와 뒷 문장에서 대과거가 나오므로 단순과거로 보아야 한다.
② plus profonds qu'au cours de : 비교의 que 이하에 〈부사어〉가 올 수 있다.
③ Jusqu'alors : alors 가 〈그 당시에〉의 뜻으로 쓰이고 있다.
④ n'avaient été dictées que par les nécessités : 수동태 구문에 ne ... que 가 결합되었다. seront soumises 에서는 〈동작주보어 par〉 이하가 생략되었다.

【해석】

나폴레옹 3세의 제 2제정 하에서, 빠리는 앞선 15세기 동안 보다 더 심각한 변화를 겪었다. 그 당시까지는 변화는 자연스런 발전의 필요에 의해서만 강요되어졌었다. 그 이후로 — 그것도 역사상 처음으로 — 그 변화들은 과학적인 원칙, 즉 도시계획에 따르게 될 것이다.

7. 비인칭동사 il s'agit

> **Il ne s'agit** pas simplement **de réformer** l'Université. A travers les étudiants, c'est le problème **même** de la jeunesse qui est posé, **de** sa place dans la société, **de** ses obligations et **de** ses droits, **de** son équilibre moral **même**. Traditionnellement, la jeunesse était vouée à la discipline et à l'effort, au nom d'un idéal, d'une conception morale en tout cas.

【주안점1】 항상 비인칭으로 쓰이는 il s'agit de
【주안점2】 수동태의 동작주보어를 유도하는 전치사 de, même의 의미
【어휘】

    réformer 개혁하다   poser 제기하다

    obligation 의무   vouer 바치다, 헌신하다

    discipline 원칙   conception 개념

【구문】

    ① Il s'agit de : ...이 문제이다, ...이 중요하다

    ② A travers : ..사이로, ..너머로, ..통하여

    ③ au nom de : ..의 이름으로

    ④ en tout cas : 어쨌든

【초점】

    ① Il ne s'agit pas simplement de réformer l'Université : Il s'agit de 가 비인칭구문이므로 de réformer l'Université 가 진주어이다.

    ② de sa place dans la société : 수동태 est posé 의 동작주보어이다.

    ③ la jeunesse : 집합명사로써 의미는 복수이나, 문법적으로는 단수로 취급되므로, 소유형용사를 3인칭 단수(son, sa, ses)로 활용시키고 있다.

    ④ même : 형용사, 부사, 대명사로 쓰인다. 그 때마다 뜻이 달라짐은 당연하다.

      a. 형용사 : 명사 앞에서, 일반적으로 que 와 함께 쓰여 〈..와 같은〉의 뜻. 명사 뒤에서, 〈바로(=précisément)〉 혹은 〈자신(=propre)〉의 뜻. 대명사 뒤에서, 강조의 뜻으로 쓰이며, 〈자기 자신〉의 뜻.

b. 부사 : 〈심지어, 조차도, 까지도〉의 뜻.

c. 대명사 : 정관사와 함께 쓰여 앞의 말을 대신 받아 〈그와 같은 것〉
의 뜻.

【해석】

단순히 대학을 개혁하는 것이 중요한 것이 아니다. 학생들을 통하여 볼 때, 사회에서의 그들의 위치, 그들의 의무와 권리, 그들의 정신적인 안정 그 자체에 의해 제기되어지는 젊은이들의 문제 그 자체인 것이다. 전통적으로 젊은이들은 어쨌든 이상과 윤리적인 개념의 이름으로 원칙과 노력에 매달려 있었다.

8. 비인칭구문 il est + 형용사 + que

Selon Freud, les buts que l'artiste poursuit, **mais qu'il ne peut atteindre que** par le fantasme, sont l'honneur, le pouvoir, les richesses, la gloire et l'amour des femmes. Mais est-il vrai que c'est toujours à cause de sa déception **dans la poursuite** de ces buts que l'artiste se tourne vers l'activité créatrice? N'est-il pas possible que, **tout en reconnaissant son talent**, il décide consciemment de **s'en servir** pour parvenir à ses fins?

【주안점1】 il est vrai que + 직설법, il est possible que + 접속법
【주안점2】 관계대명사 que, mais que, 동시성의 제롱디프, 중성대명사 en

【어휘】

selon ..에 따르면   but 목표

atteindre 도달하다   fantasme 환각

déception 실망, 낙담   poursuite 추구

consciemment 의식적으로   parvenir 이르다

fin 목표

【구문】

① à cause de : .. 때문에

② se tourner vers : ..로 관심을 가지다

③ décider de + inf : ...하기로 결정하다

④ se servir de : 사용하다

⑤ parvenir à : ..에 이르다

【초점】

① mais qu´il ne peut atteindre que : mais 는 등위접속사이므로 관계대명사 que 의 선행사는 les buts 가 된다.

② dans la poursuite : 전치사 dans 이 〈시간〉을 나타낸다. 본문의 의미는 〈au cours de (..동안에)〉의 뜻으로 쓰였다.

③ tout en reconnaissant son talent : tout 는 제롱디프의 〈동시성과 대립, 양보〉의 의미를 강조한다. 본문은 내용상 동시성의 의미이다.

④ s´en servir : en 은 중성대명사로써 〈de son talent〉을 받는다.

【해석】

프로이트에 따르면, 예술가가 추구하는 하지만 환각에 의해서만 도달할 수 있는 목표는 명예, 권력, 부, 영광 그리고 여성들의 사랑이다. 그러나 예술가가 창조적인 활동으로 관심을 갖는 것은 항상 그러한 목표를 추구하는 동안에 그의 낙담이다라는 것이 사실일까? 자기의 재능을 알게 되자마자 자기의 목표에 도달하기 위해 그 재능을 의식적으로 사용하기로 결정한다는 것이 그럴 듯하지 않겠는가?

9. 동사원형으로 쓰인 대명동사

A partir de la seconde moitié du XVIIIe siècle, nous voyons **se ralentir la vie religieuse**. La direction spirituelle passe dans le camp adverse. La philosophie des Lumières **sous ses différents aspects** -- du déisme au matérialisme -- avait conquis les esprits. L'incroyance se répandit dans les milieux dirigeants. Et le catholicisme et la monarchie paraissent **si étroitement associés que** la chute de l'un **devait fatalement entraîner** la ruine de l'autre.

【주안점1】 동사원형으로 쓰인 대명동사와 의미상 주어 찾기
【주안점2】 소유형용사와 부정형용사 différents, ⟨si ~ que⟩ 구문
【어휘】

se ralentir 약화되다   aspect 국면

déisme 이신론   matérialisme 유물론

conquérir 점령하다   incroyance 불신앙

milieux 세계   monarchie 군주제

chute 추락, 몰락   fatalement 불가피하게

entraîner 초래하다

【구문】

① A partir de : …부터

② la seconde moitié du XVIIIe siècle : 18세기의 두 번째 절반, 즉 후반기

③ passer dans le camp adverse : 반대파로 가다

④ La philosophie des Lumières : 계몽주의

【초점】

① se ralentir la vie religieuse : 지각동사 뒤에서 동사원형이 왔으며, 재귀대명사가 ⟨nous⟩로 바뀌지 않고 ⟨se⟩로 된 것은 의미상 주어가 ⟨la vie religieuse⟩이기 때문이다.

② sous ses différents aspects : 소유형용사 ses 는 ⟨계몽주의⟩를 받고, différents 은 품질형용사가 아니라 ⟨부정형용사(갖가지의)⟩이다.

③ si étroitement associés que : si … que 구문은 대립, 양보, 동등비교급 등의 용법이 있다. 본문은 ⟨결과구문⟩이다.

④ devait fatalement entraîner : 준조동사로 쓰이는 devoir 는 의무, 필연, 작정, 추측, 소원, 권고 등의 의미가 있다. 본문은 ⟨필연⟩의 의미로 쓰였다.

【해석】

18세기 후반부터 우리는 종교생활이 약화되어지는 것을 경험하고 있다. 정신적인 방향이 반대편으로 옮겨가고 있다. 계몽주의는 여러관점에서 ─ 이신론에서 유물론에 이르기까지 ─ 의식들을 점령했었다. 무신앙은 지도자들 사이에 퍼졌다. 그리고 카톨릭과 군주제는 너무 밀접하게 관련되어서 한 쪽의 몰락은 다른 한 쪽의 멸망을 불가피하게 초래하기 마련이었다.

10. 수동적 의미의 대명동사

Le philosophe M. Blondel : « **L'avenir ne se prévoit pas, il se prépare.** » Votre pays pourra être davantage défiguré, **ses ressources en eau polluées, sa santé publique en danger, certaines entreprises devenir** moins compétitives à moyen terme. Cela dépend de vous, bien sûr à des degrés divers, à titre personnel et professionnel. Une véritable gestion des déchets peut contribuer à diminuer les coûts de santé publique et à créer des ressources.

【주안점1】 수동적 의미의 대명동사
【주안점2】 동사의 생략, 소유형용사 sa, ses, 부정형용사 certaines
【어휘】

philosophe 철학자	défigurer 황폐하게 하다, 흉하게 하다
pollué 오염된	entreprise 기업
compétitif 경쟁적인	véritable 진정한, 완전한
gestion 관리, 경영	déchet 쓰레기
diminuer 줄이다 (= réduire)	

【구문】

① santé publique : 공중 위생
② à moyen terme : 중기적으로
③ dépendre de : ..에 달려있다
④ à titre + 형용사 : ...적으로, ...이유로

⑤ contribuer à + inf : ..하는데 기여하다

【초점】

①L′avenir ne se prévoit pas, il se prépare : 주어가 사물일 때, 대명동사는 수동적인 의미이다.

②ses ressources en eau polluées : 〈ses〉는 〈votre pays〉를 받으며, 〈polluées〉가 수식하는 것은 〈eau〉가 아니고 〈ressources〉이며, 〈ressources〉 앞에 〈pourront être〉가 생략되었다.

③sa santé publique en danger : 〈sa〉는 〈votre pays〉를 받으며, 〈en danger〉 앞에 〈pourra être〉가 생략되었다.

④certaines entreprises devenir : 〈certaines〉이 복수형으로 명사 앞에 쓰이면, 부정형용사로써 〈몇몇의〉라는 뜻이다.

【해석】

철학자 Blondel 씨는《미래는 예견되지 않고 준비된다.》라고 상기시키곤 했다. 당신 나라는 더욱 황폐하게 되어질 수 있고, 수산 자원은 오염되어질 수 있으며, 공중 위생은 위험할 수 있고, 몇몇 기업들은 중기적으로 덜 경쟁적이 될 수 있다. 이와 같는 일은 물론 여러 단계에서 그리고 개인적이며 직업적으로 당신에게 달려있다. 쓰레기의 완전한 관리는 공중위생의 비용을 경감시키며 자원을 창출하는데 기여할 수 있다.

11. être 를 대신하는 동사와 쓰인 수동태

Notre temps se flatte de n'être point obscur. Chaque événement **s'y révèle** à la lumière des analyses. Le répertoire des effets et des causes **se trouve soigneusement tenu** à jour. Au milieu de cette évidence, l'art contemporain se débât dans une obscurité entre trois ou quatre tendances contradictoires. Cela n'est pas pour nous inquiéter, mais nous rassure au contraire. Les convulsions **d'où naissent les formes successives de l'art** sont tumultueuses et secrètes.

【주안점1】 être + pp 를 대신하는 se trouver + pp, 수동적 의미의 대명동사

【주안점2】 중성대명사 y, 관계대명사 d'où

【어휘】

obscur 어두운　　　　　　　　événement 사건

répertoire 목록, 레파토리　　　　soigneusement 세심히

se débattre 몸부림치다　　　　　contradictoire 모순되는

inquiéter 근심시키다　　　　　　convulsion 격변

tumultueux 혼란스러운

【구문】

① se flatter de + inf : ...라고 은근히 믿다

② à la lumière de : ..에 비추어

③ à jour : 일정에 따른

④ Au milieu de : ...한가운데, ..에 둘러싸여

⑤ au contraire : 반대로

【초점】

① s'y révèle : y 는 dans notre temps 을 받는다. 주어가 사물이므로 수동적 의미.

② se trouve soigneusement tenu : 〈se trouve〉는 〈être〉를 대신한다. 그러므로 이 문장은 수동태이다. (보존되어 있다)

③ tumultueuses et secrètes : 형용사들의 의미가 상반되므로 〈et〉는 〈mais〉의 뜻.

④ d'où naissent les formes successives de l'art : 본 문장의 삽입구문으로 들어갔다. 주어는 Les convulsions, 동사는 sont 이다. 장소의 출발점을 강조할 때에는 dont을 사용하지 않고 d'où를 쓴다.

우리 시대는 조금도 어둡지 않으리라고 은근히 믿고 있다. 각각의 사건은 분석에 비추어 우리 시대에 드러난다. 결과와 원인들의 목록이 일정에 따라 세심히 보존되어 있다. 이러한 명백함에 둘러싸인 현대 예술은 서너개의 모순되는 경향 사이의 애매함 속에서 몸부림친다. 그러한 사실이 우리를 걱정하게 만들기 위해서가 아니라, 반대로 우리를 안심시켜 준다. 예술의 연속적인 양식들이 발생하는 격변들은 혼란스러우나 은밀하다.

12. 비인칭 구문 il faut + 명사

Il faut l'utopie. Elle nous donne à penser le monde **et à le vouloir**. Utopie est "Nulle-Part", c'est-à-dire qu'elle peut être n'importe où. Et **elle est du présent**, c'est-à-dire qu'elle est toujours possible. Utopie signifie d'abord la négation du fait, la révolte ou la critique. Mais sa leçon fondamentale est que la liberté humaine **aspire à ce que la raison soit** pratique par elle-même.

【주안점1】 필요를 나타내는 il faut + 명사
【주안점2】 직목대명사 le, 〈être de〉의 의미, 소원, 열망의 동사 뒤에 오는 접속법

【어휘】

utopie 유토피아, 낙원	Nulle-Part 어느 곳에나
n'importe où 어디에나	signifier 의미하다
négation 부정	révolte 반항
critique 비평, 비난	leçon 교훈
aspirer 호흡하다, 열망하다(à)	raison 이성, 동기, 이유
pratique 현실적인, 실제적인, 실용적인	

【구문】

① Il faut + 명사 : ...이 필요하다
② donner à penser : ...을 생각하게 하다

③ c´est-à-dire : 즉, 다시 말하면

④ n´importe où : 어디든지

⑤ d´abord : 우선

⑥ aspirer à ce que + 접속법 : que 이하 내용을 열망하다

【초점】

① et à le vouloir : 대명사 〈le〉가 받는 것은 "le monde"이다. 이 때 vouloir 를 "가지고 싶어하다"로 해석하는 것이 자연스럽다. à penser le monde et à le vouloir 는 donner 의 직목이다.

② elle est du présent : 〈être de〉는 "…에 속해있다"는 뜻이다.

③ aspire à ce que la raison soit : 소원과 열망의 동사에 걸리는 종속절에는 접속법을 사용한다. 〈soit〉는 〈être〉의 접속법 현재.

【해석】

유토피아가 필요하다. 유토피아는 우리로 세상을 생각하게 하고 세상을 갖고 싶어 하도록 한다. 유토피아는 어느 곳에나 있다. 즉, 그것은 어디에나 있을 수 있다는 뜻이다. 그리고 그것은 현재에 속해있다. 즉 그것은 항상 가능하다는 뜻이다. 우선 유토피아는 사실의 부정이며 반항 혹은 비판을 의미한다. 그러나 유토피아가 주는 기본적인 교훈은 인간의 자유는 이성이 이성 그 자체에 의해서 현실적이 되기를 열망하는 것이다.

13. 비인칭 구문 il faut + 동사원형

Quand on arrive pour la première fois dans une ville inconnue, **il faut en apprendre le plan, il faut avoir en tête la manière dont la ville est dessinée** et connaître certains points de repère. Paris est d'une forme presque ronde, **traversé d'est en ouest par un fleuve** : la Seine. La Seine est donc le premier point de repère, car on dit qu'un endroit est situé rive droite (au nord de la Seine) ou rive gauche (au sud de la Seine). En fait, Paris tourne autour de son vieux cœur: l'île de la Cité.

【주안점1】 의무를 나타내는 il faut + 동사원형

【주안점2】 관계대명사 dont 과 수동태 de의 연결, être 와 연결된 traversé,
　　　　 수동태

【어휘】

apprendre (à) 배우다	plan 지도
dessiner 그리다	repère 기준
traverser 가로지르다	fleuve 강
endroit 장소	rive 강

【구문】

① pour la première fois : 처음으로

② apprendre le plan : 지도 보는 법을 배우다

③ points de repère : 지표

④ d'est en ouest : 동쪽에서 서쪽으로

⑤ rive droite : 우안 (강 오른쪽 연안)

⑥ rive gauche : 좌안 (강 왼쪽 연안)

⑦ tourner autour de + 사물 : …을 축으로 휘둘려 늘어서다

【초점】

① il faut en apprendre le plan : 중성대명사 〈en〉은 le plan de cette
ville에서 de cette ville를 받고 있다.

② il faut avoir en tête la manière dont la ville est dessinée : 여기서는
"…을 머리 속에 가지고 있다"는 뜻을 "알다"의 뜻으로 의역이 가능
하다. 또한 de la manière를 받는 관계대명사 〈dont〉은 관계절의 est
dessinée de cette manière에 걸린 것이다. 따라서 전치사 〈de〉는 수동
태에 적용된 것이다.

③ traversé d'est en ouest par un fleuve : d'est en ouest를 생략하면 이 문
장 역시 수동태임을 알 수 있다. 물론 앞부분의 "Paris est"에 걸리고 있다.

사람들이 처음으로 한 낯선 도시에 도착할 때는 그 도시의 지도 보는 법을 배워야 한다. 그 도시가 그려진 방법을 머리 속에 익혀두어야 하고 몇몇 지표들을 알고 있어야 한다. 파리는 거의 원형으로 되어있고, "센 강"이라고 하는 한 강이 파리를 동에서 서로 가로지르고 있다. 그래서 센 강이 첫 번째 지표가 된다. 왜냐하면 사람들은 어떤 한 장소가 우안(센 강 북쪽)에 혹은 좌안(센 강 남쪽)에 있다고 말하기 때문이다. 사실 파리는 시테 섬이라고 하는 옛 중심부를 축으로 휘둘려 있다. (주 : 20개의 구(區)로 구성된 파리는 달팽이 모양으로 배열되어 있다.)

14. 수동태 복합과거, 재귀적 의미의 대명동사

Depuis la révolution française, **la vie politique a été marquée par** les affrontements idéologiques entre deux camps - la gauche et la droite - chaque camp se considèrent **comme le seul à avoir une légitimité**. Les termes de "gauche" et "droite" font allusion aux **places occupées par les députés** à l'Assemblée nationale de 1789 : très tôt, "les Amis du peuple", qui défendaient la liberté et l'égalité, se groupaient à gauche de la salle, tandis que les députés qui soutenaient le roi occupaient la place droite.

【주안점1】 수동태 복합과거, 재귀적 의미로 쓰인 대명동사
【주안점2】 〈명사 + à inf〉의 의미, 수동적으로 쓰인 pp
【어휘】

révolution 혁명	marquer 표시하다, 나타나다
affrontement 대립, 대결	considérer 여기다
légitimité 합법성, 정당성	terme 말, 용어, 끝, 기간
allusion 암시	député 대표, 국회의원
défendre 옹호하다	soutenir 지지하다

【구문】
① se considérer comme ~ : 자신을 ~로 여기다

②faire allusion à qc : ~을 암시하다, 빗대다

③se grouper à : ~에 모이다

④tandis que : 반면에

【초점】

①la vie politique a été marquée par : 정치생활은 ~로 나타났다. 시제는 수동태 복합과거이다.

②le seul à avoir une légitimité : 합법성을 가지고 있는 유일한 진영, 〈le seul〉은 〈le seul camp〉을 의미한다. 〈명사 + à inf〉는 명사의 〈성질, 성격, 능력〉을 나타내어 〈~한 성질을 가진〉이라는 뜻이다.

③places occupées par les députés : 국회의원들이 차지하고 있던 자리들, 수동적 구문이지만, 해석은 능동적으로 해야 자연스럽다.

【해석】

프랑스 대혁명 이래로, 정치 생활은 좌파와 우파라는 두 진영 사이의 이데올로기적인 대립으로 나타났다. 각 진영은 스스로를 정당성을 가지고 있는 유일한 진영으로 여겼다. 좌파 그리고 우파라는 말은 1789년 국회의원들이 국회에서 차지하고 있는 자리를 암시한다. 대단히 일찍이, 자유와 평등을 옹호해왔던 "les Amis du peuple"당은 홀의 왼쪽에 모였고, 반면에 왕을 지지하던 국회의원들은 오른쪽 자리를 차지하고 있었다.

15. être 를 대신하는 동사와 쓰인 수동태

La gauche française est née de la Revolution de 1789, **elle en porte les valeurs** d'émancipation individuelle et de solidarité. **Son désarroi** vient en partie de ce que **ses valeurs mêmes**, à commencer par les droits de l'homme et du citoyen, sont devenues **celles que** tous les partis ou presque revendiquent. **Elle se trouve donc sommée**, en cette fin de siècle, de redéfinir son identité.

【주안점1】être + pp 를 대신하는 se trouver + pp

【주안점2】사물을 받는 소유형용사 son, ses, 중성대명사 en

【어휘】

naître 생기다, 태어나다   émancipation 해방 (＝libération)

solidarité 연대, 결속   désarroi 난잡, 혼란, 무질서

citoyen 시민   presque 거의

revendiquer 요구하다, 주장하다   sommer 촉구하다, 독촉하다

redéfinir 다시 정의하다   identité 정체성, 신원

【구문】

① porter les valeurs : 의미를 가지다

② venir de : 에서 기인하다

③ en partie : 부분적으로

④ commencer par : ～부터 시작하다

⑤ en cette fin de siècle : 이번 세기 말에

【초점】

① elle en porte les valeurs : 중성대명사 〈en〉은 〈de + 앞내용〉을 가리키며, 〈이러한 사실에서부터〉의 뜻이다.

② Son désarroi, ses valeurs, son identité : 소유형용사는 〈la gauche française〉.

③ ses valeurs mêmes : 형용사 〈mêmes〉가 명사 뒤에 쓰이면 〈바로, 자신〉이라는 강조의 의미를 가진다.

④ celles que : 관계대명사 que의 선행사 celles는 〈les valeurs〉를 가리킨다.

⑤ Elle se trouve donc sommée : 〈se trouver + pp〉는 〈être + pp〉와 같은 의미로 쓰이는 수동태 구문이다.

프랑스 좌파는 1789년의 대혁명에서부터 생겨났다. 이 사실에서부터 좌파라는 말은 개인적인 해방과 연대의 의미를 갖게 된다. 그 말의 혼란은 부분적으로는 인간과 시민의 권리로부터 시작하는 바로 그 의미가 모든 정당 혹은 거의 모든 정당들이 주장하고 있는 의미가 되었다는 사실에서 기인한다. 그러므로 좌파라는 말은 이번 세기 말에 그 말의 정체성을 다시 정의하도록 요구받고 있는 것이다.

16. 비인칭구문 il est vrai que, il faut + 동사원형

Il est vrai que les dépenses de santé des Français sont **parmi les plus élevées du monde**. Il faut dire que les Français sont **grands consommateurs** de soins médicaux : le budget santé représente 10% du budget des familles ; **ainsi** chaque Français dépense en moyenne environ 1,800 euros pour sa santé. Ils adorent aller chez le médecin généraliste ou chez le spécialiste ; **ils y vont** huit fois par an en moyenne, et ce sont les femmes et les seniors qui consultent le plus.

【주안점1】 il est vrai que + 직설법, il faut + 동사원형
【주안점2】 여성 복수로 된 최상급, 장소를 받는 중성대명사 y
【어휘】

dépense 비용, 소비	santé 건강
parmi ~중에서	élevé 높은
consommateur 소비자	soins 진료, 치료
médical 의학의, 약의	budget 비용, 경비, 예산
représenter 차지하다	environ 대략
senior 시니어(50세↑)	consulter 진찰받다

【구문】
① être parmi ~ : ~ 중에 끼다, 속하다
② soins médicaux : 의료행위, 진료
③ en moyenne : 평균
④ aller chez le médecin généraliste (spécialiste) : 일반병원(전문병원)

에 가다

⑤ huit fois par an : 1년에 8번

【초점】

① parmi les plus élevées du monde : 최상급(les plus élevées)이 적용되었고, ⟨dépenses⟩에 걸려서 여성복수로 일치되었다. ⟨du monde⟩의 "du(=de+le)"는 최상급과 함께 쓰이면 ⟨~중에서⟩의 뜻이다.

② grands consommateurs : 형용사 ⟨grand⟩이 "수량, 분량, 치수"가 큰 것을 나타내는 것이 아니라, "대단한, 중대한, 중요한"의 의미로 쓰였다.

③ ainsi : 문두에서 결론을 유도하여 "그렇기 때문에, 따라서"의 뜻이다.

④ ils y vont : 장소를 받는 대명사 ⟨y⟩는 ⟨chez le médecin 병원⟩을 가리킨다.

【해석】

프랑스 사람들의 건강 비용은 세계에서 가장 높은 (비용) 편에 속한다는 것은 사실이다. 프랑스 사람들은 의료 행위의 중대한 소비자들이다 라고 말해야 한다. 즉 건강 경비가 가정들의 예산의 10%를 차지하고 있다. 그렇기 때문에 각 프랑스인은 자신의 건강을 위하여 평균적으로 대략 1800 유로를 지출한다. 그들은 일반병원이나 전문병원에 가기를 좋아한다. 그들은 평균 1년에 8번 병원에 간다. 가장 많이 진찰받는 사람은 여성들과 시니어들이다.

17. 복합과거, 단순과거가 적용된 수동태

Depuis lors, **jamais** une assemblée parlementaire **n'a été saisie** d'une demande de suppression de la peine de mort. On peut s'interroger : pourquoi n'y a-t-il rien eu en 1936 ? La raison est que **le temps de la gauche fut compté.** L'autre raison, plus simple, est que la guerre pesait déjà sur les esprits. Or, les temps de guerre ne sont pas propices à poser la question de l'abolition.

【주안점1】 복합과거, 단순과거가 적용된 수동태
【주안점2】 문두에 온 jamais, être 의 단순과거 fut

saisir 제소하다   demande 소청, 청원

suppression 폐지, 철폐   s'interroger 자문하다

raison 이유   gauche 좌파

compter 세다, 도달하다   guerre 전쟁

esprit 정신, 마음, 사람   or 그런데

propice 적합한, 좋은

【구문】

① depuis lors : 그때부터 (=dès lors)

② assemblée parlementaire : 국회, 의회

③ peine de mort : 사형제도

④ La raison est que : 이유인즉 ~ 이다

⑤ peser sur : ~을 짓누르다, 억압하다

⑥ les temps de guerre : 전시(戰時)

⑦ poser la question : 문제를 제기하다

【초점】

① jamais ~ n'a été saisie : 시제는 〈수동태 복합과거〉이다. 〈saisir〉가 주로 수동태로 쓰여 〈청원이 제기되다〉의 뜻으로 쓰인다. 〈jamais〉가 복합과거와 쓰이면 〈경험이 한 번도 없는 것〉을 나타낸다. 〈jamais〉가 문두에 나온 것은 〈강조〉하기 위함이다.

② le temps de la gauche fut compté : 좌파에게 할당된 시간이 끝났다. 〈fut〉는 〈être〉의 단순과거이며, 〈compté〉와 함께 〈수동태 단순과거〉이다.

【해석】

그때부터, 단 한 번도 국회에 사형제도의 폐지에 대한 청원이 제기되지 않았다. 1936년에 왜 아무것도 없었느냐? 라고 자문할 수 있다. 이유인즉 좌파에게 할당된 시간이 다 끝났다는 것이다. 다른 이유는, 더 간단하지만, 전쟁이 이미 사람들을 짓누르고 있었다는 것이다. 그런데, 전시는 이 폐지의 문제를 제기하기에는 적합하지 않다.

❾ 직설법의 시제
(Les Temps de l'Indicatif)

❾ 직설법의 시제 (Les Temps de l'Indicatif)

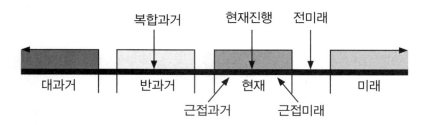

A. 현재 (Le Présent)

① 말하고 있는 순간에 이루어지는 동작이나 습관을 나타낸다.

Je **travaille** en ce moment. (나는 지금 공부하고 있어요.)

Chaque matin je **me lève** à six heures. (매일 아침 나는 6시에 일어난다.)

② 과거사실을 현재 일어나고 있는 것처럼 묘사하여, 이야기에 생동감을 준다.

J'**ai voulu** le rencontrer hier. J'**arrive** de bonne heure ; je **sonne** : on ne **répond** pas. (나는 어제 그를 만나고 싶었다. 그래서 일찍 도착했다. 나는 초인종을 눌렀으나 아무 응답이 없었다.)

B. 근접과거와 근접미래 (Passé récent et Futur proche)

① 근접과거와 근접미래의 형태

근접과거와 근접미래는 〈현재시제〉의 범위 안에 위치하며 현재의 기준시점에서 〈방금 일어난 동작〉과 〈곧 일어날 동작〉을 나타낸다.

근접과거의 형태는   venir(현재형) + de + 동사원형

근접미래의 형태는   aller(현재형) + 동사원형

근접과거				근접미래		
venir de faire				aller faire		
je	viens	de	faire	je	vais	faire
tu	viens	de	faire	tu	vas	faire
il	vient	de	faire	il	va	faire
nous	venons	de	faire	nous	allons	faire
vous	venez	de	faire	vous	allez	faire
ils	viennent	de	faire	ils	vont	faire

② 근접과거는 〈현재시점〉을 기준으로 〈방금 일어난 일〉을 나타낸다.

Il **vient de sortir** de l'hôpital. (그는 방금 퇴원했다.)

cf) Il est venu me chercher. (그가 나를 찾으러 왔다. — 목적의 의미)

③ 근접미래는 〈가까운 미래〉, 〈주어의 의지〉, 〈명령〉을 나타낸다.

Elle **va venir** tout de suite. (그녀가 곧 올 것이다. — 가까운 미래)

Je **vais essayer** de faire de mon mieux. (최선을 다 하겠습니다. — 주어의 의지)

Tu **vas garder** cet argent. (이 돈은 자네가 간직하게. — 명령)

④ 〈aller + inf〉 형태가 문맥에 따라 〈근접미래〉 혹은 〈목적〉을 나타낸다.

Je **vais rencontrer** mon ami.

(나는 내 친구를 곧 만날 것이다 / 친구를 만나러 간다.)

C. 복합과거 (Le Passé Composé)

〈avoir, être 의 현재 + 과거분사〉의 형태를 취한다.

조동사에 의해 현재에 속하며, 과거분사에 의해 〈완료와 선행〉을 표현한다.

aimer (사랑하다)		venir (오다)	
j'ai aimé	nous avons aimé	je suis venu(e)	nous sommes venu(e)s
tu as aimé	vous avez aimé	tu es venu(e)	vous êtes venu(e)s
il a aimé	ils ont aimé	il est venu	ils sont venus
elle a aimé	elles ont aimé	elle est venue	elles sont venues

① 말한 순간에 완료된 행위를 나타낸다.

Es-tu quitte de ton travail? — Oui, j'**ai tapé** le rapport.

(너 일 끝났니? — 예, 보고서 타이프 다 쳤어요.)

② 현재와 가까운 시기에 일어난 동작이나 그것이 현재까지 연장되고 있음을 나타낸다. 이 때 현재를 나타내는 상황보어를 동반하는 것이 일반적이다.

Aujourd'hui 5 janvier, je **suis part**i de Naples à 7 heures du matin.

(오는 1월 5일 오전 7시에 나는 나폴리를 떠났다.)

Il s'**est réveillé** (il **est** encore **réveillé**) parce qu'il a entendu du bruit.

(소음이 들려서 그는 잠이 깼다. 그래서 지금 깨어 있다.)

③ 한정된 기간, 확정된 기간에서의 계속적, 반복적 행위를 나타낼 수 있다. 비한정된 기간, 비확정된 기간에서의 계속적, 반복적 행위는 〈반과거〉로 나타낸다.

L'année dernière, j'ai joué régulièrement au football.

(작년에 나는 규칙적으로 축구를 했다. — 〈작년〉은 구체적 시간)

Dans ma jeunesse, je jouait régulièrement au football.

(내가 젊었을 때에 규칙적으로 축구를 했다. — 〈젊은 시절〉은 막연한 시간)

D. 반과거 (L'Imparfait)

aimer (사랑하다)		venir (오다)		과거의 어느 시점에 완료되지 않고 계속되고 있는 동작을 나타낸다.
j'aimais	nous aimions	je venais	nous venions	
tu aimais	vous aimiez	tu venais	vous veniez	
il aimait	ils aimaient	il venait	ils venaient	
elle aimait	elles aimaient	elle venait	elles venaient	

① 과거에 행해진 〈계속적 행위〉를 표현한다.

Il **nageait** tranquillement quand le requin lui a mangé un orteil.

(그는 조용히 헤엄치고 있었는데, 그 때 상어가 그의 발가락 하나를 물었다.)

② 과거 행위의 〈반복, 습관〉을 나타낸다.

Elle **rougissait** chaque fois qu'il la **flattait** ainsi.

(그가 그렇게 아양을 떨 때마다 그녀는 얼굴을 붉히곤 하였다.)

③ 인물의 성격, 모습, 심리, 배경설명 등의 〈묘사〉에 쓰인다.

Il **faisait** un terrible temps cette nuit–là ; les girouettes **piaulaient**,

le feu **rampait** dans la cheminée, et le vent **frappait** à la vitre.

(그날 밤은 날씨가 지독했다. 바람개비는 삐걱거리는 소리를 냈고, 불은 벽난로에서 기는 듯 타올랐으며 바람은 창을 때리고 있었다.)

④ 간접화법에서 주절동사의 시제가 〈과거〉일 때, 종속절에 〈반과거〉가 쓰여, 과거를 기점으로 했을 때의 〈현재, 즉 동시〉를 나타낸다.

Il nous a dit qu'il **travaillait**. = Il nous a dit, 《Je **travaille**.》

(그는 우리에게 자기는 일을 하고 있다고 말했다.)

E. 대과거 (Le Plus-que-parfait)

〈avoir, être 의 반과거 + 과거분사〉의 형태이며, 〈반과거나 복합과거〉
와 함께 쓰인다.

〈지속, 반복, 습관, 묘사〉혹은 〈완료〉의 의미를 지닌 채 기준과거 보
다 한 시제 앞선다.

aimer (사랑하다)		venir (오다)	
j'avais aimé	nous avions aimé	j'étais venu(e)	nous étions venu(e)s
tu avais aimé	vous aviez aimé	tu étais venu(e)	vous étiez venu(e)s
il avait aimé	ils avaient aimé	il était venu	ils étaient venus
elle avait aimé	elles avaient aimé	elle était venue	elles étaient venues

① 기준이 되는 과거 시점 이전에 이루어진 〈계속적, 일시적 동작〉을 나
타낸다.

Pierre était assis à la même place que lorsqu'elle l'**avait quitté**.

(삐에르는 그녀가 자기를 떠났을 때와 같은 자리에 앉아 있었다.)

Quand il **avait mangé**, il **sortait**. (그는 밥을 먹고 나면 외출하곤 했다.)

② 간접화법에서 주절이 과거일 때, 그 전에 이루어진 동작을 나타낸다.

Il m'a dit qu'elle l'**avait aimé**. = Il m'a dit, 《Elle m'**a aimé**.》

(그는 그녀에게서 과거에 사랑을 받았었다고 내게 말했다.)

F. 단순미래 (Le Futur Simple)

〈동사원형 + avoir 현재어미, 즉 ai, as, a, ons, ez, ont〉의 형태를 취한다.

aimer (사랑하다)		venir (오다)	
j'aimer**ai**	nous aimer**ons**	je viend**rai**	nous viend**rons**
tu aimer**as**	vous aimer**ez**	tu viend**ras**	vous viend**rez**
il aimer**a**	ils aimer**ont**	il viend**ra**	ils viend**ront**
elle aimer**a**	elles aimer**ont**	elle viend**ra**	elles viend**ront**

① 〈미래사실〉을 나타낸다.

Le train **arrivera** à Paris ce soir vers 10 heures.

(그 기차는 오늘 저녁 10시경에 파리에 도착할 것이다.)

② 1인칭에서 〈주어의 의도〉를 나타낸다.

Je vous **rendrai** votre livre demain.

(내일 당신 책을 돌려드리겠습니다.)

③ 2인칭에서 〈공손한 명령〉을 나타낸다.

Vous apporterez du café, s'il vous plaît.

(커피 좀 갖다 주세요.)

G. 전미래 (Le Futur Antérieur)

〈avoir, être 의 미래 + 과거분사〉의 형태를 취한다.

aimer (사랑하다)		venir (오다)	
j'aurai aimé	nous aurons aimé	je serai venu(e)	nous serons venu(e)s
tu auras aimé	vous aurez aimé	tu seras venu(e)	vous serez venu(e)s
il aura aimé	ils auront aimé	il sera venu	ils seront venus
elle aura aimé	elles auront aimé	elle sera venue	elles seront venues

① 미래의 어떤 시기 이전에 〈완료〉되어질 미래의 동작을 나타낸다. 이때 시간, 원인, 양보, 관계절 등의 〈종속절〉에 일반적으로 쓰인다.

Aussitôt que les ouvriers **auront terminé** la maison, nous l'**habiterons**.

(일군들이 집을 완성하자마자 우리는 입주를 할 것이다.)

② 주절이나 독립절에서 미래에 완료될 행위의 결과로써의 〈상태〉를 나타낸다.

Il **arrivera** à neuf heures. Mais déjà je **serai parti**.

(그는 9시에 도착할 것이다. 그러나 나는 이미 떠나고 없을 것이다.)

1. ne ~ plus 와 어울리는 현재

> Depuis l'abolition de la peine de mort en 1981, la justice **n'inflige plus** de peines corporelles. La torture **n'est plus** utilisée depuis la fin du règne de Louis XVI. **Seul subsiste l'emprisonnement**, c'est-à-dire la privation de liberté physique.
> La police elle-même **ne** peut employer la violence physique contre un individu **que** dans la mesure où **celui-ci** résiste par la force à une juste arrestation ou attaque lui-même la police.

【주안점1】 ne ~ plus 와 어울리는 현재, 수동태 현재
【주안점2】 주어 찾기, ne ~ que, 복합형 지시대명사 celui-ci
【어휘】

abolition 폐지	justice 법정
infliger 부과하다	torture 고문
subsister 존속하다	emprisonnement 구금
privation 박탈	arrestation 체포

【구문】

① peine de mort : 사형

② peine corporelle : 체형

③ dans la mesure où + ind : …함에 따라

④ résister à : 저항하다

【초점】

① ne … plus : 이제 더 이상 … 아니다, 현재시제와 어울린다.

② Seul subsiste l'emprisonnement : Seul를 강조하기 위해 문두에 위치시켰으며, 따라서 l'emprisonnement 이 주어이다.

③ ne … que : 단지(=seulement), 혹은 que 이하 이외에는 … 않는다.

④ celui-ci : 후자, 즉 l'individu 를 가리킨다.

【해석】

1981년에 사형제도가 폐지된 이래로 법정은 이제 더 이상 체형을 부과하지 않는다. 고문은 루이 14세의 통치 말기 이래로 이제 더 이상 사용되지 않는다. 구금, 즉 다시 말하면, 신체의 자유의 박탈만이 유일하게 남아있다. 경찰 자신도 개인이 정당한 체포에 폭력으로 저항하거나 또는 그 개인 자신이 경찰을 공격하는데 따른 경우를 제외하고는 개인에 대해 신체적인 폭력을 사용할 수 없다.

2. 상황을 설명하는 현재

> La littérature joue un rôle capitale dans la conscience que la France prend **d'elle-même** et de sa civilisation. Aucune autre nation ne lui accorde une place comparable. Par exemple, les idées maîtresses de la civilisation anglaise ne se trouvent ni **dans Shakespeare** ni **dans Keats**. Par contre, il est impossible de comprendre la vie politique et sociale de la France, si l'on ne saisit pas la fonction de la littérature **qui est de servir** à la fois de centre et de lien à toutes les manifestations de son évolution historique.

【주안점1】 상황을 설명하는 현재
【주안점2】 부정형용사 aucune, 부정의 등위접속사 ni, dans + 작가, de + 동사원형

【어휘】

conscience 자각, 의식	accorder 인정하다
maître 중요한	saisir 이해하다
fonction 기능	lien 관계
manifestation 표명	évolution 발전, 변화

【구문】
① joue un rôle : 역할을 하다
② prendre la conscience : 자각하다, 인식하다
③ accorder qc à qn : ..에게 ..이 있음을 인정하다
④ il est impossible de + inf : ..한다는 것은 불가능하다

⑤ à la fois : 동시에

⑥ servir à qn de qc : ..에게 ..의 구실을 하다

【초점】

① elle-même : même 는 인칭대명사 뒤에 쓰여 주어를 강조한다.

② dans Shakespeare, dans Keats : dans les œuvres de Shakespeare 의 뜻이다.

③ qui est de servir : de servir 는 주어가 명사일 때 부정법이 속사임을 나타내기 위해 전치사 de 를 쓴다.

【해석】

문학은 프랑스가 프랑스 자체에 대해서 그리고 그 문화에 대해서 하게되는 자각(인식) 속에서 중요한 역할을 한다. 다른 어떠한 나라도 프랑스에게 비교할 만한 지위가 있음을 인정하지 않는다. 예를 들면, 영국문화의 중요한 사상들은 셰익스피어의 작품 속에도 키이츠의 작품 속에도 존재하지 않는다. 반대로 프랑스 역사 발달의 모든 표명에 중심과 동시에 관계의 역할을 하는 문학의 기능을 이해하지 못한다면, 프랑스의 정치적인 사회적인 생활을 이해한다는 것은 불가능하다.

3. 묘사를 나타내는 반과거

Le vent était violent, les herbes se courbaient jusqu'à terre, les arbres semblaient se parler avec terreur, **de petits chardons** desséchés couraient sur la route plus vite que la voiture, **au-dessus de nous volaient de grandes nuées**... Un moment après, la pluie tombaient à verse. Il n'y avait **plus un être vivant** dans le paysage, **ni un homme** sur la route, **ni un oiseau** dans le ciel ; il tonnait affreusement, et **de larges éclairs** s'abattaient sur la campagne. Les feuillages se tordaient de cent façons.

【주안점1】 묘사의 반과거

【주안점2】 복수의 de, 비교급, 〈ni + 부정관사 un〉

【어휘】

violent 격렬한

chardon 엉겅퀴

nuée 먹구름

affreusement 무섭게

se tordre 비틀다, 휘다

se courber 구부러지다

desséché 말라죽은

tonner 천둥치다

éclair 번개

【구문】

① à terre : 지면에

② au-dessus de : ..위에

③ à verse : 억수로, 억수같이

④ s'abattre sur : 덮치다

⑤ de cent façons : 수도 없이

【초점】

① 본문에 쓰인 〈반과거의 의미〉에 주의해야 한다. 소설에서의 배경설명이므로, 묘사의 반과거로 쓰인 〈상태의 묘사〉이다.

② de petits chardons, de grandes nuées, de larges éclairs : de 는 〈복수의 de〉. 복수 형용사가 복수 명사 앞에 올 때, 부정관사 복수 des 는 de 로 바뀐다.

③ au-dessus de nous volaient de grandes nuées : de grandes nuées 이 주어.

④ plus un être vivant, ni un homme, ni un oiseau : 〈부정의 de〉로 바꾸지 않고 〈부정관사 un〉을 쓰는 것은 〈un seul〉의 의미를 강조한다.

【해석】

바람이 사나웠고 풀들은 땅에까지 구부러졌으며 나무들은 무섭게 서로 이야기하는 것 같았고 말라죽은 조그마한 엉겅퀴들이 자동차보다도 더 빨리 도로에 달리고 있었고 우리 위로는 커다란 먹구름들이 날아가고 있었다. 잠시 후, 비가 억수같이 내렸다. 그 전경 속에는 더 이상 살아있는 존재는 없었고 도로에는 단 한 사람도 없었고 하늘에는 새 한 마리도 없었다. 무섭도록 천둥이 쳤고 커다란 번개들이 들판을 덮쳤다. 나뭇잎들은 수도 없이 많이 휘었다.

4. 동작의 지속과 습관의 반과거와 완료의 단순과거

> Comme il se promenait tristement **par un clair matin de janvier** le long du boulevard, **les mains dans les poches de sa culotte**, M. Morissot **s'arrêta** net devant un confrère qu'il **reconnut** pour un ami. C'était M. Sauvage, une connaissance du bord de l'eau. **Chaque dimanche, avant la guerre, il allait à l'île Marante et rencontrait** là un petit homme replet, M. Sauvage, autre pêcheur fanatique.

【주안점1】 동작의 지속과 습관의 반과거, 과거에 완료된 동작의 단순과거
【주안점2】 시간과 날씨의 전치사 par, 전치사 없는 상황보어, 동격
【어휘】

se promener 산보하다	boulevard 대로
culotte 반바지	net 순수한, 선명한, 갑자기
confrère 동료	connaissance 지기
replet 살찐, 포동포동한	fanatique 광신적의, 열광적인

【구문】

① le long de : ..을 따라(장소), ..동안 내내(시간)

② s'arrêter net : 갑자기 서다, 뚝 멎다

③ reconnaître pour : ...로 인정하다

【초점】

① se promenait : 반과거의 의미는 〈과거 행위의 지속〉을 나타낸다.

② par un clair matin de janvier : 전치사 par 는 시간과 날씨를 동시에 나타낸다.

③ les mains dans les poches de sa culotte : 전치사의 도움없이 상황보어로 쓰인다.

④ s'arrêta, reconnut : s'arrêter, reconnaître 동사의 단순과거이며, 현재와는 연관이 없이 과거에 완료된 것을 나타낸다. 회화체에서는 쓰이지 않고, 주로 소설과 같은 문어체에서만 쓰인다.

⑤ Chaque dimanche, il allait à l'île Marante et rencontrait : Chaque
의 의미 때문에 반과거는 〈과거 행위의 반복, 습관〉을 나타낸다.

【해석】

Morissot씨가 1월 어느 청명한 아침에 자기 반바지의 주머니에 손을 집을 넣고
대로를 따라 우울하게 산책하고 있었을 때, 그는 친구로 인정하고 있는 한 동료
앞에 뚝 멈추어 섰다. 그는 강변에 살고 있는 지기인 Sauvage씨였다. 전쟁 전
에는 매 일요일마다 그는 Marante 섬에 가곤 했으며, 거기서 키가 땅딸하고 포
동포동한 사람, 즉 또 한 사람의 열광적인 낚시꾼인 Sauvage씨를 만나곤 했다.

5. 묘사와 반복, 습관의 반과거

Tous les matins je **me levais** de bonne heure. Je **disais** tous les soirs à maman **de
me réveiller** tôt le lendemain, à six heures juste, parce que **j'avais** à travailler.
Maman n'y **manquait** pas ; elle-même **se levait** tous les matins à quatre heures,
hiver comme été, pour travailler à rempailler les chaises.

【주안점1】 묘사와 반복, 습관의 반과거
【주안점2】 명령의 의미를 나타내는 전치사 de, 중성대명사 y, manquer,
comme 의 의미
【어휘】
se lever 일어나다.   réveiller 깨우다
tôt 일찍   manquer 잊다, 부족하다
rempailler 짚을 갈아넣다
【구문】
① de bonne heure : 일찍
② tous les soirs : 저녁마다, tous les matins : 아침마다
③ avoir à + inf : ...해야 하다
④ manquer à + 사물 : 위반하다, 저버리다, 어기다
⑤ travailler à+inf : ...하려고 애쓰다, ...에 힘을 기울이다.

【초점】

① me levais, disais, se levait : tous les soirs, tous les matins 때문에 반과거를 〈반복, 습관〉의 의미로 해석해야 한다. avait, manquait 는 묘사를 나타내는 반과거이다.

② disais de me réveiller : dire 동사 뒤의 〈de + inf〉은 〈명령〉으로 해석해야 한다.

③ hiver comme été : comme, ainsi que, de même que 는 〈처럼〉과 〈그리고〉의 두 가지 의미가 있으므로 문맥을 잘 살펴야 한다.

④ manquer :   vi) 없다, 모자라다, 그리워하다(manquer à qn)

　　　　　　 vt) manquer à qc : 어기다

　　　　　　　　 manquer de qc : ..이 없다

　　　　　　　　 manquer de + inf : 깜빡 잊다, ..할 뻔하다

【해석】

매일 아침 나는 일찍 일어나곤 했다. 매일 저녁 나는 다음날 일찍 깨워 줄 것을 어머니에게 부탁하곤 했는데, 왜냐하면 해야 할 일이 있었기 때문이다. 어머니는 그 사실을 어기지 않으셨다. 그것은 어머니 당신께서, 겨울이나 여름이나, 의자의 짚을 갈아 주는 일을 하기 위하여 매일 아침 4시에 일어나곤 하신 것이다.

6. 복합과거와 현재, 수동태 현재

Les Français attachent toujours une grande importance à l'éducation. C'est ce qui explique que le système d'enseignement **a été et reste** le sujet de discussion parfois très vives. Par exemple, l'idée réaliste de **rendre les diplômes utiles** à la vie professionnelle des élèves et des étudiants, **est contestée par** une partie des enseignants qui cherchent à maintenir la tradition d'une formation générale de l'esprit.

【주안점1】 복합과거와 현재, 수동태 현재
【주안점2】 관계대명사 ce qui, rendre 의 의미

 attacher 부여하다   enseignement 교육

 discussion 토론   vif 격렬한

 rendre 만들다   diplôme 학위

 contester 논박하다   enseignant 교육자

 esprit 사람, 지성

【구문】

 ① attacher de l′importance à qc : ..을 중시하다

 ② le sujet de discussion : 토론의 주제

 ③ par exemple : 예를 들어

 ④ une partie de : 일부의

 ⑤ chercher à + inf : ..하려고 애쓰다 (=essayer de, tenter de)

【초점】

 ① a été et reste : 두 동사가 공동으로 속사로써 le sujet de discussion
  를 가진다. 〈과거에도 그랬으며 현재도 그러하다〉의 뜻이다.

 ② rendre les diplômes utiles : 〈rendre + 직목 + 속사〉 구문을 취하므
  로, utiles 는 les diplômes 의 속사이다.

 ③ est contestée par : 수동태구문이며, 주어는 l′idée réaliste 이고, 동작
  주보어는 par une partie des enseignants 이다.

【해석】

프랑스인들은 항상 교육을 대단히 중요시한다. 그것은 교육제도가 때로는 과거
에도 그랬으며 현재도 대단히 격렬한 토론의 주제이다라는 것을 설명하는 것
이다. 예를 들면, 학생들의 직업생활에서 학위가 유용하게 해준다는 현실적인
생각은 사람에 대한 전인교육의 전통을 유지하려고 노력하는 일부 교육자들에
의해 비판을 받고 있다.

7. 동사시제와 주어 찾기

Dans la demi-inconscience du réveil, avant que la pensée du narrateur soit parvenue à identifier la chambre où il a dormi, **se présentent** à son imagination diverses chambres **qu'il a connues**. Par ces évocations tournoyantes et confuses, **le branle est donné à la mémoire** : "**Je passais** la plus grande partie de la nuit à me rappeler notre vie d'autrefois à Paris, à Venise, à me rappeler les lieux, les personnes que **j'y avais connues**, ce que **j'avais vu d'elles**."

【주안점1】 다양한 동사시제와 주어 찾기, 과거분사의 일치
【주안점2】 접속법, 관계대명사, 중성대명사 y, ce que
【어휘】

demi-inconscience 반 무의식	réveil 깨어남, 각성
narrateur 화자	identifier 확인하다
évocation 환기, 상기	tournoyant 맴도는
confuse 혼란스러운	branle 동요, 흔들림
se rappeler 생각나다	

【구문】

① avant que + sub : …하기 전에

② parvenir à + inf : …하기에 이르다

③ la plus grande partie : 대부분의

【초점】

① se présentent : 이 동사의 주어는 diverses chambres 이다.

② qu'il a connues : connaître 동사의 의미는 〈경험하다〉로 해야 한다. 선행사가 여성 복수이므로 connues 로 일치되었다.

③ le branle est donné à la mémoire : donner 동사는 〈야기시키다〉로 해야 한다. 〈동요가 기억에 야기되었다〉라는 직역보다는 〈기억에 동요가 일어났다〉로 의역한다.

④ Je passais : 반과거의 〈반복, 습관〉의 의미이다.

⑤ j'y avais connues, j'avais vu d'elles : 중성대명사 y 는 dans les
lieux 를 받고, elles 는 les personnes 를 가리킨다.

【해석】

잠에서 깨어나는 반 무의식 상태에서, 화자의 생각이 자기가 잠을 잔 방을 확
인할 수 있기도 전에, 자기 상상속에 자기가 경험했던 갖가지의 방들이 나타난
다. 머리에서 맴돌며 혼란스런 그러한 환기들로 인하여 기억에 동요가 일어난
다. 나는 대부분의 밤 시간을 빠리나 베니스에서 보낸 옛날의 우리 삶을 상기
하는데에, 그리고 그 장소들과 그 장소에서 내가 겪었었던 사람들 그리고 그
사람들로부터 내가 경험했었던 일을 상기하는데에 보내곤 하였다.

8. 상황묘사의 반과거와 그 이전에 일어난 대과거

Après la vapeur, le pétrole et l'électricité, une nouvelle source d'énergie devait
apparaître, **qui avait exigé** des progrès **beaucoup plus considérables** dans le
domaine scientifique, puisque la maîtrise de l'énergie nucléaire supposait une
connaissance avancée de la composition de l'atome, c'est-à-dire de la matière.
C'est en décembre 1942 que Fermi **fit fonctionner** la première pile atomique. **Le
monde entrait ainsi** dans l'ère nucléaire. **Des usines à uranium enrichi** ou non
enrichi fonctionnent dans plusieurs pays, et cette source d'énergie se situe dans un
contexte nouveau qui est **celui des défis** de la science.

【주안점1】 상황묘사의 반과거와 그 이전에 일어난 대과거
【주안점2】 비교급의 강조, 잘 아는 이유를 나타내는 puisque, c'est ~ que
　　　　　강조구문
【어휘】

pétrole 석유	exiger 필요로 하다
considérable 굉장한	domaine 분야
maîtrise 제어	nucléaire 원자핵의
supposer 전제로 하다	composition 구성

atome 원자   fonctionner 움직이다

contexte 상황   défis 도전

【구문】

① source d'énergie : 에너지원

② pile atomique : 원자로

③ uranium enrichi, uranium non enrichi : 농축 우라늄, 비농축 우라늄

【초점】

① qui avait exigé : 관계대명사 qui 는 une nouvelle source d'énergie 에 걸린다. 앞 내용 보다 먼저 일어났으므로 시제는 대과거가 적용되었다.

② beaucoup plus considérables : beaucoup, bien, encore 는 비교급을 강조한다.

③ fit fonctionner : fit 는 faire 3인칭 단수의 단순과거이다. 사역동사로 쓰였다.

④ Le monde entrait ainsi : 과거의 생동감있는 묘사를 위해 반과거를 사용하였다.

⑤ Des usines à uranium enrichi : 명사의 보어(uranium) 앞에 쓰인 전치사 à 는 〈수단, 도구〉을 나타낸다.

⑥ celui des défis : 지시대명사 celui 는 앞의 contexte 를 받는다.

【해석】

증기, 석유, 전기 이후에 과학의 분야에서 그 보다 훨씬 더 괄목할 만한 진보를 필요로 했던 새로운 에너지원이 나타나야 했다. 왜냐하면 원자핵 에너지의 제어는 원자 즉 물질의 구성에 대한 진보된 지식을 전제로 하기 때문이었다. 바로 1942년 12월에 페르미가 최초의 원자로를 작동케 했다. 그렇게 해서 세계는 원자핵의 시대로 진입한 것이다. 농축 혹은 비농축 우라늄을 사용하는 공장들이 몇몇 나라에서 가동되고 있다. 그리고 이 에너지원은 새로운 상황 속에 자리를 잡고 있으며 그것은 과학의 도전의 상황인 것이다.

9. 역사적 현재와 미래

Avec la deuxième moitié du XIXe siècle, **nous entrons dans l'époque** d'un Paris bourgeois. Les Parisiens **ne sont pas un** peuple calme. Paris est la ville des révolutions. Napoléon III n'a pas trop confiance en ces gens toujours prêts à la colère. Il n'aime pas les petites rues étroites de la vieille ville où l'on peut facilement arracher les pavés et monter des barricades. En 1852, **ce sera le préfet de Paris**, le baron Haussmann, qui transformera la ville au goût de l'empereur.

【주안점1】 과거의 생동감있는 묘사를 위한 역사적 현재와 역사적 미래
【주안점2】 관계대명사 où, c'est ~ qui 강조구문, 주어관계대명사 qui
【어휘】

moitié 절반	bourgeois 유산자, 자본가
calme 조용한, 침착한	révolution 혁명
confiance 신뢰	colère 화, 분노
arracher 뽑아내다	pavé (포장용) 포석, 포장도로
barricade 바리케이드	préfet 지사
baron 남작	transformer 변형시키다
goût 취미, 맛	empereur 황제

【구문】

① la deuxième moitié du XIXe siècle : 19세기 후반

② avoir confiance en : 신뢰하다

③ prêt à : ..할 준비가 된

④ monter des barricades : 바리케이드를 쌓다

⑤ au goût de : 취향에 맞게

【초점】

① nous entrons dans l'époque : 본문에 사용된 〈현재시제〉는 과거당시의 모습을 생동감 있게 전달하기 위하여 사용되었다. 이 용법을 "역사적인 현재"라고 한다.

② ne sont pas un : 자동사일 때에는 〈부정의 de〉가 적용되지 않는다.

③ ce sera le préfet de Paris : 본문에 사용된 〈미래시제〉는 과거당시를
   기준했을 때 미래에 일어날 일을 나타내기 위해 사용되었다. 이것을
   "역사적인 미래"라고 한다.

【해석】

19세기 후반과 함께 우리는 파리 부르주아 시대에 접어든다. 파리 사람들은 조
용한 사람들이 아니다. 파리는 혁명들의 도시이다. 나폴레옹 3세는 항상 화를
낼 준비가 되어있는 이 사람들을 그다지 신뢰하지 않는다. 그는 사람들이 쉽게
포장용 포석을 뽑아내서 바리케이드를 쌓을 수 있는 옛 도시(파리)의 좁은 작
은 거리들을 좋아하지 않는다. 1852년에 오스만 남작은 파리의 주지사가 될 텐
데, 그는 황제의 취향에 맞게 그 도시(파리)를 바꿀 것이다.

10. 반복을 나타내는 반과거

> Tantôt **d'immenses rochers pendaient** au-dessus de nos têtes ; tantôt **de hautes
> et bruyantes cascades** nous **inondaient de leurs épais brouillards** ; tantôt des
> torrents éternels, que nous **avions** entendus gronder au loin, **ouvraient** à nos côtés
> des abîmes effrayants. Quelquefois nous nous perdions dans la demi-obscurité d'un
> bois touffu ; quelquefois au sortir d'un gouffre, des prés réjouissaient tout à coup
> nos regards.

【주안점1】 tantôt, quelquefois 와 잘 어울리는 반복을 나타내는 반과거
【주안점2】 복수의 de, 수단, 도구를 나타내는 de
【어휘】

immense 거대한	pendre 매달려있다
bruyant 시끄러운	cascade 폭포
inonder 흠뻑 적시다	brouillard 안개
torrent 급류	éternel 끝없는, 영원한
gronder 으르렁거리다	abîme 심연
effrayant 무서운, 굉장한	se perdre 길을 잃다

demi-obscurité 흐릿한 빛　　touffu 울창한

gouffre 깊은 구렁　　　　　prés 초원, 풀밭

réjouir 즐겁게 하다

【구문】

① tantôt …, tantôt …, quelquefois : 때로는…, 또 때로는

② au-dessus de : …위에

③ au loin : 멀리서

④ au sortir de : …에서 나왔을 때

⑤ tout à coup : 갑자기

【초점】

① d'immenses rochers, de hautes et bruyantes cascades : 여기에 쓰인 〈de〉는 복수형용사가 복수명사 앞에 올 때 부정관사 des를 쓰지 않고 대신 "de"를 쓴다.

② de leurs épais brouillards : 〈전치사 de〉가 〈수단, 도구〉의 의미로 쓰였다.

③ pendaient, inondaient, avions, ouvraient, nous perdions, réjouissaient : 본문의 〈반과거 시제〉는 tantôt…, quelquefois 등과 함께 쓰였기 때문에 〈반복〉의 의미.

【해석】

때로는 거대한 바위들이 우리 머리 위로 돌출되어 있곤 했습니다. 때로는 높고 요란한 소리를 내는 폭포가 뿜어내는 짙은 안개(물보라) 때문에 우리 몸이 흠뻑 젖어버리곤 했습니다. 때로는 끝없이 흘러가는 급류가 무시무시한 심연을 우리 옆에 만들어 놓곤 했습니다. 가끔 울창한 숲의 흐릿한 빛 속에서 길을 잃곤 했습니다. 가끔 깊은 구렁에서 나왔을 때 초원이 펼쳐져 갑자기 우리의 시선을 즐겁게 해 주곤 했습니다.

11. 역사적 현재와 묘사의 반과거

Le 14 juillet 1789, le peuple des faubourgs de Paris **se dirige vers** la Bastille. Après un siège violent et assez court, le gouverneur de la Bastille **se rend**. La victoire du peuple de Paris est symbolique. La Bastille **représentait** l'absolutisme royal, le mépris des droits individuels : **dans cette ancienne prison pouvait être détenu, sur une simple lettre de cachet**, n'importe quel individu.

【주안점1】 과거의 사건을 생동감있게 나타내는 역사적 현재, 묘사의 반과거
【주안점2】 형용사 〈simple〉의 의미, 수동태 문장에서 주어 찾기
【어휘】

juillet 7월	faubourg 변두리
siège 포위공격	violent 격렬한
gouverneur 지사	victoire 승리
représenter 대표하다	absolutisme 전체주의, 전제정치
royal 왕의	mépris 경멸, 멸시, 무시
droit 권리	détenir 구류하다, 억류하다(=retenir)

【구문】
① se diriger vers : …쪽으로 가다, …쪽으로 전진하다
② se rendre : 항복하다, (~ à 가다)
③ lettre de cachet : 국왕이 날인한 명령서
④ n'importe quel + 명사 : 그 어떠한

【초점】
① se dirige vers, se rend, est : 여기에 쓰인 현재시제는 과거 사실을 독자들에게 생동감 있게 전달하기 위해 현재로 썼다. 이것을 "역사적 현재"라고 한다.
② représentait, pouvait : 과거의 상태를 나타내는 〈묘사의 반과거〉이다. 앞에 쓰인 〈역사적 현재〉와 대조를 이루고 있다.

③ dans cette ancienne prison pouvait être détenu : prison을 강조하기 위해 문두에 왔으며, 수동태 문장의 주어는 뒤에 있는 n´importe quel individu 이다.

④ sur une simple lettre de cachet : 전치사 〈sur〉는 "...에 의거하여, 토대로"의 뜻으로 쓰였고, 형용사 〈simple〉가 명사 앞에 쓰이면 "한낱, 보잘것없는"의 뜻이다.

【해석】

1789년 7월 14일 파리의 변두리에 사는 시민들은 바스티유로 향하여 전진한다. 격렬하지만 꽤 짧은 포위공격이 있은 후에 바스티유의 지사는 항복한다. 파리 시민의 승리는 상징적이다. 바스티유는 절대왕정, 개인적인 권리의 무시를 대표했다. 한낱 국왕이 날인한 명령서 한 장만으로 그 옛날 감옥에 그 어떤 사람이라도 투옥될 수 있었다.

12. 과거 동작의 지속을 나타내는 반과거와 현재

A mesure que l'homme apprenait à se protéger des risques naturels, il **mettait** aussi en œuvre de plus en plus de techniques **à haut risque**. Ces risques ne concernent pas seulement les travailleurs **utilisant** ces techniques, mais aussi les populations locales. L'industrie nucléaire, l'industrie chimique, le transport de substances dangereuses et plus récemment l'industrie **basée sur** le génie génétique comportent ces risques nouveaux.

【주안점1】 과거 동작의 지속을 나타내는 반과거, 현재의 묘사
【주안점2】 비교표현, 분사구문
【어휘】

protéger 보호하다(=épargner)	risque 위험(=danger)
concerner 관계되다	travailleur 공장노동자(=ouvrier)
population 주민(=habitant)	local 지방의 (=régional)

nucléaire 원자핵의   transport 운송

substance 물질, 본질   récemment 최근

comporter 포함하다 (=inclure, comprendre)

【구문】

① A mesure que : …함에 따라

② apprendre à + inf : …하는 것을 배우다

③ mettre en œuvre : 사용하다 (=utiliser, employer, se servir de)

④ de plus en plus + de + 명사 : 점점 더 많은

⑤ ne … pas seulement A, mais aussi B : A뿐만 아니라 B도 역시

⑥ baser sur : …에 기초를 두다 (=reposer sur)

⑦ génie génétique : 유전자공학

【초점】

① A mesure que l'homme apprenait, mettait : 이 문장의 반과거는 〈과거의 지속〉을 나타낸다. 〈과거에 끊임없이 죽 …해 왔다〉는 의미를 담고 있다.

② à haut risque : 전치사 〈à〉는 techniques 의 속성을 설명해 주고 있다.

③ utilisant, basée sur : qui utilisent, qui est basée sur 를 의미하는 〈분사구문〉.

【해석】

사람들이 자연적인 위험으로부터 자신을 보호하는 법을 배움에 따라, 점점 더 많은 고도의 위험성이 있는 기술들을 또한 사용해 왔다. 이러한 위험들은 그 기술들을 사용하는 공장노동자들뿐만 아니라 지방의 주민들에게도 역시 관계된다. 원자력 산업, 화학공업, 위험한 물질의 운송, 게다가 보다 최근에는 유전자공학에 기초한 산업은 이러한 새로운 위험들을 포함하고 있다.

13. 과거보다 더 앞선 대과거, 과거에서 미래를 나타내는 조건법 현재

> J'avais rendez-vous avec une copine **qui m'avait prévenue** qu'elle **serait
> accompagnée** de son petit ami. Nous nous sommes retrouvés dans le métro.
> Lorsque Robin m'a regardée pour me dire bonjour, mon cœur s'est mis à battre,
> j'avais **les mains** toutes moites, je ne sentais plus **mes jambes. Son regard me
> dérangeait tellement que j'ai préféré** m'asseoir à son côté plutôt qu'en face de
> lui. Je me sentais bizarre, destabilisée. J'avais très chaud.

【주안점1】 과거보다 더 앞선 대과거, 과거에서 미래를 나타내는 조건법 현
　　　　　재, 복합과거, 반과거
【주안점2】 복합시제에서 과거분사의 일치, 소유형용사의 의미, 결과구문
　　　　　tellement que
【어휘】

rendez-vous 만남	copain 친구(f: copine)
prévenir 알리다, 예방하다	accompagner 동행하다
se retrouver 서로 만나다	battre 두근거리다
moite 습한, 축축한	regard 시선
déranger 혼란시키다	s'asseoir 앉다
bizarre 야릇한, 이상한	destabiliser 불안정하게하다

【구문】

① petit ami : 애인

② dire bonjour : 인사하다, 안부를 전하다

③ se mettre à + inf : ~ 하기 시작하다 (= commencer à)

④ tellement que : 너무 ~해서 그래서 ~하다

⑤ en face de : 맞은편에

⑥ avoir chaud : (사람이) 덥다

【초점】

① qui m'avait prévenue : 〈prévenue〉에 여성으로 일치되었으므로 직목

〈me〉가 여자임을 알 수 있다. 다른 과거보다 먼저 일어난 〈대과거〉.

②serait accompagnée : 수동태이며, 조건법 현재이다. 과거에 있어서 (m'avait prévenue) 미래를 나타낼 때 〈조건법 현재〉를 사용한다.

③les mains / mes jambes : 신체부위 명사 앞에는 일반적으로 정관사를 사용한다. 그러나 강조, 습관 등의 특별한 의미를 나타낼 때는 소유형용사를 쓴다.

④Son regard me dérangeait tellement que j'ai préféré : 〈tellement que〉는 원인과 결과를 나타낸다.

【해석】

나는 한 여자 친구와 약속이 있었는데, 그녀는 자기 애인이 동행할 것이라고 나에게 알려주었었다. 우리는 전철 안에서 서로 만났다. 로빈이 나에게 인사를 하려고 나를 보았을 때, 내 마음은 두근거리기 시작했고, 나의 두 손은 완전히 젖었으며, 내 다리에 더 이상 감각이 없었다. 그의 시선이 나를 너무나 혼란케 해서 그의 맞은편이 아니라 차라리 그의 옆에 앉고 싶었다. 나는 기분이 야릇했고, 혼란스러웠다. 나는 대단히 더웠다.

14. 현 상황을 나타내는 현재

Le président de la République est le chef de l'Etat. **Il est élu désormais** tous les cinq ans directement par l'ensemble des Français. Il réside au palais de l'Elysée. Il veille au fonctionnement régulier de l'Etat, au respect de l'indépendance nationale **et des traités**. Il nomme le Premier ministre, préside le Conseile des ministres et peut dissoudre l'Assemblée nationale. Il peut aussi **soumettre au référendum certains projets de loi**. Il est le chef des armées, conduit la politique extérieure.

【주안점1】 현 상황을 나타내는 현재, 수동태 현재
【주안점2】 확정의 의미를 나타내는 정관사, 부정형용사 certains

chef 우두머리, 수반 　　　　　　 élir 선출하다

désormais 지금은, 이제부터 　　　　ensemble 전체

résider 거주하다 　　　　　　　　veiller 감시하다

fonctionnement 진행상황 　　　　　régulier 적법한, 정기적인

indépendance 독립, 자주성 　　　　traité 조약

nommer 임명하다 　　　　　　　　présider 주관, 주재하다

dissoudre 해산, 파기하다 　　　　　soumettre 회부하다

référendum 국민투표 　　　　　　　conduire 이끌다

【구문】

① Le président de la République : 프랑스 대통령 공식 명칭

② tous les cinq ans : 매 5년 마다

③ au respect de : ~에 관하여

④ Conseile des ministres : (대통령이 주재하는) 각의, 내각

⑤ Assemblée nationale : 프랑스 국회

⑥ projets de loi : 법안

⑦ le chef des armées : 군대 원수, 수장

【초점】

① Il est élu : 그는 선출된다. 수동태이며, 시제는 현재이다.

② désormais : 〈이제부터, 앞으로는, 그 후부터, 지금은〉 등 여러 가지 의미로 쓰이나 문맥상 현 상황을 나타내므로 〈지금은〉이라고 해석해야 한다.

③ et des traités : des traités는 앞의 〈au respect de〉에 걸리며 des는 축약관사.

④ soumettre au référendum certains projets de loi : soumettre 동사의 직목은 〈certains projets de loi〉이며, 문장 속에서의 순서가 자유로운 편이다.

대통령은 나라의 수반이다. 지금은 대통령은 프랑스 전 국민에 의해 5년마다 직접 선출된다. 그는 엘리제궁에 기거한다. 그는 국가의 자주성과 조약들에 대하여 국가의 합법적인 진행 상황을 감시한다. 그는 수상을 임명하며, 각의를 주재하며, 그리고 국회를 해산할 수 있다. 그는 또한 몇몇 법안들을 국민투표에 회부할 수 있다. 그는 군대의 원수이며, 대외정책을 이끈다.

15. 묘사의 반과거

> **Son père était rempailleur et sa mère rempailleuse. Elle n'a jamais eu de logis** planté en terre. Toute petite, elle errait, haillonneuse, vermineuse, sordide. On **s'arrêtait** à l'entrée des villages, le long des fossés ; on **détellait** la voiture ; le cheval **broutait** ; le chien **dormait**, le museau sur ses pattes ; et la petite **se roulait** dans l'herbe pendant que le père et la mère rafistolaient toutes les vieilles chaises de la commune.

【주안점1】 묘사의 반과거
【주안점2】 완전부정을 나타내는 부정의 de, 전치사 없이 쓰인 상황보어.
【어휘】

rempailleur 짚 갈아 넣는 사람　logis 집, 숙소(=logement, hébergement)
planter 심다, 세우다(=dresser) errer 떠돌아다니다

haillonneux 누더기 걸친	vermineux 기생충에 의한
sordide 더러운, 불결한	s'arrêter 멈추다
fossé 도랑	dételer 멈추다
brouter 풀을 뜯어먹다	museau (개의) 주둥이
patte (짐승의) 다리	se rouler 뒹굴다
herbe 풀	rafistoler 수리하다
commune 읍, 면	

【구문】

① en terre : 지면에, 바닥에

② à l'entrée de : 입구에서

③ le long de : ~를 따라 (=au long de), ~기간동안 내내

④ pendant que : ~ 하는 동안

【초점】

① et sa mère rempailleuse : sa mère 뒤에 동사 〈était〉가 생략되었으며, rempailleuse는 〈aussi〉 혹은 중성대명사 〈le〉로 받을 수 있지만 강조로 반복.

② Elle n'a jamais eu de logis : 〈부정의 de〉가 적용되었으며, 〈ne ~ jamais〉는 과거에 경험이 한 번도 없었음을 나타낸다.

③ s'arrêtait, détélait, broutait, dormait, se roulait : 묘사의 반과거로 쓰였다.

④ le museau sur ses pattes : 자기 다리 위에 주둥이를 놓은 채, 개가 잠자고 있는 모습을 나타내는 양태의 상황보어로 전치사 없이 쓰였다.

【해석】

그녀의 아버지는 의자에 짚을 갈아 넣는 사람이었고, 그녀의 어머니도 의자에 짚을 갈아 넣는 사람이었다. 그녀는 지면에 세워진 집을 단 한 번도 가져본 적이 없었다. 대단히 어린 그녀는 누더기를 걸치고, 기생충에 감염이 되어있고, 더러운 채로 돌아다니곤 하였다. 사람들이 마을 입구에 도랑을 따라 멈춰서고, 마차를 멈추고, 말은 풀을 뜯고, 개는 자기 다리 위에 주둥이를 놓은 채 잠자고 있었다. 그리고 그 어린 소녀는 아버지와 어머니가 그 읍의 모든 낡은 의자들을 수리하는 동안에 풀밭에서 뒹굴고 있었다.

16. 일련의 연속적인 동작을 나타내는 복합과거

> Un homme égaré dans une immense forêt canadienne **a abattu** quatre poteaux électriques **pour faire venir les secours**. Il **a ainsi coupé la ligne électrique alimentant une commune isolée** de 1200 habitants. Son stratagème **a fonctionné** : en l'espace de 24 heures la compagnie d'électricité **a envoyé** un hélicoptère pour vérifier l'état de la ligne et les techniciens l'ont trouvé sain et sauf.

【주안점1】과거의 일련의 연속된 동작을 나타내는 복합과거

【주안점2】불특정을 나타내는 부정관사, 사역동사 faire, 분사구문

【어휘】

égaré 길 잃은	immense 거대한
forêt 숲	abattre 쓰러뜨리다
poteau 기둥	secours 구조대(원)
alimenter 공급하다(=fournir)	commune 시, 읍, 면
isolé 고립된	habitant 주민(=population)
stratagème 계략, 술책	fonctionner 작동하다
compagnie 회사	envoyer 보내다
vérifier 확인하다	état 상태

【구문】

① poteaux électriques : 전신주

② en l'espace de : ~동안에

③ sain et sauf : 무사히, 아무 탈 없이

【초점】

① a abattu, a coupé, a fonctionné, a envoyé, ont trouvé : 과거의 연속적인 일련의 동작은 복합과거로 표현한다.

② pour faire venir les secours : 〈faire + inf〉은 사역구문이며, 〈venir〉 동사의 의미상 주어는 〈les secours〉인데, faire와 venir 사이에 올 수는 없다.

③ la ligne électrique alimentant une commune isolée : 고립된 한 부락
　　에 공급하고 있던 전선, alimentant은 현재분사로서 la ligne électrique
　　을 수식하며, 〈qui alimentait〉로 바꿀 수 있다.

【해석】

캐나다의 한 거대한 숲에서 길을 잃은 한 남자가 구조대가 오도록 하기 위해
4개의 전신주를 쓰러뜨렸다. 그렇게 해서 그는 1200여 주민이 사는 고립된 한
부락에 공급하고 있던 전선을 잘랐던 것이다. 그의 계략은 작동했다. 왜냐하면
24시간 만에 전기회사는 전선의 상태를 확인하기 위해 헬리콥터를 보냈고, 기
술자들이 무사히 그를 찾아냈다.

17. 수동태가 적용된 복합과거, 과거에 있어서의 근접과거

Quatre adolescents de 16 ans **ont été interpellés** dimanche soir par la police **alors
qu'ils venaient de voler** quatre drapeaux sur la façade de la mairie. Ils ont utilisé
une échelle pour se saisir des drapeaux tricolores **vers 23h00. A la vue d'un
équipage de police**, ils ont pris la fuite avant d'être interpellés et placés en garde à
vue au commissariat.

【주안점1】 수동태가 적용된 복합과거, 과거에 있어서의 근접과거
【주안점2】 시간의 의미가 있는 전치사 à, 수동태가 적용된 부정법 현재
【어휘】

adolescent 청소년	interpeller 검문하다
voler 훔치다	drapeau 깃발
façade 정면	mairie 시청
échelle 사다리	se saisir 탈취하다
vers 즈음	équipage 장비
fuite 도주	commissariat 경찰서

【구문】

① alors que : ~할 때

② A la vue de : ~을 보고, ~의 목전에서

③ prendre la fuite : 도망가다

④ avant de + inf : ~하기 전에

⑤ en garde à vue : 구류상태로, 감치상태로

【초점】

① ont été interpellés : 수동태 복합과거가 적용되었다. 동작주보어는 par la police

② alors qu'ils venaient de voler : alors que는 〈~할 때, ~인데 반하여〉의 뜻을 가지는 접속사로 여기서는 〈~할 때〉의 뜻이다. venaient de voler 의 시제는 〈과거에 있어서의 근접과거〉이다.

③ vers 23h00 : 23 즈음에, 전치사 vers 는 시간 앞에서 〈~시 즈음, 경〉의 뜻이다. 그러나 현 시각과(il est ~) 어림수는 〈environ〉으로 표현한다.

Il est environ 10 heures. (지금 대략 10시쯤 됐다.)

Cinq cents personnes environ se sont réunies. (사람들이 약 500명 모였다.)

Sa maison vaut environ cinquante mille euros. (그의 집은 약 50만 유로쯤 된다.)

③ A la vue d'un équipage de police : 〈전치사 à〉가 시간이나 판단의 근거를 나타낸다. (= Quand ils ont vu un équipage de police.)

【해석】

16살 짜리 4명의 청소년들은 일요일 저녁 경찰에 의해 검문받았다. 그 때 그들은 시청의 정면 위에 있던 4개의 깃발을 막 훔쳤던 것이다. 그들은 23시경에 삼색기를 탈취하려고 사다리를 이용했다. 경찰 장비를 보고, 그들은 검문받고 경찰서에 구류상태에 놓이기 전에 달아났다.

❿ 현재분사와 제롱디프
(le Participe et le Gérondif)

❿ 현재분사와 제롱디프 (le Participe et le Gérondif)

	현재분사 (불변)	제롱디프
1. 형태	Nous 어 간 -ons ⇒ 어 간 + ant	en + 어 간 + ant
2. 문법적 특징	동사 + 형용사(명사 수식)	동사 + 부사(문장 수식)
3. 의미상 주어	수식받는 (대)명사	항상 주절의 주어
4. 의미	① 시간 (~하는) ② 대립·양보 (~불구하고) ③ 원인·이유 (~때문에) ④ 조건 (~라면)	① 동시성 (~하면서, 하다가) ② 대립·양보 (~불구하고) ③ 원인·이유 (~때문에) ④ 조건 (~라면) ⑤ 방법 (~함으로써)

A. 현재분사 (Le Participe Présent)

① 〈동사와 형용사〉의 특성을 동시에 가진다. 수식받는 명사, 대명사가
의미상 주어이다.

Étant très occupé, j'ai dû rester chez moi.

(매우 바빴기 때문에 나는 집에 있어야 했다.)

Je connais une jeune fille **parlant** quatre langues.

(나는 4개 국어를 말하는 여자를 안다.)

② 동시성을 나타낸다.

Elle écoute la radio **conduisant** sa voiture.

(그녀는 운전하면서 라디오를 듣는다.)

③ 원인, 이유를 나타낸다.

Un riche laboureur, **sentant** sa mort prochaine, fit venir ses enfants.
(한 부자 농부는 자신의 임박한 죽음을 느꼈기 때문에 자식들을 오게 했다.)

④ 대립, 양보를 나타낸다.

Il est parti en mer, **sachant** la tempête imminente.
(그는 폭풍우가 곧 닥쳐올 것을 알면서도 바다로 떠났다.)

⑤ 조건, 가정을 나타낸다.

Je pense que, **travaillant** énergiquement, vous aurez le prix.
(나는 당신이 열심히 공부하면 상을 받을 것이라고 생각해.)

B. 제롱디프 (Le Gérondif)

제롱디프는 〈동사와 부사〉의 특성을 가지고 있고, 의미상의 주어는
항상 주절의 주어이다. 그러므로 현재분사가 주절의 주어를 수식하면
제롱디프와 결국 뜻이 같아진다.

① 동시성을 나타낸다.

Il s'est blessé **en sciant** un arbre dans son jardin.
(그는 정원에서 나무 한 그루를 톱으로 자르다가 다쳤다.)

② 원인, 이유를 나타낸다.

En voyant son embarras, l'agent se fit plus aimable.
(그가 당황해하는 것을 보고, 그 경관은 더 친절해졌다.)

③ 대립, 양보를 나타낸다.

Tout en prétendant m'aider, il a organisé mon échec.

(그는 나를 돕는다고 주장했지만 내 실패를 도모했다.)

④ 가정, 조건을 나타낸다.

Elle réussirait mieux, **en s'y prenant** autrement.

(그녀가 달리 처신한다면, 더 성공할텐데.)

⑤ 수단, 방법을 나타낸다.

C'est **en forgeant** qu'on devient forgeron.

(두드림으로써 대장장이가 된다. 자꾸 단련해야 숙달된다.)

C. 절대분사구문 (Proposition Participe)

〈고유의 주어〉를 가지며 동시에 〈상황보어절(부사절)의 역할〉을 하는
것을 말한다. 절대분사구문은 주절에 대해 별개의 독립절이며, 조동사
〈étant, ayant été〉는 흔히 생략되고, p.p가 타동사이면 수동의 의미, 왕
래발착 자동사이면 완료의 의미가 된다.

Ton travail **terminé**, tu pourras aller jouer chez tes amis.

〔⇒ Dès que ton travail sera terminé, tu pourras ~〕

(너의 일이 끝나고 난 후에야 너는 네 친구집에 놀러갈 수 있어. ⇒ 수동)

L'homme et l'enfant **partis**, pourquoi reste-t-elle encore?

〔⇒ Bien que l'homme et l'enfant soient partis, pourquoi ~〕

(그 남자와 아이는 떠났는데, 왜 그녀는 아직 남아있소? ⇒ 완료)

1. 현재분사의 절대분사구문

> Art. 9. **Tout homme étant** présumé innocent jusqu'à ce qu'il ait été déclaré coupable, s'il est jugé indispensable de l'arrêter, toute rigueur qui ne serait pas nécessaire pour s'assurer de sa personne doit être sévèrement réprimée par la loi.
>
> Art. 17. **La propriété étant** un droit inviolable et sacré, nul ne peut **en être privé**, si ce n'est lorsque la nécessité publique, légalement constatée, **l'exige** évidemment, et sous la condition d'une juste et préalable indemnité.

【주안점1】 절대분사구문의 용법과 의미

【주안점2】 수동태, 중성대명사 en, 인칭대명사 l´

【어휘】

présumer 추정하다	coupable 유죄의
indispensable 필수불가결한	rigueur 엄격성, 준엄함
réprimer 억제하다, 억압하다	sévèrement 엄격하게
propriété 소유, 소유권	inviolable 불가침의
priver ..을 빼앗다	constaté 확인된
légalement 합법적으로	exiger 요구하다
préalable 선결되어야 할	indemnité 보상금

【구문】

① s´assurer de : …을 확보하다

② jusqu´à ce que + 접속법 : …하기 전까지는

③ priver qn de qc : ..에게서 ..을 빼앗다

④ si ce n´est : …이 아니라면, …을 제외하고는 (= excepté)

【초점】

① Tout homme étant, La propriété étant : 분사 étant 의 의미상 주어가 주절의 주어와 다르므로, 별도의 주어를 앞에 내세웠다. 이를 절대분사구문이라고 하며, 분사구문의 의미는, 동시성, 대립과 양보, 이유, 조건 등의 의미가 있으며, 본문은 〈이유〉의 뜻.

② en être privé : privé de la propriété 에서 de la propriété 를 중성대
　명사 en 으로 받고, 여기에 또다시 수동태가 적용되었다.

③ l'exige : l' 는 la propriété 를 받는다.

【해석】

(Déclaration des Droits de l'Homme et du Citoyen de 1789)

제9조. 모든 사람은 그가 유죄라고 선고되기 전까지는 무죄로 간주되기 때문에,
그를 체포하는 것이 불가피하게 판단된다 하더라도, 그의 신병을 확보하기 위하
여 필요하지 않은 모든 가혹함은 법에 의해 엄격하게 제한되어져야 한다.

제17조. 소유권이란 신성불가침의 권리이기 때문에 그 어떤 누구도 그것을 빼앗길
수 없다. 만약 합법적으로 확인된 공공의 필요가 명백히 그것도 정당하고 선결되
어야 할 보상금을 조건으로 해서 그 소유권을 요구할 때가 아니라면 말이다.

2. 동시성을 나타내는 제롱디프

> Le paradis enfantin est perdu ; la mort nous prive des parents **que nous avons**
> **passionnément aimés** ; et notre cœur ne conserve d'eux qu'un souvenir
> intermittent. **L'amour, pure création de notre esprit**, est un mirage qui découvre,
> **en se dissipant**, une réalité vulgaire. La vie sociale n'a pas davantage d'existence
> réelle. Ainsi le monde extérieur ne nous procure que des expériences décevantes.

【주안점1】 동시성을 나타내는 제롱디프

【주안점2】 직목관계대명사 que와 과거분사의 일치, 동격을 나타내는 관사의
　　　　　생략

【어휘】

enfantin 아동의　　　　　　　priver 빼앗다

passionnément 열정적으로　　conserver 보존하다

intermittent 간헐적인　　　　se dissiper 사라지다

vulgaire 평범한　　　　　　　procurer 야기하다

décevant 실망시키는

【구문】

① priver qn de qch : ..에게서 ..을 빼앗다, 박탈하다

② ne ... que : 단지

③ davantage de : 더 많은(= plus de)

④ 사물주어 + procurer : 야기하다

【초점】

① que nous avons passionnément aimés : 관계대명사 que 절의 avons aimés 가 일치된 것은 남성복수로 쓰인 선행사 les parents 이 〈직목〉 이기 때문이다.

② L'amour, pure création de notre esprit : pure création 앞에 관사가 없는 것은 L'amour 와 〈동격〉이기 때문이다.

③ en se dissipant : 제롱디프의 의미상주어는 항상 〈주절의 주어〉이며, 의미는 〈동시성, 대립양보, 이유, 조건, 방법〉 등이 있으며, 본문은 〈동시성〉의 의미이다.

【해석】

유아때의 천국은 상실됐다. 죽음이 우리에게서 우리가 열정적으로 사랑한 부모님들을 빼앗아 간다. 그리고 우리의 마음은 그들에 대하여 간헐적인 추억만을 간직한다. 우리 정신의 순수한 창조물인 사랑은 그것이 사라지자마자 평범한 현실을 드러내놓는 일종의 기적이다. 사회생활은 더 많은 실제적인 존속기간을 가지고 있지 않다. 그래서 외부세계는 우리들에게 실망시키는 경험들만을 야기한다.

3. Tout 로 강조되어 동시성을 나타내는 제롱디프

En matière politique, **il est rare que l'on change d'avis**. En général, on adopte un camp, avant de **choisir un parti et ceux qui le représentent**, puis on s'échine à trouver des arguments qui confirment notre opinion **tout en opposant** un tir de barrage aux arguments adverses. En somme, on se comporte en partisan passionné **et assez peu en individu rationnel** qui pèserait posément le pour et le contre de chaque thèse.

【주안점1】 Tout 로 강조되어 동시성을 나타내는 제롱디프
【주안점2】 전치사 뒤에 오는 부정법, ceux qui, 비인칭구문, 어조완화와 추
　　　　　측의 조건법
【어휘】

matière 분야, 물질	adopter 채택하다, 취하다
camp 캠프, 진영	représenter 대표하다
s'échiner 몹시 애쓰다	argument 논증, 논거
confirmer 확고히 하다	opposer 대항하다
tir 사격, 조준, 겨냥	adverse 반대의
partisan 당원	passionné 열렬한
rationnel 이성적인	peser 숙고하다, 검토하다
posément 침착하게	pour 찬성
contre 반대	thèse 주장, 견해

【구문】

① en matière politique : 정치 분야에서
② changer de : 바뀌다
③ s'échiner à + inf : ~ 하느라 몹시 애쓰다
④ se comporter : 행동하다, 처신하다
⑤ tir de barrage : 탄막, 탄막 사격

【초점】

① il est rare que ~ : 하는 것은 흔하지 않다. 〈rare〉는 〈흔하지 않다〉로
   해석한다.

② choisir un parti et ceux qui le représentent : un parti, ceux qui 이것
   두 개가 choisir의 직목이다. 대명사 〈le〉는 〈un parti〉를 받는다.

③ tout en opposant : 제롱디프는 부사 〈tout〉로 〈동시성, 대립양보〉의 의
   미를 강조한다. 여기서는 동시성을 나타내어, 〈대항하면서〉의 뜻이다.

④ et assez peu en individu rationnel : 앞의 〈on se comporte〉에 연결되
   며, 전치사 〈en〉은 se comporter 동사와 함께 쓰여 〈자격〉을 나타낸다.
   부사 〈assez〉는 〈정말로〉라는 강조의 뜻이고, 부사 〈peu〉는 〈거의 ~
   않다〉로 해석.

【해석】

정치 분야에서, 사람들이 의견을 바꾸는 일은 흔하지 않다. 일반적으로, 사람
은, 한 정당과 그 정당을 대표하는 사람들을 선택하기 전에, 하나의 진영을 채
택한다. 그 다음에 반대의 논증에는 탄막사격으로 대항하면서 우리의 의견을
확고히 해주는 논증들을 찾아내려고 몹시 애쓴다. 결국, 사람들은 열렬한 당원
으로 처신하고, 각 주장에 대해 찬성과 반대를 침착하게 검토할 이성적인 개인
으로서는 정말로 거의 처신하지 않는다.

4. Tout 로 강조되는 제롱디프

Tout en reconnaissant l'intérêt **présenté par le proje**t de **rendre** l'enseignement
des langues vivantes obligatoire dans les écoles primaires, nous estimons
cependant qu'il faut encore attendre. **Il faut savoir en effet** s'il est possible
d'introduire si tôt cet enseignement chez des enfants qui, souvent, n'ont pas **assez**
de connaissances de leur langue maternelle **pour** parler et écrire correctement.

【주안점1】Tout 로 강조되는 제롱디프
【주안점2】수동구문, il faut + 동사원형, savoir + si, assez ~ pour

【어휘】

projet 계획	rendre 만들다
enseignement 교육	obligatoire 의무적인
primaire 초등의	introduire 도입하다
connaissance 지식	maternel 어머니의

【구문】

① langue vivante : 현대어

② école primaire : 초등학교

③ en effet : 사실

④ Il faut + inf : ...해야한다

【초점】

① Tout en reconnaissant : tout 는 제롱디프의 동시성과 대립, 양보의 의미를 강조. 본문은 〈대립, 양보〉의 의미인데, 주절의 cependant 과 연결되기 때문이다.

② présenté par le projet : 이와 같은 수동구문의 해석요령은 par 이하를 〈주어〉로, présenté 를 〈능동〉으로 해석한다.

③ rendre l'enseignement des langues vivantes obligatoire : 〈rendre + 목적 + 속사〉 구문을 잘 숙지해야 한다. obligatoire 는 목적어 l'enseignement 의 속사이다.

④ Il faut savoir s'il est possible : si 절은 savoir 의 목적절(..인지 아닌지)이다.

⑤ assez ... pour : 결과구문임을 알아야 한다. (pour 이하 할 정도로 충분히 ... 하다)

【해석】

초등학교에서 현대어들의 교육을 의무화하자는 계획이 제시하는 유익을 인식한다 하더라도, 우리는 아직은 기다려야 한다고 생각한다. 사실 정확히 말하고 쓸 정도로 그들의 모국어에 대한 충분한 지식이 없는 아이들에게 그렇게 일찍 그런 교육을 도입하는 것이 가능한 일인지 아닌지는 알아보아야 한다.

5. 방법의 의미로 쓰인 제롱디프

> Une production de l'esprit est **rarement** isolée. Comme un tableau, une statue, une sonate, un livre aussi s'insère dans une série, **que l'auteur en ait conscience ou non**. Il a eu des prédécesseurs ; il aura des successeurs. L'histoire littéraire doit le situer dans le genre, la forme d'art, **la tradition à laquelle il appartient**, et apprécier l'originalité de l'auteur **en mesurant** ce qu'il a hérité et ce qu'il a créé.

【주안점1】 방법의 의미로 쓰인 제롱디프

【주안점2】 que 접속법 ou ~, 전치사 + 관계대명사 lequel, 관계대명사 ce que

【어휘】

production 산물	isoler 고립시키다
auteur 저자	prédécesseur 선임자
successeur 후임자	appartenir 속하다
apprécier 인정하다	mesurer 평가하다
hériter 물려받다	

【구문】

① s'insérer dans : ..에 끼워 넣어지다, 위치하다, ..에 자리를 잡다

② avoir conscience : 의식하다

【초점】

① rarement : 부정으로 해석하여 〈좀처럼 ... 않다〉로 하는 것이 좋다.

② que l'auteur en ait conscience ou non : 독립된 que 절에 접속법이 쓰였을 때는 que 의 의미를 잘 살펴야 한다. 뒤에 ou 가 힌트가 되고 있다. 본문은 〈soit que ... soit que〉 혹은 〈ou que ... ou que〉 의 의미 이다.

③ la tradition à laquelle il appartient : appartenir à la tradition 에서 à la tradition 를 à laquelle 로 받았다.

④ en mesurant : 제롱디프의 여러 뜻 가운데 〈방법(..함으로써)〉의 의미 이다.

【해석】

정신의 산물은 좀처럼 격리되지 않는다. 그림, 조상, 소나타와 같이 책도 또한 저자가 의식하든 하지 않든 일련의 시리즈 속에 삽입되는 것이다. 저자에게는 선임자들이 있었다. 반면에 후임자들도 있을 것이다. 문학사는 쟝르, 예술형태, 그가 속해 있는 전통속에 작가를 위치시켜야 하며, 그가 물려받은 것과 그가 창조한 것을 평가함으로써 작가의 독창성을 인정해야 한다.

6. 이유를 나타내는 분사구문

> Une fois de plus aujourd'hui, le premier de l'an, j'essaie d'écrire ce texte qui m'occupe presque exclusivement depuis une semaine, mais chaque jour **la difficulté de trouver les mots, d'arriver à un ensemble devient plus grande.** Hier **je sanglotais intérieurement de rage** devant la déficience totale de mes moyens d'expression, **ne disant pas du tout ce que je veux.** Pourtant je dois tâcher de m'en sortir.

【주안점1】 이유를 나타내는 분사구문 (현재분사)
【주안점2】 이유의 de, de + 동사원형, 주어 동사 찾기
【어휘】

occuper 전념시키다	exclusivement 전적으로
ensemble 전체적인 조화	sangloter 오열하다
intérieurement 마음속으로	rage 분노
déficience 부족	total 전적인
moyen 수단	

【구문】

① Une fois de plus : 다시 한 번 더

② le premier de l'an : 정월 초하루

③ essayer de + inf : ..하려고 애쓰다 (= tâcher de, tenter de, s'efforcer de)

④ arriver à : ..에 도달하다

⑤ s'en sortir : 궁지에서 헤어나다

【초점】

① la difficulté de trouver les mots, d'arriver à un ensemble devient plus grande : 주어는 〈la difficulté〉이고 동사는 〈devient〉이다.

② je sanglotais intérieurement de rage : 〈de〉는 sangloter 하는 〈이유〉의 의미.

③ ne disant pas du tout ce que je veux : 직접타동사 〈dire〉는 직목을 요구하므로 〈ce que je veux〉가 직목이다. 〈du tout〉는 부정어 〈ne ... pas〉를 강조한다. 현재분사 〈disant〉은 〈이유〉를 나타내는 분사구문을 형성하고 있다.

【해석】

다시 한 번 더 오늘 정월 초하루에 나는 일주일 전부터 거의 전적으로 나를 전념시키고 있는(내가 전념하고 있는) 그 원고 쓰는 것을 시도해보지만, 그러나 매일 알맞는 어휘를 찾아내고, 전체적인 조화에 이르는 어려움은 더 커지게 된다. 어제 나는 내가 말하고 싶은 것을 전혀 할 수 없어서 내 표현수단의 전적인 부족 앞에서 격분하여 마음속으로 오열하곤 했다. 그렇지만 나는 궁지에서 헤어 나오려고 애써야 한다.

7. 수동태가 적용된 분사구문

L'homme ne renonce jamais au désir de connaître. **Même obsédé par** l'exigence de l'action, **absorbé chaque jour par** la vie matérielle, **son esprit ne cesse de poursuivre** une enquête personnelle sur le monde et sur la destinée. Nous attendons toujours, **sur notre propre condition, quelque lumière nouvelle** ; la philosophie n'est que la tentative, sans cesse renaissante, d'un homme qui **cherche à s'expliquer** sa situation dans l'univers.

【주안점1】 même 와 수동태가 적용된 분사구문

【주안점2】수동태, ne 단독으로 부정, 소유의 개념 강조, 부정형용사 quelque

【어휘】

désir 욕망   connaître 알다

obséder 줄곧 머리에서 떠나지 않다   exigence 욕구

absorber 열중시키다   matériel 물질적인

poursuivre 추구하다   enquête 조사

destinée 운명   tentative 시도

renaissant 반복되는, 되살아나는 s'expliquer ~의 원인을 알다, 납득하다

【구문】

① renoncer à : 포기하다

② cesser de + inf : ~하는 것을 멈추다

③ sans cesse : 끊임없이 (= sans arrêt)

④ chercher à + inf : ~하려고 애쓰다 (= essayer de, tenter de, s'efforcer de)

【초점】

① Même obsédé par l'exigence ~, absorbé ~ par la vie matérielle : 과거분사 앞에 〈étant〉이 생략된 분사구문에 수동태가 적용되었으며, 주어는 〈son esprit〉이고, 〈même〉는 "심지어, 조차도, ~일지라도"의 뜻.

② son esprit ne cesse de : 〈cesser〉동사는 "pas 없이 ne 단독"으로 부정을 나타냄.

③ sur notre propre condition, quelque lumière nouvelle : 〈propre〉가 명사 앞에 쓰이면 "자신의" 뜻, 〈quelque〉가 단수이면 "어떤"의 뜻, 복수이면 "몇몇의" 뜻이다. nouveau(nouvelle)은 명사 앞에 오면 "새로 교체한, 전과 다른", 명사 뒤에 오면 "새로운, 참신한, 미지의" 뜻이다.

인간은 결코 알고자 하는 욕망을 포기하지 않는다. 심지어 행동의 욕구에 사로 잡히기도 하고, 매일 물질적인 삶에 파묻히기도 하지만, 인간의 영혼은 세계와 운명에 관한 개인적인 조사를 멈추지 않는다. 우리들은 항상 우리들 자신의 조건에서 어떤 새로운 빛을 기다린다. 반면에 철학은 우주에서 자신의 상황의 원인을 알기위해 애쓰는 한 인간의 끊임없이 반복되는 시도일 뿐이다.

8. 조건을 나타내는 분사구문

Une société est pour Montaigne un composé de coutumes et de règles traditionnelles qui lui confèrent **sa structure propre**. Les réformateurs examinent toujours les institutions en **elles-mêmes**, et, **les jugeant défectueuses**, ils prétendent les corriger. C'est oublier qu'elles n'ont qu'une valeur relative. Telle coutume, excellente dans une société, **si elle est transportée** dans une autre, **y devient néfaste**.

【주안점1】 조건을 나타내는 분사구문
【주안점2】 même si 의 의미로 쓰이는 si, 중성대명사 y, 주어 동사 찾기
【어휘】

composé 혼합물	coutume 관습, 풍습
règle 규정, 규칙	conférer 부여하다, 수여하다
structure 구조, 구성, 조직	réformateur 개혁자
examiner 심의하다, 조사하다	institution 제도, 기관
défectueux 결함이 있는, 미비한	prétendre 주장하다
corriger 교정하다, 고치다	valeur 가치, 의미
transporter 운반하다, 전파하다	néfaste 불길한, 해로운

【구문】

① un composé de ~ : ~의 혼합물
② ne ~ que : 단지

③ valeur relative : 상대가치

【초점】

① sa structure propre : 〈propre〉가 명사 뒤에 오면 "고유한, 특유한"의 뜻이다.

② elles-mêmes : des coutumes et des règles traditionnelles를 받는다.

③ les jugeant défectueuses : 그것들이 미비하다고 판단되면, 〈현재분사〉는 다양한 의미를 나타낼 수 있는데, 뒷문장과의 문맥을 보면 "조건"으로 해석해야 한다.

④ si elle est transportée : 여기서 〈si〉는 조건을 나타내는 것이 아니라, 〈même si〉를 대신하며, "~하더라도"라는 대립, 양보의 뜻이다.

⑤ y devient néfaste : 장소를 받는 대명사 〈y〉는 앞의 〈dans une autre〉를 받는다.

【해석】

몽테뉴에게 있어서 사회란 자신의 고유한 조직을 자신에게 부여하고 있는 전통적인 관습과 규정들의 혼합물이다. 개혁자들은 언제나 전통적인 관습과 규범 속에서 제도들을 심의한다. 그리고 그 제도들이 미비하다고 판단되면 그것들을 교정한다고 주장한다. 그것은 제도들이 단지 상대가치만을 가지고 있다는 것을 잊고 있다는 것이다. 한 사회에서 훌륭한 그러한 관습이 다른 사회에 전파된다 하더라도, 그곳에서는 해롭게 된다.

9. 방법의 의미를 나타내는 제롱디프

L'arme la plus puissante dont disposent les syndicats est la grève. En annonçant une cessation totale du travail, les syndicats peuvent exercer une grande pression sur le patronat pour augmenter le salaire des travailleurs ou pour améliorer les conditions de travail. Le droit de grève est garanti par la Consititution de 1958. Mais dans le secteur public il faut annoncer la grève à l'avance. Le droit de grève est **moins utilisé aujourd'hui qu'autrefois**, mais la grève continue à représenter le grand moyen d'effectuer les revendications professionnelles et politiques.

【주안점1】 방법의 의미를 나타내는 제롱디프

【주안점2】 관계대명사 dont (주어찾기), 비교급과 최상급, 등위접속사 ou 의
연결

【어휘】

arme 무기	puissant 강력한
syndicat 노동조합	grève 파업
cessation 중단, 중지	exercer 행사하다
pression 압력	patronat 사용자, 고용자
augmenter 올리다	salaire 임금, 월급
améliorer 개선하다	garantir 보장하다
secteur 분야, 구역	autrefois 옛날
effectuer 실행하다, 실현하다	revendication 요구, 주장

【구문】

① disposer de : 소유하다

② il faut + inf : ~ 해야 하다

③ à l'avance : 일찍, 미리, 사전에

④ continuer à + inf : 계속해서 ~ 하다

【초점】

① L'arme la plus puissante dont disposent les syndicats est la grève :
전체 문장의 주어는 〈l'arme〉이다. 〈de〉를 포함하고 있는 관계대명사
〈dont〉은 〈disposer de〉에 걸리며, 주어는 〈les syndicats〉이다.

② En annonçant : 제롱디프 구문, 〈~함으로써〉의 의미로 〈방법〉을 나
타낸다.

③ moins utilisé aujourd'hui qu'autrefois : 〈aujourd'hui〉와 〈autrefois〉
가 비교되고 있으며, 열등비교급이 적용되었다.

【해석】

노동조합들이 가지고 있는 가장 강력한 무기는 파업이다. 근로의 전적인 중단
을 선언함으로써, 노동조합들은 근로자들의 임금을 올리기 위하여, 혹은 근로
조건을 개선시키기 위하여 고용자에 대하여 커다란 압력을 행사할 수 있다. 파
업의 권리는 1958년의 헌법에 의해 보장되고 있다. 그러나 공공분야에서는 사
전에 파업을 알려야 한다. 오늘날 파업의 권리는 옛날보다는 덜 사용되고 있다.
그러나 파업은 직업적인 그리고 정치적인 요구들을 실현시키는 수단을 의미하
는 것으로 지속되고 있다.

10. 수동적인 의미의 분사구문

> Victor Hugo croit qu'un autre avenir peut être réservé au peuple. L'histoire de **Jean
> Valjean, le forçat évadé** qui, **dissimulé sous de fausses identités, passe** sa vie à
> faire le bien autour de lui, **symbolise** cet espoir. Il en est de même de Gavroche, le
> "gamin de Paris", qui consent à mourir pour qu'un autre avenir se dessine.

【주안점1】 수동적인 의미의 분사구문
【주안점2】 동격, 주어와 동사 찾기, 명사로 쓰인 bien, pour que + 접속법
【어휘】

réserver 미리 결정해 놓다	forçat 도형수, 강제노역자
évadé 탈주한	dissimuler 감추다
faux(fausse) 틀린, 가짜의	identité 신분, 신분증명
symboliser 상징하다	passer (시간을) 보내다
espoir 희망 (= espérance)	gamin 개구쟁이
mourir 죽다	se dessiner 모습을 드러내다, 나타나다

【구문】
　① passer + 시간명사 + à + inf : ~하느라 시간을 보내다
　② faire le bien : 선행을 하다
　③ autour de : ~ 주위에(서)

④ Il en est de même de ～ : ～에 대해서도 마찬가지이다

⑤ consentir à : ～에 동의하다, ～을 승낙하다

⑥ pour que + 접속법 : ～하기 위하여

【초점】

① Jean Valjean, le forçat évadé : 탈주한 도형수인 장 발장, 동격으로 쓰였다.

② dissimulé sous de fausses identités : 가짜 신분으로 감추어 진채로, 수동적인 의미의 분사구문으로 장 발장의 현 상태를 의미하고, ⟨de⟩는 ⟨복수형용사+복수명사⟩ 앞에 있는 ⟨des⟩가 바뀐 것이다. (복수의 de)

③ passe ～, symbolise : ⟨passe⟩는 ⟨qui⟩절에서 동사, 주어는 ⟨le forçat évadé⟩이며, ⟨symbolise⟩는 전체 문장의 동사이며, 전체 문장의 주어는 ⟨L'histoire⟩이다.

④ Gavroche, le "gamin de Paris" : "파리의 개구쟁이"인 가브로슈, 동격으로 쓰였다.

【해석】

빅토르 위고는 한 다른 미래가 국민들에게 미리 결정될 수 있다고 생각하고 있다. 가짜 신분으로 감추고서 자신의 주위에서 선행을 하며 인생을 보내는 탈주한 도형수인 장 발장의 이야기는 이러한 희망을 상징하고 있다. 한 다른 미래가 그 모습을 드러내도록 하기 위하여 죽는 것에 동의하는 "파리의 개구쟁이"인 가브로슈에 대해서도 마찬가지이다.

11. 이유를 나타내는 분사구문

La mort tragique de Lady Diana a relancé le débat sur le droit au respect de la vie privée. **Celui-ci** est affirmé par la Déclaration universelle des droits de l'homme en 1948. **Il est interdit** notamment **de** reproduire l'image d'une personne sans son autorisation. Néanmoins, **c'est** au nom d'une interprétation unilatérale du droit à la liberté d'expression **que** les médias commettent des atteintes au droit au respect de la vie privée, **estimant** que les lecteurs ont le droit de tout savoir sur les personnes publiques.

【주안점1】 이유를 나타내는 분사구문

【주안점2】 복합형 지시대명사 celui-ci, 비인칭구문에서 의미상 주어 찾기,
　　　　c′est ～ que 구문

【어휘】

mort 죽음	tragique 비극적인
relancer 재개하다	débat 논쟁
droit 권리	privé 개인의, 사적인
affirmer 명시하다	interdire 금지하다
notamment 특히	reproduire 복제하다
autorisation 허가	interprétation 해석
néanmoins 불구하고	unilatéral 일방적인
expression 표현	commettre 저지르다
atteinte 침해, 훼손	estimer 생각하다
lecteur 독자	publique 공공의

【구문】

① au respect de : ～에 관하여

② la Déclaration universelle des droits de l′homme : 인간권리의 보편
　적 선언

③ au nom de : ～을 고려하여, ～의 이름으로

【초점】

① Celui-ci : 복합형 지시대명사 Celui-ci는 남성단수 명사를 가리키는
　데, 여기서는 〈le droit au respect de la vie privée〉를 가리킨다.

② Il est interdit de ～ : de ～ 하는 것은 금지되어 있다. 비인칭 구문이
　며, 〈Il〉은 "가주어", 〈de ～〉가 "진주어"이다.

③ c′est au nom de ～ que : 〈c′est ～ que〉 강조구문이며, 〈au nom de
　～〉를 강조.

④ estimant : 분사구문으로 의미상 주어는 ⟨les médias⟩이며, 문맥상 ⟨
이유⟩를 나타내어 ⟨~라고 생각하기 때문에⟩의 뜻이다.

【해석】

다이애나비의 비극적인 죽음은 사생활에 관한 권리에 대하여 논쟁을 재개시켰
다. 이러한 권리는 1948년의 인간권리의 보편적 선언에 명시되어 있다. 특히 자
신의 허락 없이는 사람의 이미지를 복제하는 것은 금지되어 있다. 그럼에도 불
구하고 바로 표현의 자유권의 일방적인 해석을 고려하여, 독자들은 공인들에
대하여 모든 것을 알 권리가 있다고 생각하기 때문에, 대중매체들은 사생활에
관한 권리의 침해를 저지른다.

12. 시간의 의미를 나타내는 현재분사

En ville, devant la diversité des situations, devant la profusion des choix, **nous
ne pouvons plus** nous contenter de jouer un unique personnage, **remplissant**
une seule fonction. **Cette multiplicité des personnages que nous sommes
amenés à être, nous aide** à modeler et à réfléchir l'unité de notre personne. Aussi
bien, la ville elle-même, par sa complexité, est l'expression tangible de cette
personnalisation.

【주안점1】 시간의 의미를 나타내는 현재분사
【주안점2】 aider 동사의 주어찾기, être 의 속사를 받는 관계대명사 que

【어휘】

diversité 다양성   profusion 풍부(=abondance), 다량, 낭비
choix 선택(=sélection)   jouer 역할을 맡다, 공연하다(=représenter)
personnage 인물, 배역   remplir 완수하다(=accomplir), 가득 채우다
fonction 기능, 직무, 임무   multiplicité 다수
amener 데리고 가다, 이끌다   modeler 만들다, 형성하다
réfléchir 반영하다(=refléter)   unité 단일성, 일치, 단위

complexité 복잡성, 복합성   tangible 만져서 알 수 있는, 명백한
personnalisation 개성화, 인격화

【구문】
① en ville : 도시에, 시내에
② se contenter de : ~로 만족하다
③ aider + qn + à + inf : ~가 ~ 하는 것을 돕다
④ être amené à + inf : ~ 하도록 이끌려지다, ~하게 되다
⑤ aussi bien : 결국, 하여간, 그러니

【초점】
① nous ne pouvons plus : 우리는 이제 더 이상 ~ 할 수 없다
② remplissant : 앞의 〈personnage〉를 수식하는 현재분사이다.
③ Cette multiplicité des personnages que nous sommes amenés à être,
  nous aide : 관계대명사 〈que〉는 〈être〉동사의 속사인 〈personnages〉
  를 선행사로 받고 있고, 동사 〈aide〉의 주어는 앞의〈nous〉가 아니고,
  〈personnages〉이다.

【해석】

도시에서는, 상황의 다양성 앞에서, 선택의 풍부함 앞에서, 우리는 단 하나의
임무를 완수하는 유일의 배역을 맡는 것으로 이제 더 이상 만족할 수 없다. 우
리가 하게 되는 그 수많은 배역들은 우리로 하여금 우리의 개성의 단일성을 형
성하고 반영하도록 돕는다. 결국, 도시의 복잡성으로 인하여, 도시 그 자체도
이러한 개성화의 명백한 표현이다.

⑪ 부정법

(L'Infinitif)

⑪ 부정법 (L'Infinitif)

A. 부정법의 명사적 용법

① 주어가 부정법일 때, 속사가 동사이면 부정법을 쓴다. 일반적으로 주어를 c′est로 받는다.

Vouloir, c′est **pouvoir**. (원한다는 것은 할 수 있다. 뜻이 있는 곳에 길이 있다.)

② 동사가 〈être〉가 아니면 주어는 〈de + inf〉를 사용한다.

De travailler lui a fait oublier son chagrin.

(일하는 것이 그의 괴로움을 잊게 해주었다.)

③ 주어가 명사, 대명사이고 동사가 〈être〉일 때, 속사부정법은 〈de + inf〉를 쓴다.

Le mieux est **de** ne pas lui **parler**. (최선은 그에게 이야기하지 않는 것이다.)

④ 〈ce que … c′est〉 구문에서 동사가 온다면 순수부정법을 쓴다.

Ce qu′il faut, **c'est** ne pas **avoir** peur des gens.

(필요한 것은 사람들을 두려워하지 않는 것이다.)

⑤ (대)명사의 보어를 유도하는 〈de〉는 성질, 〈à〉는 용도, 목적, 의무, 경향 등의 의미.

Le grand prince joignait au **plaisir de vaincre** celui de pardonner.

(대공은 정복의 기쁨과 용서의 기쁨을 함께 누리고 있었다.)

la maison **à vendre** (팔 집 — 용도)

une faute **à éviter** (피해야 할 실수 — 의무)

une histoire **à dormir** debout (서서 잠들 정도의 재미없는 이야기 — 경향)

B. 동사의 보어인 부정법

① 순수부정법을 요구하는 동사 : 대부분 의사, 감정, 지각, 운동에 관한 동사

aller (가다)	aimer (좋아하다)	avoir beau (아무리 .. 해도)
compter (생각하다)	devoir (..해야 하다)	désirer (열망하다)
dire (말하다)	entendre (듣다)	faire (하게 하다)
laisser (하도록 버려두다)	regarder (바라보다)	se sentir (..하는 느낌이다)
paraître (..인 것 같다)	sentir (느끼다)	venir (오다)
savoir (..할 줄 알다)	souhaiter (기원하다)	
sembler (..인 것 같다)	vouloir(원하다)	
voir (보다)		

② 〈de + inf〉를 요구하는 동사 : 많은 타동사와 대명동사

accuser (비난하다)	avoir droit (..할 권리가 있다)	cesser (그치다)
commander (명령하다)	décider (결정하다)	dire (명령하다)
douter (의심하다)	essayer (애쓰다)	finir (끝내다)
pardonner (용서하다)	parler (이야기하다)	refuser (거절하다)
se souvenir (기억나다)	tenter (애쓰다)	

③ 〈à + inf〉를 요구하는 동사 : 노력, 경향, 열망, 방향 등을 나타내는 동사

aider (돕다)	apprendre (배우다)	arriver (..하기에 이르다)
chercher (애쓰다)	commencer (시작하다)	contribuer (기여하다)
s'habituer (익숙해지다)	inviter (초대하다)	se mettre (시작하다)
parvenir (..하기에 이르다)	se plaire (..의 마음에 들다)	réussir (성공하다)
servir (쓰이다)	songer (생각하다)	

④ 어떤 동사들은 의미에 따라 〈à + inf〉 혹은 〈de + inf〉를 보어로 취한
다.

décider de (..하기로 결정하다)	décider à (..하도록 결심시키다)
demander de (..해 달라고 하다)	demander à (..하기를 원하다)
s'occuper de (맡아서 .. 하다)	s'occuper à (..하며 시간을 보내다)

⑤ 〈par + inf〉 는 도구, 수단의 뜻으로 쓰여 간접목적보어가 된다.

commencer par (..부터 하기 시작하다)
débuter par (..부터 하기 시작하다)
finir par (마침내 ..하고야 말다)

C. 부정법절

부정법이 인칭동사 대신에 쓰인 것으로 반드시 부정법의 주어가 명
시되어야 한다. 이러한 부정법절을 요구하는 동사는 사역동사와 지각
동사이다.

① 사역동사와 지각동사 뒤의 부정법에 직목이 없을 때, 부정법의 주어
는 직목으로 둔다.
Je **ferai renoncer cet homme** à ses prétentions.

⇒ Je le ferai renoncer à ses prétentions.
(나는 그 사람이 요구를 철회하도록 하겠다.)

② faire 뒤의 부정법이 직목을 가질 때, 부정법의 주어는 〈à/par+주어〉
   로 하여 후치시킨다.
   J'ai fait bâtir ma maison **à [par]** cet architecte.
   (나는 그 건축가가 내 집을 짓도록 시켰다.)

③ laisser와 지각동사 뒤의 부정법이 직목을 가질 때, 부정법의 주어는
   직목 혹은 간목 어느 것이나 쓸 수 있으며, 〈à/par + 주어〉로 하여 후
   치시킬 수도 있다.
   J'ai vu ces jardiniers planter cet arbre. (나는 정원사들이 이 나무를 심는
   것을 보았다.)
   ⇒ Je **les** ai vu planter cet arbre.
   ⇒ Je **les** ai vu **le** planter.
   ⇒ Je **le leur** ai vu planter.
   ⇒ J'ai vu planter cet arbre **à [par] ces jardiniers**.

1. 전치사 + 부정법, pouvoir + 부정법

> La liberté d'association, c'est une liberté fondamentale que la Constitution reconnaît
> à tout Français. **Plusieurs personnes** ont le droit de se grouper afin d'exercer une
> activité en commun, s**ans avoir à en demander l'autorisation**.
> Ces groupements peuvent avoir pour objectifs de réaliser des bénéfices que
> leurs membres se partageront ; ils peuvent aussi ne poursuivre que des buts
> désintéressés.

【주안점1】 전치사 뒤에 오는 부정법, pouvoir 뒤에 오는 부정법

【주안점2】 직목 관계대명사 que, 중성대명사 en, 부정형용사 plusieurs

【어휘】

association 결사	se grouper 단결하다
exercer 행사하다	autorisation 허가
groupement 집단	objectif 목적, 목표
bénéfice 이익	désintéressé 사리사욕이 없는
poursuivre 추구하다	

【구문】

① liberté d'association : 결사의 자유

② en commun : 공동으로

③ afin de + inf : ..을 하기 위하여 (= pour + inf)

④ demander l'autorisation de + inf : ..하는 허가를 요구하다

⑤ avoir pour ... de + inf : ..하는 ..이 있다.

⑥ avoir à + inf : ..해야 한다(= devoir)

【초점】

① Plusieurs personnes : 〈상당수의 사람들〉의 뜻. plusieurs 가 보어를 동
   반하면 〈약간의 수〉를 의미하고, 보어를 동반하지 않으면 〈많은 수〉
   를 의미한다.

② sans avoir à en demander l'autorisation : en 은 d'exercer une activité
   en commun 을 받는다.

【해석】

결사의 자유는 헌법이 전 프랑스 국민에게 승인하고 있는 기본적인 자유이다. 상당수의 사람들은 공동으로 활동을 행사하기 위하여 그렇게 하는 것을 요구할 필요도 없이 단결할 권리를 가지고 있다. 이러한 집단들은 그 집단 회원들이 공유할 이익을 실현하는 목적을 가질 수 있다. 그렇지만 그들은 또한 단지 사리사욕이 없는 목표를 추구할 수도 있다.

2. 지각동사 뒤에 오는 부정법

> Pour Marx, **c'est le prolétariat industriel qui** devait ouvrir l'avenir ; or, nous **voyons aujourd'hui la classe ouvrière, même là où elle s'est nourrie de marxisme, s'embourgeoiser et perdre** la conscience de sa mission historique. **Le travail, valeur centrale du marxisme**, recule devant le loisir et la consommation.

【주안점1】 지각동사 뒤에 오는 부정법, devoir 뒤에 오는 부정법
【주안점2】 강조구문 c′est ~ qui, 관계대명사 où, 동격을 나타내는 관사의 생략
【어휘】

prolétariat 무산계급	s′embourgeoiser 중산계급이 되다
conscience 의식	mission 임무, 사명
valeur 가치	reculer 후퇴하다
loisir 여가	consommation 소비

【구문】
① la classe ouvrière : 노동자 계급
② se nourrir de : ..을 먹고 살다
③ perdre la conscience : 의식을 잃다
【초점】
① c′est le prolétariat industriel qui : c′est … qui 강조구문이다.

② voyons aujourd'hui la classe ouvrière … s'embourgeoiser et perdre : 지 각동사 voir 뒤에 동사원형 s'embourgeoiser et perdre 이 왔으며, 그 동 사원형의 의미상 주어는 la classe ouvrière 이다. même là où 구문은 삽입구문이다.

③ même là où elle s'est nourrie de marxisme : même 가 부사 là 를 수식 하므로 〈부사〉이다. 이때는 〈심지어, 조차도〉의 뜻.

④ Le travail, valeur centrale du marxisme : valeur centrale du marxisme 는 Le travail 와 동격이며, 이 때 관사는 생략된다.

【해석】

마르크스에 있어서, 바로 산업무산자계급이 미래를 열어야 했다. 오늘날 심지어 노동자 계급이 마르크시즘을 먹고 살았던 거기에서 조차 그 노동자 계급이 중산계급이 되고 마르크시즘의 역사적 사명에 대한 의식을 잊게 되는 것을 우리들은 보고 있다. 마르크시즘의 중심적인 가치인 노동은 여가와 소비 앞에서 뒷걸음질하고 있다.

3. il faut 뒤에 오는 부정법

On parle de "misère moderne", qui ne dépend pas seulement du niveau de vie. Les plaisirs simples, les plus élémentaires, ne sont plus à la portée de la masse, parce que tout dans cette société est sacrifié au profit. **Il faut produire toujours plus** : peu importe que l'homme soit toujours plus malheureux. Rousseau montrait que l'homme ne devait pas s'aliéner dans une course perpétuelle vers des biens illusoires, **qu'il ne fallait pas vivre** dans l'avenir mais dans le présent.

【주안점1】 il faut + 부정법, devoir + 부정법
【주안점2】 peu importe que + 접속법, 비교급, 최상급
【어휘】

| misère 비참, 빈곤 | dépendre 달려있다 |
| masse 대중 | profit 이익 |

sacrifier 희생시키다   produire 생산하다

s'aliéner 잃다, 소외되다   perpétuel 영속적인

illusoire 허망한

【구문】

① dépendre de : ..에 달려있다

② niveau de vie : 생활수준

③ être à la portée de qn : ..의 힘이 미치다

④ peu importe que + sub : ..하는 것은 아무래도 좋다

⑤ ne pas A mais B : A 가 아니라 B 이다

【초점】

① Il faut produire toujours plus : produire 가 직접타동사이므로 직목이 필요하다. 그래서 plus 가 명사적으로 사용되어 직목이 되었다.

② qu'il ne fallait pas vivre : 이 절은 Rousseau montrait que 에 걸린다.

【해석】

사람들이 〈현대의 빈곤〉에 대해서 이야기 하는데, 그것은 단지 생활수준에만 달려있는 것이 아니다. 가장 기본적인 단순한 즐거움도 이제 더 이상 대중의 힘이 미치지 않는다. 왜냐하면 이 사회 속에 있는 모든 것은 이익을 위하여 희생되기 때문이다. 항상 더 많은 것을 만들어야 한다. 인간이 항상 더 불행해지는 것은 아무래도 좋다. 루소는 인간이 허망한 재산을 지향하는 끊임없는 경주에서 소외되지 않아야 되며, 미래 안에서가 아니라 현재 안에서 살아야 한다는 것을 보여주었다.

4. pouvoir + 부정법, 의문사 + 부정법

Il s'agit de **savoir comment "la science" peut aider les hommes** à résoudre leurs problèmes. Plus précisément, alors que nous ne pouvons plus croire aux religions, **que les idéologies ont échoué**, seule la science subsiste comme source de vérité **en quoi nous pouvons croire. Ce n'est donc que d'elle que** nous pouvons (et c'est donc d'elle que nous devons) apprendre **comment vivre**.

【주안점1】pouvoir + 부정법, 의문사 + 부정법

【주안점2】내용을 받는 중성 관계대명사 en quoi

【어휘】

résoudre 해결하다   idéologie 관념론

échouer 실패하다   subsister 존재하다

source 원천   apprendre 배우다

【구문】

① il s'agit de + inf : ..하는 것이 중요하다

② alors que + ind : ..인데 (= tandis que)

③ croire à/en : ..을 신뢰하다

【초점】

① savoir comment "la science" peut aider les hommes : comment 은 savoir 동사의 목적절을 유도하고 있다.

② que les idéologies ont échoué : que 는 alors que 를 대신하고 있으며, 〈대립, 양보〉의 의미이다. 이 의미를 강조하는 것이 주절의 seule 이다.

③ en quoi nous pouvons croire : en quoi 의 en 은 croire en 에 걸린다. 관계대명사 quoi 는 사물 혹은 인물명사를 선행사로 받지 않는다. 〈앞의 절이나 내용〉을 받는 중성 관계대명사이다. 즉, 〈과학만이 진리의 원천으로 존재한다〉 라는 사실을 받는다.

④ Ce n'est donc que d'elle que : c'est ~ que 강조구문 속에 ne que d'elle가 왔으며, 대명사 elle 는 〈la science〉를 가리킨다.

⑤ comment vivre : 〈의문사 + inf〉가 apprendre 의 목적절로 쓰이고 있다.

【해석】

중요한 것은 〈과학〉이 어떻게 사람들이 그들의 문제를 해결하는데 도움을 줄 수 있는지를 아는 것이다. 보다 정확히 말해서 우리가 이제 더 이상 종교들을 믿을 수 없고, 이데올로기들이 실패했을때, 과학만이 진리의 원천으로 존재하며, 그 사실을 우리는 믿을 수 있다. 그래서 단지 바로 그 과학으로 우리가 살아가는 법을 배울 수 있으며 (그리고 배워야 하는) 것이다.

5. 의문사 + 부정법, être de + 부정법

La difficulté de tous les sujets sur le réalisme, quand du moins, comme c'est le cas ici, le mot s'applique à la tendance qui s'imposait sous ce nom vers 1850, **c'est qu'on ne sait pas** trop exactement **à quels écrivains et à quels artistes l'appliquer**. Ce n'est que par un abus de termes, et malgré sa volonté formelle, **qu'on peut accole**r l'étiquette au nom de Flaubert, lequel se voulut toujours beaucoup plus artiste et formaliste que réaliste : **un des intérêt**s de la page qui nous occupe est justement **d'expliquer cette difficulté**, pour les artistes « réalistes », de donner à leurs œuvres une apparence réaliste.

【주안점1】 의문사 + 부정법, être de + 부정법, pouvoir + 부정법

【주안점2】 c´est ~ que 강조구문, 선행사를 선택해서 받는 관계대명사
　　　　　lequel, qui

【어휘】

tendance 경향	s´imposer 절실히 요구되다
abus 오용, 남용	formel 단호한
accoler 연결하다, 배열하다	étiquette 라벨, 분류
page 예술작품	occuper 전념시키다
apparence 외관	

【구문】

① du moins : 그러나, 어쨌든

② s´appliquer à : 적용되다, 전념하다

③ accoler qc à qc : ..을 ..에 갖다 붙이다

④ se vouloir + 속사 : 스스로 ..이기를 바라다

【초점】

① c´est qu´on ne sait pas ... : ce 가 받는 것은 주어 la difficulté 이다.

② à quels écrivains et à quels artistes l´appliquer : 전치사 à 는 appliquer 의 간목으로 걸리며, 〈의문사 + inf〉이 savoir 의 직목으로 사용되고 있다.

③ qu'on peut accoler : 여기의 que가 〈c'est … que〉 강조구문이다. 앞은 삽입구문.

④ un des intérêts : un 은 부정대명사로써, un intérêt 를 받는다.

⑤ d'expliquer cette difficulté : 주어가 명사일 때, 속사인 부정법 앞에 〈de〉가 온다.

【해석】

어쨌든 여기 경우가 그렇듯이, 리얼리즘이라는 그 말이 1850년경에 그 이름 아래서 절실히 요구되었던 경향에 골몰하고 있을 때, 리얼리즘에 대한 모든 주제들의 난해함은 사람들이 어떤 작가에게 그리고 어떤 예술가에게 그 말을 적용시켜야 할 지 대단히 정확히는 모른다는 것이다. 단지 용어의 오용으로 그러나, 비록 플로베르, 그는 사실적이기 보다는 훨씬 더 스스로 예술적이며 형식적이기를 바랬지만, 단호한 그의 의지에도 불구하고 사람들은 플로베르라는 이름에 분류표를 갖다 붙일 수 있다. 우리의 정신을 전념시키고 있는 예술작품의 흥미거리들 중의 하나는 〈사실주의〉의 예술가들에게 있어서, 그들의 작품에 사실적인 외관을 부여하는 그러한 난해함을 바로 설명하고 있다는 것이다.

6. 주어로 쓰인 부정법, être + 부정법

> **Voir** dans la fête un phénomène sociologique, **c'est mettre l'accent sur** les traits communs à toutes ses manifestations, au-delà des variations de temps et de lieu. Partout et toujours, elle rassemble des gens habituellement **séparés par les obligations et le travail**. Partout, elle interrompt le cours normal du temps, et lève pour un moment certains interdits économiques et sociaux. Depuis l'Antiquité jusqu'à l'ère industrielle, les fêtes ont changé dans leur contenu et leurs motivations, mais elles gardent pour l'essentielle les mêmes fonctions.

【주안점1】 주어로 쓰인 부정법과 être 뒤에 오는 부정법

【주안점2】 수동적 표현의 능동적 해석, 명사 앞에 쓰인 même, 소유형용사 leur, leurs

【어휘】

voir 보다, 경험하다   phénomène 현상

trait 특징   manifestation 표명

variation 변화   séparer 분리하다

interrompre 단절하다   ère 시대

contenu 내용

【구문】

① mettre l'accent sur : 강조하다

② au-delà de : ..너머로, 초월하여

③ Partout et toujours : 어디서든지 어느 때든지

④ pour un moment : 잠시

⑤ Depuis A jusqu'à B : A 에서 B 까지

⑥ pour l'essentielle : 요컨대, 결국은

【초점】

① Voir, c'est mettre l'accent sur : 부정법을 일반적으로 ce 로 받는다.

② séparés par les obligations et le travail : 동작주보어 par 이하를 〈주어〉
로, séparés 를 〈능동〉으로 해석한다.

【해석】

축제에서 사회학적인 현상을 경험하는 것, 그것은 시간과 공간의 변화를 초월
하여 축제의 모든 표명에 있어서 공통점을 강조하는 것이다. 어디서든지 어느
때든지 축제는 책임과 일 때문에 평소에 떨어져 있는 사람들을 모은다. 하지만
축제는 시간의 정상적인 흐름을 단절시키며, 잠시나마 경제적으로 그리고 사회
적으로 금지된 일들을 풀어준다. 고대로 부터 산업시대에 이르기까지 축제들은
내용과 동기에 있어서는 변화했다. 그러나 요컨대, 똑같은 기능들을 유지하고
있다.

7. 주어로 쓰인 부정법, être + 부정법

La culture française est une culture de connaisseurs, **ce qui est un symptôme**
de **sa maturité. Etre « connaisseur », c'est savoir** différencier et apprécier,
avec une sûreté sans défaut **et dans leurs variations les plus ténues**, toutes les
manifestations de la vie psychologique et physiologique. **Ce qui** caractérise à la
fois la sensualité et l'intelligence françaises, **c'est leur faculté** de percevoir les
nuances les plus fugitives de la pensée ou de l'émotion.

【주안점1】주어로 쓰인 부정법, être + 부정법

【주안점2】ce를 선행사로 받는 관계대명사, 〈ce + 관계대명사〉를 다시 c´est
로 받음

【어휘】

connaisseur 전문가	symptôme 증상
maturité 성숙	différencier 구별하다
apprécier 평가하다	défaut 잘못, 오류
ténu 미묘한	psychologique 심리학의
physiologique 생리학의	sensualité 감각
percevoir 식별하다	fugitif 변하기 쉬운

【구문】

① savoir + inf : ..할 줄 알다

② avec une sûreté : 확실하게

③ à la fois : 동시에

【초점】

① ce qui est un symptôme : 관계대명사 qui 의 선행사가 앞의 절일 때,
그것을 다시 중성대명사 ce 로 받는 것이 일반적이다.

② sa maturité, leurs variations, leur faculté : sa maturité 는 la maturité de
la culture 에서 de la culture 를 sa 로 받았으며, leurs variations 의 leurs
는 manifestations 을 받으며, leur faculté 의 leur 는 connaisseurs 를 받

는다.

③ Etre 《connaisseur》, c'est savoir : 부정법이 주어일 때 ce 로 받으며, 속사도 부정법이면 순수부정법을 쓴다.

④ et dans leurs variations les plus ténues : 여기서 et 의 의미는 〈그것도〉의 뜻.

⑤ Ce qui ..., c'est : 〈ce + 관계대명사〉를 c'est 로 받는 것이 일반적이다.

【해석】

프랑스의 문화는 전문가들의 문화이며, 그것은 문화의 성숙에 대한 한 증상이다. 전문가가 된다는 것은 심리학적이고 생리학적인 삶의 모든 표현들을 오류없이 그것도 가장 미묘한 표현들의 변화에서 확실하게 구별할 줄 알고 평가할 줄 아는 것이다. 프랑스적인 감각과 지성의 특색을 동시에 나타내는 것은 사고와 감정의 가장 변하기 쉬운 미세한 차이를 식별하는 그들의 능력인 것이다.

8. 지각동사 + 부정법, devoir + 부정법

A partir de la seconde moitié du XVIIIe siècle, nous voyons se ralentir la vie religieuse. La direction spirituelle passe dans le camp adverse. La philosophie des Lumières **sous ses différents aspects** -- du déisme au matérialisme -- avait conquis les esprits. L'incroyance se répandit dans les milieux dirigeants. Et le catholicisme et la monarchie paraissent **si étroitement associés qu**e la chute de l'un **devait fatalement entraîner** la ruine de l'autre.

【주안점1】 지각동사 + 부정법과 부정법의 의미상 주어, devoir + 부정법
【주안점2】 부정형용사 différents, 부정대명사 l'un, l'autre, 결과구문 si ~ que
【어휘】
se ralentir 약화되다   aspect 국면
déisme 이신론   matérialisme 유물론

conquérir 점령하다

incroyance 불신앙

milieux 세계

monarchie 군주제

chute 추락, 몰락

fatalement 불가피하게

entraîner 초래하다

【구문】

① A partir de : …부터

② la seconde moitié du XVIIIe siècle : 18세기의 두 번째 절반,
즉 후반기

③ passer dans le camp adverse : 반대파로 가다

④ La philosophie des Lumières : 계몽주의

【초점】

① sous ses différents aspects : 소유형용사 ses 는 〈계몽주의〉를 받고,
〈différents〉은 품질형용사가 아니라 〈부정형용사(갖가지의)〉이다.

② si étroitement associés que : 〈si … que〉 구문은 결과, 대립, 양보, 동
등비교급의 용법이 있다. 본문은 〈결과구문〉이다.

③ devait fatalement entraîner : 준조동사로 쓰이는 〈devoir〉는 의무, 필
연, 작정, 추측, 소원, 권고 등의 의미가 있다. 본문은 〈필연〉의 의미
로 쓰였다.

【해석】

18세기 후반부터 우리는 종교생활이 약화되어지는 것을 경험하고 있다. 정신적
인 방향이 반대편으로 옮겨가고 있다. 계몽주의는 여러 관점에서 — 이신론에
서 유물론에 이르기까지 — 의식들을 점령했었다. 무신앙은 지도자들 사이에
퍼졌다. 그리고 카톨릭과 군주제는 너무 밀접하게 관련되어서 한 쪽의 몰락은
다른 한 쪽의 멸망을 불가피하게 초래하기 마련이었다.

9. 전치사 de + 부정법

> La plupart de ces gens qui ont "fait des études", **ils n'ont rien compris à rien,**
> **mais** connaissent tout, jugent tout. C'est inutile de chercher à établir avec eux le
> moindre contact. **Combien leur sont préférables les vrais ignorants.** Ceux-ci
> savent au moins s'ouvrir et ne sont pas déformés ni aveuglés par une parodie de
> connaissance. L'ardent désir que tu dois avoir, **c'est que** ta faim d'apprendre et de
> comprendre t'accompagne jusqu'à la mort.

【주안점1】 전치사 de + 부정법, chercher à + 부정법, savoir + 부정법,
      devoir + 부정법

【주안점2】 지시대명사 ce, ceux-ci, 감탄사 combien, 부정의 ni

【어휘】

comprendre 이해하다	juger 판단하다
inutile 무익한, 쓸데없는	établir 수립하다, 확립하다
contact 접촉, 교제, 관계	ignorant 무지한 사람
s'ouvrir 마음을 열다	déformer 변형시키다, 황폐화시키다
aveugler 눈멀게 하다	parodie 우스꽝스런 모방, 개작
connaissance 지식, 지인	ardent 뜨거운, 강렬한
faim 굶주림, 욕구, 갈망	apprendre 배우다, 가르치다
accompagner 동행하다	

【구문】

① ne comprendre rien à rien : 전혀 모르다, 완전히 백지 상태이다

② chercher à + inf : …하려고 애를 쓰다 (= essayer de, tenter de)

③ préférable à : … 보다 더 나은

④ au moins : 적어도

【초점】

① ils n'ont rien compris à rien, mais : 문장이 삽입구문으로 처리되어 있
    으면 대개 부사적으로 해석해 준다. 뒤의 mais와 연결되어 "대립, 양

보"로 해석한다.

② Combien leur sont préférables les vrais ignorants. : 대명사 〈leur〉가 온 것은 "préférables à eux"에서 〈à eux〉를 받은 것이다. 전치사 à는 〈비교〉를 나타낸다.

③ c′est que : ce를 앞의 L′ardent désir 를 받는다.

【해석】

공부를 한 대부분의 사람들은, 그들은 아무 것도 모르면서도, 모든 것을 알고 있으며, 모든 것을 판단한다. 그들과 가장 조그마한 관계라도 수립하고자 애쓰는 것은 쓸데없다. 정말 무지한 사람들은 그들보다 얼마나 더 나은가! 그 무지한 사람들은 적어도 자신들의 마음을 열 줄 알며, 지식의 우스꽝스런 모방으로 왜곡되지도 않았고 눈도 멀지 않았다. 네가 가져야 하는 것은 강렬한 욕망인데, 그것은 배우고 이해하고자 하는 너의 욕망이 죽을 때까지 너를 따라다니는 것이다.

10. il faut + 부정법, commencer à + 부정법

Comme le soleil, la vie décrit une courbe. Un jour elle commence à décliner, lentement. Il faut se préparer à ce temps. **L'accepter. Savoir** que cette deuxième moitié de la vie est aussi la vie. **Qu'elle peut être** aussi pleine que la première. **Il est des crépuscules** qui sont plus beaux que des aurores. Il faut simplement **le vouloir**. Et éclairer les autres et soi de sa paix intérieure.

【주안점1】 il faut + 부정법, commencer à + 부정법
【주안점2】 비교급 aussi ~ que, plus ~ que, il est 의 의미, 중성대명사 le
【어휘】

décrire 묘사하다, 서술하다, 그리다	courbe 곡선
décliner 거절하다, 기울다	moitié 절반, 2분의 1
plein 가득한	crépuscule 석양, 황혼

aurore 여명, 서광, 오로라　　　　　éclairer 비추다, 밝히다

soi 자신, 자아　　　　　　　　　　paix 평화

【구문】

① commencer à + inf : ~하기 시작하다 (= se mettre à + inf)

② Il faut + inf : ~해야 하다

③ se préparer à : 대비하다

【초점】

① L'accepter : 대명사 〈l'〉는 "인생이 기울기 시작한다"는 내용을 가리키는 중성대명사이다.

② L'accepter. Savoir, Et éclairer : 동사원형은 모두 "il faut" 뒤에 걸린다.

③ Qu'elle peut être : savoir 동사 뒤에 걸리는 que절이다.

④ aussi ~ que : 동등비교의 표현으로서, "~만큼 ~하다"는 뜻.

⑤ la première : la première moitié de la vie (인생의 전반부)를 가리킨다.

⑥ Il est des crépuscules : 문어체에서 〈il est〉는 "il y a"의 뜻으로 쓰인다.

⑦ le vouloir : 그렇게 되기를 원하다. vouloir être plus beaux que des aurores에서 반복을 피하기 위해 être 이하를 중성대명사 〈le〉로 받았다.

【해석】

태양처럼, 인생은 곡선을 그린다. 언젠가 인생은 기울기 시작한다, 그것도 천천히. 그러한 때를 대비해야한다. 그 사실을 받아들여야 한다. 인생의 후반부도 또한 인생이라는 것을 알아야 한다. 인생의 후반부도 전반부만큼 풍성할 수 있다는 것을 알아야 한다. 새벽 여명보다 더 아름다운 황혼이 있다. 단지 그렇게 되기를 원해야 한다. 그리고 자신의 내면적인 평화로 다른 사람들과 자신을 밝혀야 한다.

11. 동사구, 전치사구 뒤에 오는 부정법

> **L'écologiste et animateur** de télévision Nicola Hulot lance mardi une campagne qui invite les Français à s'engager à travers 10 gestes du quotidien contre le changement climatique. Chacun est invité à signer un « pacte » où il s'engage à diminuer son impact sur l'environnement, **et à opter pour** un des gestes proposés : trier ses déchets et éviter les emballages inutiles, préférer la douche au bain, faire ses petits déplacements **à pied plutôt qu'en voiture**, éteindre les appareils électriques au lieu de les laisser en veille, etc.

【주안점1】 inviter à, s'engager à, au lieu de + 부정법, 명사적으로 쓰여 열거
　　　　　되는 부정법
【주안점2】 관사와 관사의 생략, 관계대명사 qui, où
【어휘】

écologiste 자연보호론자	animateur 방송 사회자
lancer 던지다	campagne 캠페인, 시골
inviter (à) 초대하다	s'engager 참가하다, 약속하다
geste 행동, 행위	quotidien 매일의
climatique 기후의	pacte 계약, 협정
impact 충격, 영향	trier 선별하다, 분리수거하다(= faire un tri)
déchet 쓰레기	emballage 포장
douche 샤워	déplacement 이동
éteindre 불을 끄다	appareil 기구

【구문】

① inviter à + inf : ~하도록 요청하다

② à travers : ~을 통하여

③ s'engager à + inf : ~할 것을 약속하다

④ opter pour : ~을 선택하다, 고르다 (=choisir)

⑤ préférer A à B : B 보다 A를 더 좋아하다

⑥ à pied / en voiture : 걸어서 / 자동차를 타고

⑦ au lieu de : ~ 대신에

⑧ en veille : 밤새도록

【초점】

① L'écologiste et animateur : 한 사람인 경우, 두 번째 명사에 관사를 생략한다.

② et à opter pour : s'engager à에 걸린다.

③ à pied plutôt qu'en voiture : 자동차를 타는 것보다 차라리 걸어서

【해석】

자연보호론자이며 텔레비전 방송 진행자인 Nicola Hulot는 화요일 프랑스 사람들이 매일의 10가지 행동을 통하여 기후변화를 막는 데에 참여하도록 요청하는 캠페인을 벌인다. 각자 자신이 환경에 대한 영향력을 줄이고 다음에 제안된 여러 행동들 중의 하나를 선택할 것을 약속하는 계약에 서명할 것을 요청받고 있다 : 자신의 쓰레기를 분리수거하기와 과대포장 안하기, 목욕보다 샤워를 좋아하기, 자동차를 타는 것보다 차라리 걸어서 짧은 거리 이동하기, 전기기구를 밤새도록 놔두지 않고 끄기 등.

12. 동사 뒤에 오는 부정법

La vie me semble être une longue série d'essayages et de retouches : on "bâtit" peu à peu son identité, **en suivant la mode, en cherchant son style**. Un des apprentissages essentiels de la petite enfance est **celui de l'identité** narrative : **savoir dire** "je", **se construire** une histoire, **avoir** ses mythes fondateurs et son système de valeurs.

【주안점1】 sembler + 부정법, savoir 의 직목으로 열거되는 부정법

【주안점2】 동시성을 나타내는 제롱디프, 지시대명사 celui

【어휘】

sembler ~인 것 같다   série 연속, 일련

essayage 입어보기, 가봉   retouche 수정, 손질

bâtir 짓다, 세우다 (= établir)   suivre 따르다

mode 패션, 유행   apprentissage 견습, 체험

essentiel 중요한 (= important)   narratif 서술적인

construire 짓다, 구성하다   mythe 신화, 허구

fondateur 기본의, 토대가 되는   valeur 가치, 의미 (= sens, signification)

【구문】

① sembler + inf : ~인 것 같다

② une série de : 일련의

③ peu à peu : 조금씩 (= petit à petit, pas à pas)

④ un des : ~ 중에서 하나

⑤ savoir + inf : ~할 줄 알다

⑥ système de valeurs : 가치관

【초점】

① en suivant la mode, en cherchant son style : 동시성을 나타내는 제롱 디프 구문.

② celui de l'identité : 지시대명사 〈celui〉는 앞의 〈apprentissage〉를 가리킨다.

③ savoir dire ~, se construire ~, avoir ~ : 앞의 문장에서 주어가 〈Un des apprentissages〉이며, 또한 단수이다. 동격을 나타내는 콜론(:) 이하도 단수가 되어야 하므로, 동사원형 〈dire, se construire, avoir〉는 〈savoir〉라는 하나의 동사에 걸린다.

【해석】

나에게 있어서 인생이란 긴 일련의 가봉이며 수정인 것 같다. 왜냐하면, 사람들은 유행을 따르고, 자신의 스타일을 찾으면서 조금씩 자신의 정체성을 세우기 때문이다. 어린 시절의 중요한 체험들 중의 하나는 서술적 정체성의 체험이다. 즉 "나"라고 말하고, 자신을 위하여 이야기를 구성하고, 자신의 토대가 되는 신화와 가치관을 가질 줄 아는 것이다.

13. 주어로 쓰인 부정법

Meursaut ne joue pas le jeu. Il refuse de mentir. **Mentir, ce n'est pas** seulement **dire ce qui n'est pas.** C'est dire **plus qu'on ne sent.** Il refuse de majorer ses sentiments. Loin qu'il soit privé de sensibilité, une passion profonde l'anime, **la passion** de l'absolu et de la vérité. **Un souci d'être vrai** dans les mots qui franchissent ses lèvres ou qu'il dépose sur le papier.

【주안점1】 주어로 쓰인 부정법, être + 부정법, refuser de + 부정법,
　　　　　명사 + de + 부정법
【주안점2】 loin que + 접속법, 우등비교의 que 절에서 허사의 ne, 주어 동사
　　　　　의 생략
【어휘】

mentir 거짓말하다	seulement 단지
sentir 느끼다	majorer 과장하다
sentiment 감정	sensibilité 감각, 감수성
passion 정열, 열정	profond 깊은
animer 부추기다	absolu 절대
vérité 진리	souci 관심, 근심, 걱정
vrai 사실의	franchir 통과하다
lèvre 입술	déposer 내려놓다, 두다

【구문】

① jouer le jeu : 노름을 하다

② refuser de + inf : ~하는 것을 거부하다, 용인하지 않다

③ loin que + 접속법 : ~하기는커녕

④ être privé de : ~을 빼앗기다

⑤ Un souci d′être vrai : 진실한 관심

【초점】

① Mentir, ce n′est pas : 동사원형 〈mentir〉를 〈ce〉로 다시 받았다.

② dire ce qui n′est pas : 그렇지 않은 것을 말하다. 〈ce qui〉는 영어의

〈what〉에 해당하는 관계대명사이다.

③ plus qu'on ne sent : 비교구문에서 〈que〉이하가 절일 때 〈허사의 ne〉가 올 수 있다. 부정문이 아니다.

④ la passion ～. Un souci d'être vrai ～ : 이 문장에는 동사가 없다. 이런 경우, 문두에 〈c'est～〉를 넣어 해석하면 자연스럽다. 작가가 강조하기 위해 이런 방식을 흔히 쓴다.

【해석】

뫼르소는 노름을 하지 않는다. 그는 거짓말하는 것을 용인하지 않는다. 거짓말한다는 것은 단지 그렇지 않은 것을 말하는 것이 아니다. 사람이 느끼는 것 이상으로 말하는 것이다. 그는 자신의 감정을 과장하는 것을 용인하지 않는다. 그는 감각이 빼앗기기는커녕, 깊은 정열이 그를 부추긴다. 그것은 절대와 진리에 대한 열정이다. 그의 입술을 통과하여 나온 단어들 혹은 그가 종이 위에 내려놓는 단어들 속에 있는 진실한 관심이다.

14. 전치사 뒤에 오는 부정법

> Après la Seconde Guerre mondiale, la société industrielle n'était pas seulement avide de valoriser et de rationaliser l'usage du temps, **conditions indispensables** pour améliorer et accélérer la production nationale. **Elle a également été marquée par le souci** de mesurer la durée de chaque activité, **d'en épargner chaque instant**, éventuellement de prévoir des marges, subdiviser chaque séquence, par conséquent optimiser l'usage du temps économisé.

【주안점1】 전치사 + 부정법, avide de, pour, de 뒤에 오는 부정법
【주안점2】 동격을 나타내는 관사의 생략, 중성대명사 en
【어휘】

avide 갈망하는	valoriser 가치를 부여하다
rationaliser 합리화하다	usage 사용
indispensable 필수불가결한	améliorer 개선하다

accélérer 촉진하다   également 마찬가지로

marquer 표시하다   souci 관심, 근심, 걱정

mesurer 측정하다   durée 지속시간

épargner 절약하다   instant 순간, 현재

éventuellement 경우에 따라   prévoir 예상하다

marge 여백, 여유   subdiviser 더 세분하다

séquence 배열   optimiser 최적화하다

économiser 절약하다

【구문】

① la Seconde Guerre mondiale : 세계 2차 대전

② la société industrielle : 산업 사회

③ être avide de + inf : 몹시 ~하고 싶어 하다

④ production nationale : 국내 생산

⑤ par conséquent : 따라서

【초점】

① conditions indispensables : 무관사명사로 쓰여, 앞의 l'usage du temps 과 동격.

② Elle a également été marquée : également은 단순히 부사가 아니라, 앞문장과 뒷문장을 이어주는 〈논리적 연결어 (앞문장과 마찬가지로의 뜻)〉이다. 대명사 Elle은 la société industrielle을 가리키며, 시제는 수동태 복합과거이다.

③ d'en épargner chaque instant : 중성대명사 en 은 chaque instant 뒤에 연결되는 de chaque activité를 받는다.

【해석】

2차 세계대전 이후, 산업사회는 단지 국내생산을 개선하고 촉진하기 위해 필수 불가결한 조건인, 시간 사용에 더 높은 가치를 부여하고 합리화하는 것만을 갈 망하지 않았다. 마찬가지로 산업사회는 각 활동의 지속시간을 측정하고, 그 활 동의 매 순간을 절약하고, 경우에 따라서는 시간적 여유를 예상하고, 각 배열을 더 세분하고, 따라서 절약된 시간 사용을 최적화하려는 관심으로 나타났다.

15. après 뒤에 오는 부정법 과거

> Onze statuettes, **qualifiées** *"d'art dégénéré"* **par les nazis** qui **les avaient interdites**, ont été découvertes dans les gravats d'un immeuble bombardé pendant la seconde guerre mondiale. Les statuettes en bronze ou en terre cuite, **datant du début du XXe siècle**, seront exposées au musée archéologique de Berlin à partir de mardi **après avoir passé** près de soixante-dix ans sous terre.

【주안점1】 après + 부정법 과거

【주안점2】 동사시제, 수동태, 과거분사의 일치, 현재분사(분사구문)

【어휘】

statuette 소형입상	qualifier 규정짓다
dégénéré 타락한, 퇴폐한	nazi 나치당원
gravats 잔해(=débris)	immeuble 건물
bombarder 폭격하다	cuit 구워진
début 처음, 시초	exposer 전시하다
archéologique 고고학의	

【구문】

① la seconde guerre mondiale : 2차 세계대전

② en bronze, en terre cuite : 청동으로 된, 테라코타로 된

③ dater de : 거슬러 올라가다

④ à partir de : ~부터

⑤ près de : 대략, 가까이

⑥ sous terre : 지하에서

【초점】

① qualifiées ~ par les nazis : 나치당원들이 규정한, ⟨qui ont été⟩가 앞에 생략된 분사구문이며, ⟨par les nazis⟩를 동작주보어로 하는 수동적 구문이다. 능동으로 바꿔 해석하는 것이 자연스럽다. 삽입구문으로 상황을 설명하고 있다.

② les avaient interdites : 직목으로 쓰인 대명사 〈les〉는 "statuettes"를 받으며 동사 앞에 위치해서 과거분사가 여성복수 "interdites"로 일치되었다.

③ datant du début du XXe siècle : 20세기 초로 거슬러 올라가는, 〈datant〉을 "qui datent"로 대신할 수 있는 분사구문이다.

④ après avoir passé : 주절보다 먼저 일어난 사건이므로 〈부정법 과거〉가 쓰였다.

【해석】

소형 입상(立像)을 금지했었던 나치당원들이 "타락한 예술"이라고 규정한 11개의 소형 입상들이 제2차 세계대전 동안에 폭격을 받은 한 건물의 잔해 속에서 발견되었다. 20세기 초로 거슬러 올라가는 청동으로 혹은 테라코타로 된 그 소형입상들은 지하에서 70여 년간의 시간을 보낸 후에 목요일부터 베를린 고고학 박물관에서 전시될 것이다.

16. 동사구 뒤에 오는 부정법, 진주어로 쓰이는 de + 부정법

Depuis Mai 1968, les Français n'en finissent pas de dire du mal de leur système éducatif. **Ils lui demandent de** s'adapter en permanence aux souhaits des jeunes, des parents, aux besoins des entreprises. En effet, pendant les années de crise économique(1973-1999), les Français ont pensé que l'école, la formation, l'allongement de la durée des études, **les diplômes étaient** la meilleure réponse au chômage. **Il revient d'abord à l'école de réduire** les inégalités sociales.

【주안점1】 finir de, demander de + 부정법
【주안점2】 시제 – 과거에 있어서의 현재, 최상급
【어휘】

depuis 이래로	mal 해악, 불행
souhait 소원	besoin 필요, 요구
entreprise 기업	crise 위기

formation 교육	allongement 연장
durée 기간, 지속 시간	diplôme 학위, 자격증
réponse 해답, 해결책	chômage 실업
d'abord 우선	réduire 줄이다
inégalité 불평등	

【구문】

① n'en pas finir de + inf : 좀처럼 끝나지 않다, 한없이 ~ 하다

② dire du mal de ~ : ~에 대해 험담하다, 좋지 않게 말하다

③ s'adapter à : 적응하다, 맞추다

④ en permanence : 영속적으로, 항상

⑤ en effet : 사실, 왜냐하면 ~ 이니까(= car)

⑥ Il revient à ~ de + inf : ~하는 것은 ~책임(소관)이다

【초점】

① Ils lui demandent de ~ : 그들은 그에게 ~ 해 줄 것을 요구한다. 대명사 〈lui〉가 가리키는 말은 본문에는 없다. 이 글 앞에 언급되었을 것이다.

② les diplômes étaient : 종속절에 쓰인 반과거 〈étaient〉는 주절에 쓰인 과거시제(ont pensé) 당시의 〈현재〉를 의미한다.

③ Il revient d'abord à l'école de réduire : 〈Il〉은 비인칭으로 쓰인 가주어이고, 〈de réduire〉 이하가 진주어이다.

【해석】

1968년 5월 이래로, 프랑스 사람들은 끊임없이 그들의 교육제도에 대하여 좋지 않게 말한다. 그들은 그에게 항상 청년들과 부모들의 소원, 기업의 요구에 맞추어 줄 것을 요구한다. 사실, 1973~1999년 사이의 경제 위기의 해 동안에, 프랑스 사람들은 학교, 교육, 학습기간의 연장, 자격증이 실업에 대한 가장 좋은 해결책이라고 생각했다. 우선적으로 사회의 불평등을 줄이는 것은 학교 소관이다.

⓬ 조건법

(Le Conditionnel)

조건법 시제	1) 조건법 현재 ⇒	미래어간 + 반과거 어미

⤷ inf   ⤷ -ais -ions
                                 -ais -iez
                                 -ait -aient

2) 조건법 과거 ⇒	avoir être (조건법현재) + p.p

1군동사	2군동사	3군동사			
parler	finir	sortir	entendre	voir	vouloir
parler-**ais**	finir-**ais**	sortir-**ais**	entendr-**ais**	verr-**ais**	voudr-**ais**
parler-**ais**	finir-**ais**	sortir-**ais**	entendr-**ais**	verr-**ais**	voudr-**ais**
parler-**ait**	finir-**ait**	sortir-**ait**	entendr-**ait**	verr-**ait**	voudr-**ait**
parler-**ions**	finir-**ions**	sortir-**ions**	entendr-**ions**	verr-**ions**	voudr-**ions**
parler-**iez**	finir-**iez**	sortir-**iez**	entendr-**iez**	verr-**iez**	voudr-**iez**
parler-**aient**	finir-**aient**	sortir-**aient**	entendr-**aient**	verr-**aient**	voudr-a**ient**

A. 조건법의 기본 용법

Si절(조건절)	**주절(결과절)**
Si + 직설법 현재 ⤷ 미래의 가능한 가정	직설법 미래, 현재 명령법
Si + 직설법 반과거 ⤷ 현재의 비현실적인 가정	조건법 현재
Si + 직설법 대과거 ⤷ 과거의 비현실적인 가정	조건법 과거

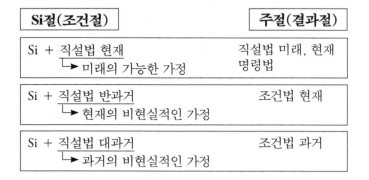

① 〈si +직설법 현재〉는 〈미래에 대한 단순한 가정〉이 실현될 가능성이
많을 때 사용하며, 주절에는 의미에 따라 〈직설법 미래〉, 〈직설법 현
재〉, 〈명령법〉을 쓴다.

Si je **vais** à Londres cet été, j'**apprendrai** l'anglais.

(올 여름에 런던에 가면 영어를 배워야겠다.)

Si tu **as** des problèmes, **appelle**-moi.

(만약 너에게 문제가 생기면 나에게 전화해라.)

② 〈si +직설법 반과거, 주절에 조건법 현재〉는 si 절에서 〈현재의 비현 실적인 가정〉을 나타내며, 그 가정에 근거해서 주절에서 〈현재의 소 원, 의도, 추측〉 등을 나타낸다. 또한 〈미래의 실현 가능한 사실〉을 표 현할 수도 있다.

Si j'**avais** de l'argent, j'**achèterais** une voiture.

(만약 현재 내가 돈이 있다면, 차를 한 대 살텐데.)

S'il **pleuvait** demain, j'**irais** volontiers au théâtre.

(내일 비가 온다면, 나는 기꺼이 연극보러 가겠다.)

③ 〈si +직설법 대과거, 주절에 조건법 과거〉는 si 절에서 〈과거의 비현 실적인 가정〉을 나타내며, 그 가정에 근거해서 주절에서 〈과거의 후 회, 유감, 추측〉 등을 나타낸다.

Si vous **aviez** bien **travaillé**, vous **auriez reçu** la récompense.

(만약 당신이 열심히 일했더라면 그 보답을 받았을 텐데.)

B. 조건법의 다양한 용법 및 의미

① 공손 : 조건법을 사용한 의문문에서 무엇인가 부탁할 때 사용한다.

Pardon Madame, **pourriez**-vous m'indiquer le chemin pour aller à la gare?

(죄송합니다만 부인, 기차역으로 가는 길을 알려주시겠습니까?)

Tu **pourrais** fermer la porte? (너 문 좀 닫아 주겠니?)

② 소원 : Je voudrais + inf, j'aimerais (bien) + inf

Je **voudrais acheter** une Ferrari.

(나는 페라리 한 대를 사고 싶다.)

J'habite à la campagne, mais c'est à Paris que j'**aimerais bien habiter**.

(나는 현재는 시골에 살고 있지만 정말 파리에 살고 싶다.)

③ 충고, 제안, 비난 : devoir, pouvoir, falloir 동사의 조건법 현재는 〈충고, 제안〉, 조건법 과거는 〈질책, 비난〉을 나타낸다.

Vous **feriez mieux de** vous reposer un peu.

(당신은 조금 쉬는 것이 더 좋겠습니다. — 충고, 제안)

Tu **devrais** te faire couper les cheveux.

(너 이발 좀 하는게 어때? — 제안)

Vous **devriez** essayer le gaz si le poison n'est pas efficace.

(만약 독약이 효과가 없다면 가스를 마셔 보세요. — 충고, 제안)

Il **aurait fallu** faire une réservation une semaine avant votre arrivé.

(당신은 도착하기 일주일 전에 예약을 했어야 했을텐데. — 질책, 비난)

C. 〈Si〉의 다양한 의미

① 간접의문문 : 〈의사, 표명〉을 나타내는 동사 뒤에서, 〈si〉가 〈의문사 없는 의문문〉을 간접의문문으로 유도하며, 〈..인지 아닌지〉의 뜻이다.

Dans une telle offense, j'ai pu délibérer **si** j'en prendrais vengeance.

(그러한 모욕속에서 나는 원수를 갚을 것인지 아닌지를 숙고할 수 있었다.)

② 〈si + 반과거 ?〉 형태로 청유명령, 혹은 제안을 나타낸다.

Si on allait boire quelque chose au café ?

(커피숍에 뭐 좀 마시러 가자.)

Si nous allions au cinéma ? (영화 보러 갈까?)

③ 〈si ..., c'est que〉 구문으로 이유를 나타낸다. 〈..인 것은, ..한 까닭이다.〉의 뜻이다.

S'il ne vient pas, **c'est qu**'il a oublié le rendez-vous.

(그가 오지 않는 것은 약속을 잊었기 때문이다.)

D. 시제로서의 조건법

① 조건법 현재는 간접화법에서 〈과거에서의 미래〉를 나타낸다.

Il **déclara** qu'il ne **se battrait** jamais. = Il **déclara** : 《Je ne **me battrai** jamais.》

(그는 절대로 싸우지 않겠다고 선언했다.)

② 조건법 과거는 간접화법에서 〈과거에서의 전미래〉를 나타낸다.

Il a ajouté que celui qui n'**aurait** pas **communié aurait** la tête tranchée. = Il a ajouté : 《celui qui n'**aura** pas **communié aura** la tête tranchée.》

(그는 성체배령 않게 될 사람은 머리가 잘려질 것이라고 덧붙여 말했다.)

1. Si + 대과거, 조건법 과거

> **Plus clairement encore**, la civilisation de la pierre taillée ou polie ne produit pas inexorablement **celle de l'industrie mécanique ou celle de l'électricité**, puisque **certains peuples** n'ont jamais atteint ce dernier stade. **Mais l'électricité n'aurait pas été inventée si l'on n'avait pas déjà dépassé la technique de la pierre. Certaines inventions** ne peuvent venir qu'après **d'autres**. Ainsi, la télévision ne peut que succéder à l'électricité.

【주안점1】 과거의 비현실적인 가정과 그에 따른 〈추측, 후회, 유감〉을 나타
내는 조건법 과거

【주안점2】 지시대명사 celle, 부정형용사 certains, 부정대명사 d'autres, ne ~
que

【어휘】

taillé 잘린, 절단된	poli 닦은, 윤이 나는
inexorablement 엄하게	mécanique 기계의
atteindre 도달하다	stade 단계
inventer 만들다	dépasser 넘어서다
succéder 계승하다	

【구문】

① la pierre taillée / la pierre polie : 타제석기, 마제석기

② l'industrie mécanique : 기계산업

【초점】

① Plus clairement encore : encore 는 비교급을 강조한다.

② celle de l'industrie mécanique ou celle de l'électricité : celle 가 받는
것은 la civilisation 이다.

③ certains peuples, Certaines inventions : certains, Certaines 는 명사 앞
에 오면 〈부정형용사〉가 되어, 〈몇몇, 어떤〉의 의미이다.

④ Mais l'électricité n'aurait pas été inventée si l'on n'avait pas déjà dépassé la technique de la pierre : si 절의 직설법 대과거는 〈과거의 비현실적인 사실에 대한 가정〉을 나타내며, 주절에는 그에 따른 〈추측, 후회, 유감〉 등의 의미를 나타낸다.

⑤ d'autres : d'autres inventions 을 받는 부정대명사이다.

【해석】

훨씬 더 명백히 말하자면, 타제석기 혹은 마제석기의 문화는 엄격하게 기계산업의 문화 혹은 전기문화를 만들어내지 않는다. 왜냐하면 몇몇 민족들은 전혀 그 마지막 단계에 도달하지 못했기 때문이다. 그러나 만약 석기의 기술을 벌써 넘어서지 않았다면 전기는 발명되지 않았을 것이다. 몇몇 발명들은 다른 발명 이후에만 도래할 수 있다. 그래서 텔레비전은 전기에 뒤이어 올 수 있을 뿐이다.

2. Si + 반과거, 조건법 현재, 〈추측〉을 나타내는 조건법 현재

On pourrait se demander s'il est convenable et rigoureux d'embrasser d'un même regard les pays socialistes et ceux qu'on appelle capitalistes ou libéraux. **Cette assimilation serait sans objet, certes, s'il s'agissait de** parler de la vie publique, des structures politiques et sociales. En ce qui conserne la vie quotidienne, on peut noter des similitudes, mais aussi, bien sûr, des différences. **Il en existe** d'ailleurs entre tous les pays, à l'intérieur d'un **même** secteur politique, et **même** entre les régions d'un **même** pays. Il n'est donc possible, en cette matière, que de dégager les données les plus générales, quitte à signaler les divergences possibles.

【주안점1】 〈추측 및 어조완화〉를 나타내는 조건법 현재

【주안점2】 명사절 유도하는 si, 비인칭구문에서 진주어 찾기, même의 의미, ne ~ que 찾기

【어휘】

rigoureux 엄격한	embrasser 파악하다
assimilation 동일시	similitude 유사성
dégager 정리하다	donnée 자료
signaler 알리다	divergence 불일치, 대립

【구문】

   ① sans objet : 근거없이

   ② En ce qui conserne : ..에 관해서는

   ③ à l'intérieur de : .. 내부에

   ④ en cette matière : 이 분야에서는

   ⑤ quitte à + inf : ..할 것을 무릅쓰고, ..한다 하더라도

【초점】

   ① On pourrait se demander s'il : 조건법 pourrait 는 〈추측 및 어조완화〉의 뜻이며, si 는 se demander 의 명사절로써 〈..인지 아닌지〉의 뜻.

   ② Cette assimilation serait sans objet, certes, s'il s'agissait de : si 절의 반과거는 〈현재의 비현실적인 사실에 대한 가정〉을 나타내며, 주절에는 그에 따른 〈추측, 소원〉 등을 나타낸다.

   ③ Il en existe : 중성대명사 en이 진주어. des différences 를 받으며, il 은 가주어.

   ④ même : 명사 앞에서 형용사가 되어 〈..와 같은〉, 부사로 쓰면 〈심지어〉의 뜻.

【해석】

사회주의 나라들과 자본주의 혹은 자유주의적이라고 불리는 나라들을 똑같은 하나의 시선으로 파악한다는 것이 적절하고 정확한지를 자문해 볼 수 있을 것이다. 만약 공중생활이나 정치적인 그리고 사회적인 구조에 대하여 언급하는 것이 문제가 된다면 물론 이러한 동일시는 근거가 없을 것이다. 일상생활에 관해서는 유사성뿐만 아니라 차이점을 평가할 수 있다. 게다가 모든 나라 사이에, 같은 정치 분야 안에서, 그리고 심지어 같은 한 나라의 지역 사이에서도 그런 것은 존재한다. 그러므로 이 분야에서는, 있을 수 있는 불일치를 환기시킨다 할지라도 가장 일반적인 자료들을 정리하는 것만은 가능하다.

---

3. 과거의 미확인된 사실에 대한 추측을 나타내는 조건법과거

> Le philosophe allemand Nietzsche est célèbre, mais inconnu en France. **Cela est d'autant plus regrettable qu'**il n'est en rien un philosophe dogmatique, **mais qu'**il est avant tout un psychologue, intéressé par l'étude concrète de la personnalité humaine, **et que**, de ce fait, son œuvre l'apparente aux grands moralistes français. Les écrits de Nietzsche sont en effet inspirés par un esprit de finesse **qui aurait dû séduire les lecteurs français.**

【주안점1】〈과거의 미확인된 사실에 대한 추측〉을 나타내는 조건법 과거
【주안점2】비교표현 d'autant plus ~ que, 등위접속사 mais 와 et의 연결, 수
　　　　　동태
【어휘】

philosophe 철학자	regrettable 유감스러운
dogmatique 독단적인	psychologue 심리학자
apparenter 결연시키다	écrits 작품, 저작
inspirer 고취하다	finesse 섬세함, 세련
séduire 마음을 끌다	

【구문】

① en rien : 어떤 일로, 무슨 일로 (긍정문에서), 조금도 (부정문에서)

② avant tout : 무엇보다도, 맨 먼저

③ de ce fait : 따라서

④ en effet : 사실

【초점】

① Cela est d'autant plus regrettable que : que 이하는 〈원인〉을 나타낸다.
　〈que 이하 인 만큼 더욱 유감스럽다.〉

② mais que, et que : Cela est d'autant plus regrettable que 에 걸린다.

③ qui aurait dû séduire les lecteurs français : 여기 쓰인 조건법 과거는 〈
　과거의 미확인된 사실에 대한 추측〉을 나타낸다. 주어관계대명사 qui

앞에는 현재시제로 되어 있어서, 현재에 그러함을 보여준다. 그래서 qui 절에 쓰인 조건법 과거에는 〈과거에 프랑스 독자에게 알려졌었더라면〉 하는 내용이 전제로 깔려 있다.

【해석】

독일 철학자 니체는 유명하지만 프랑스에는 알려져있지 않다. 그러한 사실은 그가 조금도 독단적인 철학자가 아니며 그러나 그는 무엇보다도 인간의 개성에 대한 구체적인 연구에 의해 관심을 받고 있는 심리학자이며, 따라서 그의 작품이 그를 프랑스의 위대한 모랄리스트들과 결연시켜주고 있기 때문에 그만큼 더 유감스럽다. 사실 니체의 저작들은 세련된 재치에 의해 고취되고 있으며, 그 세련된 재치는 프랑스 독자들의 마음을 끌었을 것임에 틀림없을 것이다.

4. Si + 대과거, 조건법 과거

Parmi les événements qui ont pesé sur le destin du français, la priorité chronologique revient sans conteste à l'abandon du gaulois au moment de la conquête romaine qui **avait, pendant plus de cinq cents ans, apporté** aux habitants de ce pays une nouvelle langue, en même temps qu'une autre civilisation. Le pays avait été organisé, **l'économie s'était développée**, et tout aurait été pour le mieux dans le meilleur des mondes **si ne s'était produit le grand bouleversement des invasions**.

【주안점1】 과거의 비현실적인 가정과 그에 따른 〈유감〉을 나타내는 조건법 과거

【주안점2】 현재와 함께 쓰인 대과거의 의미, 조건의 si 절에서 ne 단독으로 부정

【어휘】

destin 운명	priorité 우선권
chronologique 연대순의	abandon 양도, 포기
gaulois 갈리아어	conquête 정복

organiser 정비하다   bouleversement 격동

invasion 침략

【구문】

① peser sur : 짓누르다

② sans conteste : 물론, 이의없이

③ revenir à qc : ..에 귀착하다, 결국 ..이 되다

④ en même temps que : ..와 동시에

⑤ pour le mieux : 최고로

⑥ se produire : 일어나다 (= se passer)

【초점】

① avait, pendant plus de cinq cents ans, apporté : 관계절의 시제는 〈대과거〉. 그런데 주절의 동사 revient 은 〈현재〉이다. 이것은 문제의 사실을 한층 더 과거로 후퇴시켜 〈비현실적 성격〉을 강조하거나 〈실망〉의 어조를 나타낸다.

② l'économie s'était développée : 주어가 사물일 때, 대명동사는 〈수동적 의미〉를 나타낸다. 행위를 함과 동시에 행위를 받기 때문이다.

③ tout aurait été ~, si ne s'était produit le grand bouleversement des invasions : Si 절의 주어는 le grand bouleversement 이다. 문어체에서 si 절에 ne 단독으로 〈부정〉을 나타낸다. si 절의 대과거는 〈과거의 비현실적인 가정〉을 나타내며, 주절에는 그에 따른 〈유감〉의 의미를 나타낸다.

【해석】

불어의 운명을 짓누른 사건들 가운데서, 물론 연대순의 우선권은 로마의 정복 때에 갈리아어의 포기에 귀착한다. 그리고 그 로마의 정복은 500년 이상의 기간동안 그 나라 주민들에게 다른 문화와 동시에 새로운 언어를 가져다 주었다. 그 나라는 정비가 되어져 있었고, 경제는 발전되어 있었기 때문에 만약 침략의 큰 격동이 일어나지 않았다면, 모든 것이 세계에서 최선의 상태에서 최고로 되어졌을 것이다.

5. 수동태가 적용된 Si 절과 조건법 과거

Le plus grand service **rendu par la science expérimentale** à l'industrie a été la croyance à la nécessité des lois, c'est-à-dire au déterminisme. Fr. Bacon a prédit ce rôle capital des lois physiques et il a exprimé cette idée dans une formule lapidaire :« Pour commander à la nature, il faut commencer par obéir à **ses lois**. » **Si cette vérité avait été connue des alchimistes, ils n'auraient pas usé leurs efforts** pendant des siècles **à essayer de transformer** en or les métaux communs.

【주안점1】수동태가 적용된 Si 절과 조건법 과거
【주안점2】수동적 표현, 사물을 받는 소유형용사 ses
【어휘】

service 효용, 업적	croyance 신뢰, 신앙
déterminisme 결정론	prédire 예언하다
rôle 역할	exprimer 설명하다
formule 표현	lapidaire 간결한
alchimiste 연금술사	transformer 바꾸다

【구문】

① commander à : 지배하다

② commencer par + inf : ..하기부터 시작하다

③ obéir à : 순종하다

④ essayer de + inf : ..하려고 애쓰다(= tenter de, s'efforcer de, chercher à)

⑤ transformer A en B : A를 B로 바꾸다

【초점】

① rendu par la science expérimentale : 〈par〉 이하를 주어로, 〈rendu〉를 능동으로 해석하는 것이 자연스럽다.

② ses lois : 〈les lois de la nature〉에서 〈de la nature〉를 〈소유형용사〉로 받았다.

③ Si cette vérité avait été connue des alchimistes, ils n'auraient pas usé leurs efforts : 〈si + 직설법 대과거, ... 조건법 과거〉의 구조에 수동 태가 적용되었다. 능동태 ⇒ 〈Si les alchimistes avaient connu cette vérité, ils n'auraient ~.〉 분사구문 ⇒ 〈Ayant connu cette vérité, les alchimistes n'auraient ~.〉 능동태나 분사구문으로 하지 않은 이유는 〈cette vérité〉를 강조하기 위함이다.

④ à essayer de transformer : 〈à essayer〉가 〈leurs efforts〉에 걸린다.

【해석】

공업에 있어서 실험과학이 만들어 낸 가장 큰 효용은 규칙의 필요, 결정론에 대한 신뢰였다. Fr. Bacon 은 물리법칙의 중요한 역할을 예언했다. 그리고 그는 다음과 같은 간결한 표현으로 그 개념을 설명했다: 《자연을 지배하기 위해서는 먼저 자연의 법칙에 순종하기부터 시작해야 한다.》 만약 이 진리를 연금술사 들이 알았더라면 그들은 수세기 동안 평범한 금속을 금으로 변하게 하려는 그 들의 노력을 하지 않았을 것이다.

6. 조건절을 대신하는 전치사 + 관계대명사와 조건법 현재

> **Le théâtre, art de l'éphémère**, ne s'accomplit vraiment que la représentation, dans cette rencontre privilégiée entre une troupe de comédiens et un public. Il repose sur le jeu des acteurs, **sans lesquels il n'aurait pas d'existence**. Le texte, lui, n'est qu'une partition. **Cela étant**, sa lecture nécessite une réflexion, qui est une tentative imaginaire de mise en scène, de reconstruction intérieure de ce monde en mouvement.

【주안점1】 조건절을 대신하는 전치사 + 관계대명사와 조건법 현재
【주안점2】 동격을 나타내는 관사의 생략, ne ~ que, 분사구문
【어휘】

théâtre 연극	éphémère 하루살이
s'accomplir 실현되다	représentation 상연, 공연
rencontre 만남	privilégié 특권이 있는

jeu 연기, 게임   existence 존재, 생계

texte 대사, 본문, 문헌   partition 악보

nécessiter 필요하게 하다   réflexion 반사, 반영, 심사숙고, 생각

tentative 시도   imaginaire 상상의

reconstruction 재건, 부흥, 재구성

【구문】

① ne ... que : 단지

② entre A et B : A와 B사이에

③ reposer sur : …에 근거를 두다 (= baser sur)

④ mise en scène : 연출

【초점】

① Le théâtre, art de l'éphémère : 동격 명사 앞에는 일반적으로 관사가 생략된다.

② sans lesquels il n'aurait pas d'existence : 선행사가 acteurs 임을 나타내기 위해 관계대명사 〈lesquels〉을 사용하였다. 전치사 〈sans〉을 "조건"으로 해석해야 되는데, 이는 뒤의 문장에 쓰인 동사 〈avoir〉가 "조건법"으로 적용되었기 때문이다.

③ Cela étant : 보어 없는 être 동사의 주어는 cela 를 사용한다. 여기에 분사법이 적용되었다. 동시, 대립과 양보, 이유, 조건 등의 의미가 있는데, 여기서는 "이유"로 쓰였다.

【해석】

하루살이의 예술인 연극은 한 무리의 배우와 대중 사이의 그런 특권적인 만남 속에서 진정으로 공연은 실현된다. 연극은 배우들의 연기에 근거를 두고 있다. 배우들이 없다면 연극은 존재하지 않을 것이다. 대사 그것은 단지 악보에 불과하다. 그렇기 때문에, 그 대본을 읽는 것은 심사숙고를 필요로 한다. 그러한 심사숙고는 연출을 위한 상상적인 시도이며, 몸동작으로 이 세상의 내면적인 재구성을 위한 상상적인 시도이다.

7. Si 절을 대신하는 전치사구와 조건법 현재

> Les lettres empêchent la ruine des amitiés : **c'est le seul moyen que nous avons de nous désennuyer**, lors que nous regrettons la perte ou l'éloignement de **quelqu'un qui nous est extrêmement cher** : c'est par ce soin que nous conservons nos Amis. Combien de profit et de plaisir reçoivent les hommes par le commerce des lettres? **Sans elles toute leur vie serai**t très imparfaite et nous ne différerions guère des muets, ni des brutes.

【주안점1】 Si 절을 대신하는 전치사구 sans elles 와 조건법 현재
【주안점2】 관계대명사 que, quelqu′un qui, c′est ~ que 강조구문
【어휘】

empêcher 막다, 방해하다	ruine 파괴
amitié 우정	désennuyer 무료함을 달래다
regretter 애석해 하다	perte 사별, 여읨
éloignement 격리	extrêmement 극도로
soin 관심, 배려, 치료	conserver 보존하다
profit 이득, 이윤	plaisir 기쁨, 즐거움
commerce 교류, 교제, 거래	imparfait 불완전한, 결함이 있는
muet 벙어리 (*sourd)	brute 짐승, 교양 없는 사람 (=bête)

【구문】
① lors que : ~할 때(=quand), (* lors de + 명사)
② Combien de + 명사 : 얼마나 많은
③ différer de : ~와 다르다 (= être différent de)
④ ne ~ guère : 거의 ~ 않다
⑤ ne ~ pas[ni, guère] A, ni B : (거의) A도 B도 ~ 않다

【초점】
① c′est le seul moyen que nous avons de nous désennuyer : 〈c′est ~ que〉라는 강조구문이 적용되었으며, 〈le seul moyen〉은 avoir 동사의 직목이고, de nous désennuyer 로 수식받고 있다.

② quelqu'un qui nous est extrêmement cher : ⟨nous⟩가 주어가 아님에 주의. 주어는 ⟨quelqu'un⟩이다. ⟨cher⟩가 사람을 수식할 때는 ⟨사랑하는, 소중한⟩의 뜻.

③ Sans elles toute leur vie serait ~ et nous ne différerions ~ : ⟨Sans elles⟩가 조건의 ⟨si⟩를 대신하고 있기 때문에, 뒷문장에서 ⟨조건법⟩이 적용되었다.

【해석】

편지는 우정의 파괴를 막아준다. 즉 다시 말하면, 우리에게 정말로 소중한 누군가의 사별이나 멀리 떨어짐을 안타까워하고 있을 때, 우리의 무료함을 달래주는 우리가 가지고 있는 유일한 수단이다. 바로 이런 배려를 통해서 우리는 우리의 친구관계를 유지하고 있는 것이다. 얼마나 많은 이득과 기쁨을 인간들은 편지의 교류를 통하여 받는가? 편지가 없다면, 인간의 삶은 대단히 불완전할 것이며, 우리들은 벙어리나 짐승들과도 다르지 않을 것이다.

8. 소원을 나타내는 조건법 현재

Toutes les femmes **voudraient pouvoir s'occuper** de leur maison ou de leur appartement **sans que** cela devienne pour elles une corvée, **élever** leurs enfants, **avoir** des loisirs. Mais pour la plupart d'entre elles, le travail en dehors de chez elles est une nécessité matérielle et les occupations domestiques **ne sont plus qu'un lourd travail** supplémentaire.

【주안점1】 소원을 나타내는 조건법 현재
【주안점2】 열거되는 부정법의 연결, 전치사 ⟨chez⟩의 의미, ⟨ne 동사 plus que⟩의 의미
【어휘】
    s'occuper de 보살피다   corvée 고역
    élever 양육하다   loisir 여가

matériel 물질적인   occupation 일

domestique 가정의, 가사의   supplémentaire 추가의

【구문】

① sans que + sub : ..함이 없이. 양태, 결과, 대립을 나타내며, 본문에서는 양태의 뜻.

② la plupart : 대부분

③ en dehors de : ...의 밖에, ...을 제외하고

④ ne … plus que : 단지 ...에 불과하다

【초점】

① voudraient + inf : vouloir 조건법 현재 + 동사원형를 써서 소원을 나타낸다.

② s'occuper, élever, avoir : pouvoir 동사에 걸려 동사 원형을 썼다.

③ sans que cela devienne une corvée : cela 는 s'occuper de leur maison ou de leur appartement 의 내용에만 관계된다. sans que 는 〈양태〉를 나타내며, 뒤에는 〈접속법〉을 사용한다.

④ ne sont plus qu'un lourd travail : 〈ne ~ plus que〉는 〈ne ~ que〉의 강조형이다. 〈일종의 중노동에 불과하다〉의 뜻, 〈부정관사〉를 올바르게 해석해야 한다.

【해석】

모든 여성들은 그녀들의 집이나 아파트를 돌보는 일이 그녀들에게 있어서 고역이 되지 않고서 돌보며, 아이들을 양육하며, 여가를 가질 수 있기를 소원한다. 그러나 그런 여성들 중에서 대부분의 여성들에게 있어서 그녀들 집 바깥에서의 일은 물질적인 필요이며, 가사일들은 단지 추가로 해야 되는 일종의 중노동에 불과하다.

9. 추측 및 어조완화를 나타내는 조건법 현재

Dans le domaine scientifique plus que dans **tout autre**, la langue française est appelée chaque jour à se transformer et à s'accroître parce que la Science a chaque jour besoin de mots nouveaux pour désigner les conceptions qu'elle introduit, les phénomènes qu'elle découvre, les instruments qu'elle invente. **Il serait aussi nuisible que vain de vouloir empêcher** le langage scientifique de proliférer, puisque cette prolifération est la conséquence nécessaire d'un besoin sans cesse plus pressant de termes nouveaux pour désigner des idées nouvelles.

【주안점1】 비인칭구문에 적용된 추측 및 어조완화를 나타내는 조건법 현재
【주안점2】 비인칭구문에 비교급이 적용됐을 때 que의 성격과 진주어 찾기
【어휘】

désigner 지칭하다	conception 개념
introduire 도입하다	phénomène 현상
inventer 발명하다	nuisible 해로운
empêcher 가로막다	proliférer 급증하다
prolifération 급증	conséquence 결과
nécessaire 불가피한	pressant 절실한

【구문】

① être appelé à + inf〔qc〕 : 반드시 ..하게 되어 있다, ..하게끔 운명지워 지다

② avoir besoin de : ..이 필요하다

③ empêcher qn/qc de inf : ..이 ..하는 것을 가로막다

④ sans cesse : 끊이없이

【초점】

① tout autre : tout autre domaine 를 받는 〈부정대명사〉이다.

② Il serait aussi nuisible que vain de vouloir empêcher : de vouloir empêcher 가 〈진주어〉이고, il 은 〈가주어〉이다. 조건법 현재 serait 는 〈추측 및 어조완화〉의 뜻이며, 여기에 〈aussi ... que〉 라는 〈동등비교 급〉이 적용되었다.

완전히 다른 분야에서보다도 더 과학적인 분야에서, 불어는 매일 반드시 변화
되어지고 확대되어지게 되어 있다. 왜냐하면 과학은 과학이 이끌어내는 개념과
과학이 발견해 내는 현상들, 그리고 과학이 만들어 내는 도구들을 지칭하기 위
하여 매일 새로운 어휘를 필요로 하기 때문이다. 과학언어가 급증하는 것을 가
로막기 원한다는 것은 해로울 것이며 그 만큼 헛될 것이다. 왜냐하면 그러한
급증은 새로운 개념을 지칭하기 위하여 끊임없이 새로운 용어의 보다 절실한
욕구의 불가피한 결과이기 때문이다.

10. 어조완화와 추측을 나타내는 조건법 현재

> **On pourrait s'étonner que** le cinéma ose représenter des sujets qui appartiennent
> au domaine de la vie intérieure, exclusivement, mais le cinéma **ressemble sous**
> **beaucoup de rapports au rêve dans lequel** certains faits, au lieu de rester dans
> l'abstrait, prennent des formes familières à nos sens. Souvent un réalisateur
> moderne arrive, par son intuition, à retrouver le véritable sens d'un vieux sujet
> devenu incompréhensible au cours des siècles.

【주안점1】 어조완화와 추측을 나타내는 조건법 현재
【주안점2】 전치사＋관계대명사 lequel, 삽입구문 찾아 동사구 연결하기
【어휘】

s'étonner 놀라다	oser 감히 ~하다
représenter 표현하다	domaine 분야
intérieur 내면의, 정신적인	exclusivement 단지
rapport 관계, 설명	rêve 꿈
fait 사실	sens 감각, 지각
réalisateur 영화감독	intuition 직관, 직감
véritable 진정한	incompréhensible 이해할 수 없는

【구문】

　① appartenir à : ~에 속하다, ~의 것이다

　② ressembler à : ~와 닮았다

③ sous beaucoup de rapports : 많은 (관)점에서

④ au lieu de ~ : ~하는 것 대신에

⑤ dans l'abstrait : 추상적으로

⑥ arriver à + inf : ~하기에 이르다, ~하게 되다

⑦ au cours de : ~하는 동안

【초점】

① On pourrait s'étonner que : 〈pourrait〉는 "어조완화"를 나타내는 조건법 현재, 〈que〉이하는 감정을 나타내는 〈s'étonner〉의 "이유"를 나타낸다.

② ressemble sous beaucoup de rapports au rêve dans lequel : sous beaucoup de rapports가 삽입된 것을 알면, 〈ressembler à〉의 숙어가 보인다. 관계대명사 〈dans lequel〉의 선행사는 앞의 〈le rêve〉이다. dans lequel 앞에서 끊고, 관계대명사는 선행사를 다시 받아 해석해야 자연스럽다.

【해석】

영화가 단지 내면적인 생활 분야에 속해 있는 주제들을 감히 표현한다고 놀랄 수 있을 것이다. 그러나 영화는 많은 점에서 꿈을 닮았으며, 그 꿈속에서 몇몇 사실들은 추상적으로 남아 있지 않고 우리의 감각과 친근한 형태들을 취하게 된다. 대개 현대의 영화감독은 자신의 직관을 통하여, 수세기 동안 이해할 수 없게 되어버린 오래된 주제에서부터 진정한 감각을 찾아낸다.

11. 관계대명사절에 쓰여 어조완화와 추측을 나타내는 조건법 현재

S'il est vrai que le langage n'est pas l'instrument **dont une pensée toute faite se servirait** pour se communiquer, **mais que** la pensée se constitue avec lui, il n'en reste pas moins que la communication, c'est-à-dire la dimension sociale, est essentielle au langage. Un homme inventera-t-il une langue valable pour lui seul **et que personne d'autre ne comprendrait**? La langue est une institution sociale, comme FERDINAND DE SAUSSURE **l'a souligné**. La langue que nous parlons n'est pas notre propriété et nous ne pouvons **la former et la déformer** à notre gré.

【주안점1】 관계대명사절에 쓰여 어조완화와 추측을 나타내는 조건법 현재

【주안점2】 대립 양보의 의미로 쓰인 si, 동사구에 걸리는 dont, n′en pas moins

【어휘】

instrument 도구	se communiquer 교환하다
se constituer 구성되다	dimension 중요성
essentiel 필수불가결한	valable 유효한
institution 관습	souligner 강조하다
propriété 주인	

【구문】

① se servir de : 사용하다

② n′en ... pas moins : 그럼에도 불구하고 (단, en 은 허사)

③ c′est-à-dire : 다시 말하면

④ à notre gré : 우리 마음대로

【초점】

① S′il est vrai que : si 는 조건의 의미가 아니다. 주절에 n′en ... pas moins 이 있기 때문에 si 는 〈même si〉, 즉 〈대립, 양보〉의 의미이다.

② dont une pensée toute faite se servirait : se servirait de cet instrument 에서 de cet instrument 을 관계대명사 dont 으로 받았다. servirait 조건법은 〈어조완화〉.

③ mais que : que 절은 S′il est vrai que 에 걸린다.

④ et que personne d′autre ne comprendrait : 관계대명사는 일반적으로 선행사 바로 뒤에 쓰이는 것이 원칙이나, 본문처럼 강조하기 위해 〈et (그것도)〉를 앞세웠다. comprendrait 조건법은 〈어조완화〉를 나타낸다.

⑤ l′a souligné : l′는 직목으로 쓰인 중성대명사로서, 앞의 내용을 받고 있다.

⑥ la former et la déformer : 대명사 la 는 앞의 la langue 를 받고 있다.

만약에 언어가 완전히 형성된 하나의 사상이 의사소통을 하기 위해 사용될 도구가 아니고, 그 사상이라는 것이 언어로 구성되어져 있다는 것이 사실이라 할지라도, 의사소통 즉 사회적인 중요성은 언어에 있어서 절대로 필요하다라는 사실은 남아있다. 한 사람이 자신에게만 유효한 언어, 그것도 다른 사람은 이해하지 못할 그런 언어를 만들겠는가? 페르디낭 드 소쉬르가 강조한 것처럼 언어란 사회적인 관습이다. 우리가 말하고 있는 언어는 우리의 소유가 아니며 우리가 그것을 만들 수도 그리고 우리 마음대로 변형시킬 수도 없다.

12. 어조완화와 추측을 나타내는 조건법 현재

> Quant à l'éducation morale, **il n'y en a point** au sens positif du mot, la moralité ne s'apprend pas avec des formules, **un pareil enseignement serait** la négation et la destruction de toute moralité. C'est dans le secret et dans la pudeur de l'âme, **sans bavardage et sans ostentation que d'elle-même s'enfante la moralité**.

【주안점1】 어조완화와 추측을 나타내는 조건법 현재
【주안점2】 중성대명사 en, 수동적인 의미의 대명동사, c′est ~ que 강조구문과 주어찾기

【어휘】
moralité 도덕성	s′apprendre 습득되다
formule 격식, 형식	négation 부정
destruction 파괴	pudeur 순수
bavardage 객설	ostentation 과시
enfanter 만들어 내다	

【구문】
① Quant à : ..에 대해 말하자면
② au sens positif du mot : 그 단어의 명확한 의미에서는
③ un pareil enseignement : 그와 같은 교육

【초점】

① il n'y en a point : il n'y a point d'éducation morale 에서 d'éducation morale 을 en으로 받았다. ne ... point 은 ne ... pas 의 강조형이다.

② un pareil enseignement serait : 조건법의 사용은 〈어조완화, 추측〉의 뜻이다.

③ sans bavardage et sans ostentation : "객설도 없고 과시도 없는"의 뜻. 전치사 〈sans〉 뒤에는 일반적으로 〈부정관사, 부분관사〉가 생략된다.

④ d'elle-même s'enfante la moralité : s'enfante 의 주어는 la moralité 이며, elle-même 는 주어 〈la moralité〉를 가리킨다. 대명동사의 주어가 사물이면 일반적으로 〈수동적 의미〉이다.

【해석】

도덕교육에 대해 말하자면, 그 단어의 명확한 의미에서는 그런 말은 절대로 없다. 도덕성이란 형식으로 습득되어지지 않는다. 그 같은 교육은 전 도덕성에 대한 부정이며 파괴일 것이다. 바로 객설도 없고 과시도 없는 영혼의 비밀과 순수 안에서, 도덕성은 도덕성 그 자체로써 만들어진다.

13. 비인칭에 사용된 조건법과 직설법의 뉘앙스 차이

> **Il serait évidemment faux** de considérer l'art et le jeu comme des activités identiques, mais **il est vrai qu'**ils possèdent un certain nombre de facteurs communs. En fait, on peut répondre que l'art est dérivé du jeu, ou bien que ces deux activités naissent d'une seule et même source. C'est le point de vue de Freud, **dont nous avons déjà parlé**. Bien qu'il considère **l'un et l'autre** comme une fuite devant le réel, il faut ajouter qu'il reconnaît pleinement l'importance que l'enfant donne à son jeu. "**Ce n'est pas ce qui est sérieux qui est l'opposé du jeu** mais ce qui est réel."

【주안점1】 비인칭에 사용된 조건법과 직설법의 뉘앙스 차이

【주안점2】 관계대명사 dont, c'est ~ qui 강조구문에서 문장구조 이해하기

12. 조건법 • 325

【어휘】

faux 잘못된   identique 동일한

facteur 요소, 요인   dériver 유래하다

fuite 도피   réel 현실

reconnaître 인식하다   pleinement 전적으로

【구문】

① considérer A comme B : A 를 B 로 여기다

② un certain nombre de : 여러개의

③ en fait : 사실

④ ou bien : 또는

⑤ le point de vue : 관점

⑥ ne pas A mais B : A 가 아니라 B 이다

【초점】

① Il serait évidemment faux : 조건법 현재가 쓰였다. 〈어조완화, 추측〉
의 의미이다. 〈il est vrai que〉는 직설법이 쓰여 〈단정적 어조〉를 강조
한다.

② dont nous avons déjà parlé : dont 은 parler de 에 걸린다.

③ l'un et l'autre : l'art et le jeu 를 가리킨다.

④ Ce n'est pas ce qui est sérieux qui est l'opposé du jeu : c'est … qui 강
조구문 속에 강조되고 있는 것은 ce qui est sérieux 이다.

【해석】

예술과 놀이를 동일한 활동으로 이해한다는 것은 명백히 잘못일 것이다. 그러
나 그것들이 여러 개의 공통의 요인들을 가지고 있다는 것은 사실이다. 사실,
예술은 놀이에서 유래된다고 혹은 그 두 활동들이 단 하나의 그리고 같은 근원
에서 나온다고 대답할 수 있을 것이다. 그것은 바로 우리가 이미 말한 프로이
트의 관점이다. 그가 양쪽을 현실 앞에서의 도피로써 여긴다 할지라도, 어린이
가 자신의 놀이에 부여하고 있는 중요성을 그는 충분히 인식하고 있다는 사실
을 덧붙여야 한다. "놀이의 반대는 진지한 것이 아니라 현실적인 것이다."

⓭ 접속법

(Le Subjonctif)

⓭ 접속법 (Le Subjonctif)

어떤 사실을 머리 속에 생각되어지는 것을 표현하는 주관적인 표현법이다.

A. 접속법 현재의 변화

① 직설법 현재 3인칭 복수의 어미 –ent 를 제거하고 그 자리에 –e, –es, –e, –ions, –iez, –ent 를 붙인다.

(예외 : avoir, être, aller, faire, falloir, pouvoir, savoir, vouloir 등)

② être, avoir 동사의 접속법 현재변화

être		avoir	
je **sois**	nous **soyons**	j'**aie**	nous **ayons**
tu **sois**	vous **soyez**	tu **aies**	vous **ayez**
il **soit**	ils **soient**	il **ait**	ils **aient**

B. 주절, 독립절에 쓰인 접속법

① 3인칭 명령 혹은 금지를 나타낸다.

Que chacun **se retire** et qu'aucun n'**entre** ici.
(모두 물러가고 아무도 여기에 들어오지 말도록.)
Que personne ne **sorte**! (아무도 나가지 마라.)
Que rien ne **soit décidé** en mon absence.
(내가 없는 동안에는 아무 것도 결정하지 말도록.)

② 소원을 나타낸다. que 없이 쓰는 관용표현도 많다.

Que Dieu vous **entende**! (신께서 당신 말을 들어 주시기를!)
Périssent les colonies plutôt qu'un principe!
(원칙이 지켜지지 않을 바에야 차라리 식민지가 망해버리는 것이 낫겠다.)
Vive la Corée! (대한민국 만세!)   Ainsi **soit**–il! (아멘!)

③ 조건, 가정을 나타낸다. 이것은 3인칭 명령과 et 가 결합된 것이다.

Qu'il **dise** un seul mot **et** je le mets dehors!

(그가 한 마디만 더 한다면 그를 해고 할 거야.)

Qu'il **vienne et** nous verrons qui sera le plus fort.

(그가 온다면 누가 가장 힘이 센지 알 수 있을 테지.)

④ 접속법 반과거가 문두에 와서 주어와 도치가 되며, 대립, 양보의 의미를 나타낸다.

Dussé-je y perdre la vie, je ferai mon devoir.

(내가 거기서 목숨을 잃는다 하더라도 난 내 의무를 다할 테다.)

C. 명사절에 쓰인 접속법

① 인칭구문이든 비인칭구문이든, 주절의 내용이 〈필요, 가능성, 의혹, 부정, 감정〉 등의 개념이 있으면, 종속절에 불확실의 개념 혹은 의혹의 개념을 주므로 접속법을 쓴다.

비인칭 구문	il est possible, il est impossible, il est douteux, il est heureux il est temps, il faut, il semble, il importe, il s'agit, il se peut il tient à ce que, il vaut mieux
동사	contester, douter, ignorer, nier
명사, 형용사	crainte, peur, indignation, regret, désolé, heureux, ravi, triste

Il importe que chacun **fasse** des efforts pour devenir meilleur.

(더 나은 인간이 되기 위해서는 각자가 노력하는 것이 중요하다.)

Il vaudrait mieux qu'il **se taise** que de parler sur ce ton.

(그는 그런 어조로 말하는 것보다 침묵하는 편이 더 나을지 모른다.)

Il est temps que vous **partiez**. (당신이 떠나야 할 시간이다.)

Je **doute** qu'ils **puissent** nous rejoindre à Lyon ce soir.

(나는 그들이 오는 저녁 리용에서 우리와 다시 만날 수 있을지 의심스럽다.)

Elle vivait dans une **peur** constante qu'il ne **tombât**, qu'il n'**eût** froid.

(그녀는 그가 넘어지지 않을까, 추워하지 않을까 하는 끊임없는 걱정 속에서 살고 있었다.)

② 명령, 소원, 감정을 나타내는 동사에 뒤따르는 종속절에 접속법을 쓴다.

명령	commander, demander, défendre, empêcher, exiger, ordonner
소원	aimer mieux, attendre, s'attendre, désirer, souhaiter, vouloir
감정	aimer, adorer, craindre, s'étonner, redouter, refuser, regretter, avoir peur

L'honneur **défend** que vous **fassiez** cette injustice.

(명예를 생각하신다면 당신은 이러한 불공평한 일을 못하실 것입니다.)

Je **regrette** bien que vous **ayez mangé** la fin du spectacle.

(당신이 그 장면 마지막 부분을 가린 것은 매우 유감입니다.)

Paul **craint** de Marie qu'elle ne **s'en aille**. (뽈은 마리가 가버릴까 봐 걱정이다.)

③ 〈확실성, 진실성〉을 나타내는 비인칭구문과 〈의견, 인지, 판단〉을 나타내는 동사(구)의 〈부정, 의문, 조건〉의 형태에 뒤따르는 종속절에 접속법을 쓴다.

확실, 진실	il est certain, il est sûr, il est évident il est probable, il est vrai, il paraît
의견, 판단	apercevoir, croire, se douter, espérer, juger penser, reconnaître, savoir

Il **n'est pas sûr** que ce monsieur **ait commi**s une pareille infamie.

(그 분이 그런 파렴치한 일을 저질렀다는 것은 확실치 않다.)

S'il est vrai que tu **sois touché** de mes maux, fais-le mieux paraître.
(네가 내 불행을 동정하는 것이 사실이라면 그런 모습이 더 잘 나타나도록 해라.)

Je **ne pense pas** que nous **ayons** besoin de retenir une table dans ce restaurant.
(우리가 이 식당에 좌석을 예약할 필요가 있다고는 생각지 않는다.)

Crois-tu qu'on **eût** des preuves contre toi?
(그들이 너에게 불리한 증거를 가지고 있다고 생각하는 거니?)

④ que 로 유도되는 명사절이 문두에 올 때는 항상 접속법을 쓴다.
이 때, 이 명사절을 주절에서 중성대명사로 다시 받는 것이 보통이다.
Que la richesse ne **fasse** pas le bonheur, il s'**en** aperçoit.
(부유함이 행복을 만들어 주지 못한다는 것을 그는 알고 있다.)

D. 형용사절에 쓰인 접속법

① 〈목적, 희망, 추구〉의 뜻을 내포하고 있는 선행사를 수식하는 관계절에 접속법을 쓴다.
이 때, 관계사절에 〈목적, 희망, 추구〉의 뜻을 가진다.
Il cherche un camarade qui **parte** avec lui.
(그는 자기와 함께 떠나 줬으면 하는 친구를 찾고 있다.)
On envoya un courrier qui **annonçât** la victoire.
(사람들은 승리를 알려줬으면 하는 연락병을 보냈다.)

② 〈최상급, 유일함〉을 나타내는 형용사 등의 표현과 같이 쓰인 선행사를 수식할 때 그 단정적 어조를 완화한다.

> seul, unique, premier, dernier, un des, il n'y a que

Vous êtes **le plus brave** des hommes que je **connaisse**.

(당신은 내가 알고 있는 가장 용감한 사람입니다.)

C'est **une des** grandes erreurs qui **soient** parmi les hommes.

(그것은 인간 세상에 존재하는 최대의 잘못이다.)

③ 형태상, 의미상으로 부정, 의문, 조건으로 쓰인 주절에 걸리는 관계절에서 접속법을 쓴다.

Il y a **peu** d'hommes qui **sachent** véritablement aimer.

(진정으로 사랑할 줄 아는 사람은 드물다.)

Est-il un trésor qui **vaille** le sommeil?

(잠보다 가치있는 보배가 있을까?)

E. 부사절에 쓰인 접속법

① 시간절 : 시간을 나타내는 다음의 접속사구 뒤에서는 접속법을 쓴다.

---

avant que, en attendant que, jusqu'à ce que : ..하기 전까지는

Vous resterez attachés tout nus et barbouillés de confiture **jusqu'à ce que** les fourmis rouges vous **aient rongés** jusqu'à l'os.

(당신의 몸은 완전히 발가벗겨진 채 묶여서 잼으로 칠해질 것이며, 그 후에는 불개미들이 당신 뼈까지 갉아 먹을 것이다.)

En attendant que vous **acquériez** de l'expérience, rapportez-vous-en à vos parents.

(너희들이 많은 경험을 쌓을 때까지는 부모님들이 시키는 대로 하여라.)

② 목적절 : 목적을 나타내는 접속사구 뒤에서는 항상 접속법을 쓴다.

> afin que, pour que, 명령법 뒤의 que : ..을 하기 위하여
> de crainte que, de peur que : ..할까 두려워서

Le chien s'est couché dans la valise **de peur que** nous l'**abandonnions**
pour partir en vacances.
(그 개는 우리가 여행을 떠나기 위해 자기를 버릴까 두려워하여 여행가
방 속에 누웠다.)
Donne donc un bonbon au petit, qu'il **se taise**. (꼬마가 조용하도록 사
탕 하나 주어라.)

③ 양보절 : 객관적인 사실이라도 다음의 양보 접속사구 뒤에서는 접속
법을 쓴다.

> au lieu que (..이기는 커녕)   bien que (..임에도 불구하고)
> loin que (..하기는 커녕)   quoique (..함에도 불구하고)
> pour … que (아무리 .. 이더라도)   si … que (아무리 .. 할지라도)
> quelque … que (아무리 .. 할지라도)

Bien **loin qu'il se repente**, il s'obstine dans sa rébellion.
(그는 뉘우치기는 커녕 반항을 고집했다.)
Qu'il pleuve, je pars.
(비가 온다 해도 나는 가겠다. — que 단독으로 양보절을 구성하며 접속
법을 쓴다.)

④ 조건절 : 다음의 que 로 유도되는 조건을 나타내는 접속사구 뒤에서
는 접속법을 쓴다.

à condition que (..라는 조건으로)	à moins que (..하지 않는 한)
pour peu que (조금이라도 .. 한다면)	pourvu que (하기만 한다면)

Il ne fera rien **à moins que** vous ne l′**ordonniez**.

(당신이 명령을 내리지 않는 한 그는 아무것도 하지 않을 것이다.)

Pour peu qu′on lui **mette** du Calvados dans son biberon,

bébé nous laisse tranquilles toute la soirée.

(아기 우유병에 깔바도스 술을 약간 넣어둔다면 아기는 저녁 내내 우리를 조용히 내버려 둘 것이다.)

⑤ 특수용법

a. 조건의 〈si〉가 반복될 때, 두번째 〈si〉는 〈que〉로 쓰며 동사는 접속법을 쓴다.

Si elle regardait et **qu′**il ne **fût** pas là, elle en était toute triste.

(그녀가 쳐다 보았는데 그가 그곳에 없으면 그녀는 슬퍼지곤 하였다.)

b. avoir, être, devoir 등을 접속법 반과거를 써서 주어와 도치되면 〈양보〉를 나타낸다.

Un homme **fût-il** sot, vaut quand même mieux qu′âne intelligent.

(사람이 비록 어리석다 하더라도 영리한 당나귀보다 더 낫다.)

c. 조건법 과거 제 2 형으로 접속법 대과거가 쓰인다.

Il **eût pensé** qu′elle dormit, s′il n′avait vu briller ses yeux.

(그는 그녀의 눈이 반짝이는 것을 보지 않았더라면 그는 그녀가 자고 있는 줄 알았을 것이다.)

Si j′**eût mis** du supercarburant, mon moteur **aurait** bien **tiré**.

Si j′**avais mis** du supercarburant, mon moteur **eût** bien **tiré**.

(내가 고급 휘발유를 넣었더라면 내 차 엔진은 힘있게 끌어 당겼을 텐데.)

⑥ 허사의 ne

  a. 주절에 〈금지, 두려움〉을 나타내는 표현이 올 때, 종속절에 〈허사의
     ne〉를 쓴다.

> craindre, avoir peur, prendre garde, empêcher, défendre,
> de peur que, de crainte que

    Je porte le parapluie **de crainte qu**'il **ne** pleuve.
    (비가 올까 걱정이 되어 나는 우산을 챙긴다.)

  b. 주절에 〈부정, 의혹〉의 표현이 부정형, 의문형으로 쓰였을 때, 종속
     절에 〈허사의 ne〉를 쓴다.

> douter, nier, contester, il est douteux

    Doutez-vous donc qu'il **ne** nous **aime**?
    (그래서 그가 우리를 사랑한다는 것을 당신은 의심하는 겁니까?)

  c. avant que, à moins que, sans que 다음의 종속절에 〈허사의 ne〉를 쓴
     다.
    Je vous reverrai **avant que** vous (**ne**) partiez.
    (떠나기 전에 다시 뵙겠습니다.)

  d. 〈불평등 비교구문〉에서 que 이하가 절일 때, que 절에 〈허사의 ne〉
     를 쓴다.
    Paris était alors **plus** aimable qu'il **n**'est aujourd'hui.
    (그 당시의 빠리가 오늘날보다 더 다정스러웠다.)

1. 명사절과 부사절에 쓰인 접속법

Catherine n'a pas changé d'avis : **elle ne souhaite pas que son frère, Paul parte**. Mais Monsieur et Madame Poquelin ont conseillé à Paul de quitter Paris sans s'inquiéter de sa sœur. Ils s'occuperont de Catherine ; **ils le lui ont promis pour qu'il ne se fasse aucun souci**. Paul a donc décidé d'entreprendre son voyage sans plus attendre.

【주안점1】소원의 동사에 걸리는 직목절, pour que 뒤의 접속법
【주안점2】conseiller de + inf, sans + inf, 대명사의 위치, 중성대명사
【어휘】

avis 생각, 의견	souhaiter 바라다
conseiller 충고하다	s'inquiéter 걱정하다
entreprendre 착수하다	promettre 약속하다

【구문】
① changer d'avis : 생각을 바꾸다
② conseiller à qn de + inf : ..에게 ..하라고 권고하다
③ s'occuper de : 돌보다, 상관하다
④ promettre à qn de + inf : ..에게 ..할 것을 권고하다
⑤ se faire du souci : 걱정하다 (= s'en faire, s'inquiéter)
⑥ décider de + inf : ..하기로 결정하다

【초점】
① elle ne souhaite pas que son frère, Paul parte : souhaiter 동사는 que 절에 접속법을 요구한다.
② ils le lui ont promis : lui 는 à Paul 을 가리키고, le 는 de s'occuper de Catherine 를 가리킨다. de s'occuper de Catherine 이 promettre 의 직목이므로 〈중성대명사 le〉로 받았다.
③ pour qu'il ne se fasse aucun souci : pour que 는 목적을 나타내는 접속사이며, 그 절에 접속법을 요구한다.

【해석】

까트린느는 생각을 바꾸지 않았다. 왜냐하면 그녀는 자기 동생 뽈이 떠나기를 원하지 않기 때문이다. 그러나 뽀끌렘씨 부부는 뽈에게 자기 누이를 신경쓰지 말고 빠리를 떠나도록 권고했다. 그들이 까뜨린느를 돌볼 것이다. 그들은 그가 아무런 걱정을 하지 않도록 하기 위해서 그에게 그렇게 할 것을 약속했다. 그래서 뽈은 더 이상 지체하지 않고 자기 여행을 착수하기로 결정했다.

2. 부사절에 쓰인 접속법

> Les Français pour qui l'individualisme est une vertu -- **bien qu**'ils soient souvent assez conformistes dans leur vie de tous les jours -- ont une admiration particulière pour ceux qui ont le courage de dire non.
>
> **Que ce soit dans le domaine** des arts, de la politique ou de la science, il y a eu au cours des siècles des hommes et des femmes qui ont eu le courage de mettre en question les idées établies.

【주안점1】 bien que, que ce soit 에 쓰인 접속법
【주안점2】 전치사 + 관계대명사, 지시대명사, 삽입구문에 대한 이해
【어휘】

individualisme 개인주의	vertu 미덕
conformiste 관례주의자라	admiration 감탄
domaine 분야, 영역	établi 확립된, 기정의

【구문】

① bien que + sub : ... 함에도 불구하고

② avoir de l'admiration pour qn : ..에 감탄하다

③ le courage de dire non : 아니다라고 말하는 용기

④ au cours de : .. 동안에

⑤ mettre en question : 의문을 제기하다, 문제를 삼다

① Les Français pour qui l'individualisme est une vertu : pour qui 이하 관계절의 선행사는 Les Français 이며, 동사는 ont, 주어와 동사 사이에 있는 것은 전부 삽입 구문으로 취급해야 한다.

② bien que : bien que 절에는 접속법을 요구한다. 이 삽입절은 앞의 l'individualisme est une vertu 문장에 대한 대립, 양보의 의미로 연결되고 있다.

③ Que ce soit dans le domaine ~ ou : que 접속법 + ou 는 〈~이든지 ~이든지〉의 의미이다.

【해석】

비록 그들이 매일의 그들 생활 속에서 종종 꽤 관례주의자라고는 할지라도, 개인주의가 미덕인 프랑스인들은 아니다라고 말하는 용기를 가지고 있는 사람들에게 특별히 감탄한다. 예술, 정치 혹은 과학의 분야에서든지 간에 확립된 사상에 의문을 제기하는 용기를 가진 남자와 여자들이 수세기 동안에 있었다.

3. 명사절에 쓰인 접속법

Les «nouveaux romanciers » **ne croient pas qu**e l'écrivain **doive** chercher dans la littérature un moyen de changer la société. Ils **ne pensent pas** non plus **que** la raison d'être d'un roman **soit de raconter** une histoire : dans leurs livres, l'intrigue, le récit tiennent peu de place. Les sentiments, **les idées n'y sont pas analysés**, expliqués, mais livrés au lecteur dans leur confusion originelle. Pour eux, peut-être que la technique du créateur importe plus que la description ou l'interprétation de la réalité.

【주안점1】 의견, 인지, 판단을 나타내는 동사가 부정일 때 직목절에 접속법 사용

【주안점2】 non plus, de + 부정법, 중성대명사 y, 수동태

écrivain 작가   raconter 이야기하다

intrigue 줄거리   récit 이야기

livrer 넘겨주다   confusion 막연함

importer 중요하다   description 묘사

l'interprétation 해석

【구문】

① la raison d'être d'un roman : 소설의 존재이유

② tenir peu de place : 자리를 거의 차지하지 않다

③ peut-être que + 직설법 ou 조건법 : 아마 … 할 것이다

【초점】

① non plus : 긍정문의 aussi 가 부정문에는 non plus 로 바뀐다.

② ne croient pas que, ne pensent pas que : croire, penser 등의 〈인지, 판단, 의견〉을 나타내는 동사가 〈부정, 의문〉의 형태가 되면 종속절에 접속법을 쓴다.

③ soit de raconter : 주어가 부정법이면 속사도 〈순수부정법〉이 오며, 명사가 오면 〈de + 부정법〉을 쓴다.

④ les idées n'y sont pas analysés : 중성대명사 y 는 dans leurs livres 를 받는다.

【해석】

신진 소설가들은 작가는 문학에서 사회를 변혁시키는 방법을 추구해야 한다고 여기지 않는다. 그들은 또한 소설의 존재 이유가 이야기를 하는 것이라고 생각지 않는다. 그러므로 그들의 책에서는 줄거리와 이야기가 거의 자리를 차지하지 않는다. 감정이나 사상은 거기에서 분석되지도 설명되지도 않고 다만 그것들의 원래 막연함 속에서 독자에게 넘겨진다. 그들에게 있어서, 아마도 창작자의 기교가 현실에 대한 묘사나 해석보다 더 중요하다고 생각하는 것 같다.

4. 부사절과 형용사절에 쓰인 접속법

> Les bouquinistes qui vivent sans cesse dehors, **la blouse au vent** sont **si bien travaillés** par l'air, les pluies, les gelées, les neiges, les brouillards et le grand soleil, **qu'ils finissent** par ressembler aux vieilles statues des cathédrales. Ils sont **tous mes amis**, et je ne passe guère devant leurs boîtes **sans en tirer quelque bouquin** qui me manquait jusque-là, **sans que j'eusse le moindre soupçon qu'il me manquât**.

【주안점1】 sans que + 접속법, 최상급 + que + 접속법

【주안점2】 주어찾기, si ~ que 결과구문

【어휘】

bouquiniste 헌책장수	dehors 바깥에서
blouse 작업복	air 바람, 공기
gelée 서리	brouillard 짙은 안개
cathédrale 대성당	bouquin 헌책
manquer 부족하다	

【구문】

① sans cesse : 끊임없이

② au vent : 야외에서, 바깥에서

③ travailler + qn : 누구를 괴롭히다

④ finir par + inf : 마침내 ..하다

【초점】

① la blouse au vent : 이것은 상황보어로 〈부대상황〉에 맞게 해석해야
한다.

② si bien travaillés ... qu'ils finissent : 〈si ... que〉의 결과 구문이다.
travailler 가 타동사로 사용되면 〈괴롭히다〉의 뜻이다.

③ tous mes amis : tous [tus] 는 대명사로서, 주어 ils (그들 모두는)에 걸
린다.

④ sans en tirer quelque bouquin : en 은 de leurs boîtes 를 받는 중성대명
사이며, 단수로 쓰인 quelque 는 〈어떤〉의 뜻.
⑤ sans que j'eusse le moindre soupçon qu'il me manquât : sans que 절
에 접속법을 요구하며, 앞의 〈sans + inf〉와 같은 상황보어구문이며,
반복을 피하기 위해 절로 바꾸었다. manquât (접속법 반과거)가 접속
법으로 쓰인 것은 선행사에 최상급이 와서 어조완화의 의미를 주기
위해서이다.

【해석】

작업복을 바람에 날리며 줄곧 바깥에서 생활하는 헌책장수들은 바람, 비, 눈,
짙은 안개, 강한 햇빛으로 그토록 많이 시달려서 그들은 마침내 대성당들의 오
랜 조각상들을 닮게 된다. 그들은 모두 내 친구들이며 그때까지 내게 없었던
어떤 책을 그들의 노점에서 끄집어내지 않고서는 그리고 내게 없었던 가장 사
소한 의혹이라도 가지지 않고서는 나는 그들의 노점 앞을 거의 지나가는 법이
없다. (내가 그들의 노점 앞을 지나갈 때마다 그때까지 내게 없었던 어떤 책을
그들의 노점에서 끄집어내게 되며 그리고 내게 없었던 가장 사소한 의혹이라
도 가지게 된다.)

5. 종속절에 쓰인 접속법

Dans la mesure du possible, n'écrivez pas de lettres **n'importe quand, n'importe
où**. Ménagez une vraie parenthèse dans votre emploi du temps, **si chargé qu'il
puisse être** ; de bonnes conditions matérielles — le silence, une table à laquelle
on est bien assis, etc. — aideront les mots à venir plus facilement, et vous pourrez
écrire **en quelques minutes** une lettre qui vous faisait hésiter depuis longtemps.

【주안점1】 si + 형/부사 + que + 접속법
【주안점2】 n'importe + 의문사, 전치사 + lequel, 시간의 경과를 나타내는
　　　　　 en, faire + inf

【어휘】

ménager 아끼다, 유의하다　　　parenthèse 여담, 괄호

chargé 책임이 있는　　　　　　matériel 구체적인, 물질적인

mot 말, 표현, 적절한 말　　　　hésiter 주저하다

【구문】

① Dans la mesure du possible : 가능한 한, 힘이 닿는 한

② emploi du temps : 일과, 시간표

③ aider + 직목 + à inf : 직목이 ~하는 것을 돕다

④ depuis longtemps : 오랫동안, 오래전부터

【초점】

① n'importe quand, n'importe où : 〈n'importe + 의문사〉로 이루어진 부정대명사.

　n'importe où [quand, comment] 는 장소, 시간, 태도를 나타내고,

　n'importe qui [quoi, lequel, quel] 는 사람 또는 불확실한 사물을 가리킨다.

② si chargé qu'il puisse être : 〈si ... que + 접속법〉 구문은 〈대립, 양보〉의 뜻.

③ le silence, une table à laquelle on est bien assis : 관계대명사 lequel, laquelle 등은 선행사를 분명히 가리키기 위해 쓴다. 본문의 선행사는 une table 이다.

④ en quelques minutes : 전치사 en 은 〈시간의 경과〉를 나타낸다.

【해석】

가능한 한, 아무 때나, 아무데서나 편지를 쓰지 마세요. 아무리 책임질 수 있다 하더라도, 당신의 일과에서 정말 여담은 삼가세요. 고요, 사람들이 잘 앉는 탁자와 같은 구체적인 좋은 조건들은 적절한 표현들이 보다 쉽게 나오도록 도울 것입니다. 그리고 당신은 오랫동안 당신을 망설이게 해 왔던 편지를 몇 분 만에 쓸 수 있을 것입니다.

6. 명사절에 쓰인 접속법

> Scientifiquement mal connue du grand public, la mer était créditée d'un pouvoir d'autopurification chimique et biologique (« l'eau de mer purifie tout » dit-on encore dans **certaines régions**) **qui lui permettrait de digérer** à peu près n'importe quoi : **enfin**, de tout temps symbole poétique de liberté et d'évasion, **on la savait parfois, par la faute du destin, « méchante et cruelle »** pour ceux qui se risquaient sur ses flots, mais **on ne supposait pas qu'elle pût être** nuisible à ses riverains par la faute de ceux-ci.

【주안점1】 판단, 인지, 의견을 나타내는 동사가 부정, 의문으로 쓰일 때 접속
　　　　 법 사용

【주안점2】 부정형용사, 부정대명사 tout, 어조완화의 조건법

【어휘】

autopurification 자가 정화	chimique 화학적인
biologique 생물학의	permettre 허가하다
digérer 소화하다	évasion 도피
méchant 고약한	se risquer 위험을 무릅쓰다
flot 물결	supposer 생각하다
nuisible 해로운	riverain 강가에 사는 사람

【구문】

① le grand public : 일반대중

② étre crédité de : ..의 기록이 공인되다

③ permettre à qn de + inf : ..가 .. 하는 것을 허락해 주다

④ à peu près : 거의, 약

⑤ n'importe quoi : 어떤 것이나

⑥ de tout temps : 언제 어느 시대나

⑦ par la faute du destin : 운명 탓으로

① certaines régions : certaines 이 명사 앞에 쓰이면 〈몇몇의, 어떤〉 라는 뜻이다.

② qui lui permettrait de digérer : permettrait 의 조건법현재는 〈어조완화 및 추측〉을 나타낸다. 관계대명사 qui 의 선행사는 un pouvoir d'autopurification 이다.

③ enfin : enfin 은 〈마침내, 결국, 마지막으로〉 등의 의미가 있으나, 내용상 〈대립, 양보〉의 의미이므로 〈그렇다고 하지만, 그래도〉의 의미이다.

④ on la savait《méchante et cruelle》: 《méchante et cruelle》은 la 의 속사이다. la 는 la mer 를 받는다.

⑤ on ne supposait pas qu'elle pût être : 인지, 의견을 나타내는 동사가 〈부정, 의문〉으로 쓰이면, 그 목적절에 접속법을 쓴다. pût 는 pouvoir 의 접속법 반과거.

【해석】

일반대중에게는 과학적으로 잘 알려져 있지 않지만, 바다는 거의 그 어떠한 것도 소화(처리)하도록 해 줄 화학적이고 생물학적인 자정능력이 있는 것으로 공인되었다. (몇몇 지역에서는 여전히 "바닷물은 모든 것을 정화시킨다."라고 사람들은 말하고 있다.) 그렇다고 하지만, 언제 어느 시대나 자유와 도피의 시적 상징인 바다를 사람들은 종종 바다의 파도 위에서 위험을 무릅쓰고 있던 사람들에게는 운명 탓으로 "고약하고 잔인한" 것으로 알고 있었다. 그러나 바다가 그 사람들 탓으로 바닷가에 사는 사람들에게 해로울 수 있다는 것을 생각하지 못하고 있었다.

7. 동격절, 종속절에 쓰인 접속법

> Dès que vous êtes libérés, tu rentres **en courant** à la ferme. Une peur dévorante t'habite. **La peur qu'**un jour, **à ton retour de l'école**, tu trouves la maison vide **et que** ta mère soit partie, t'ait abandonné. Lorsqu'**en arrivant** hors d'haleine, tu la vois, tu es soulagé, apaisé, et tu ne la quittes plus. **Où qu'elle aille**, tu es fourré dans ses jupes et participes par le regard à tout ce qu'elle fait.

【주안점1】 두려움, 공포에 걸리는 절에 접속법 사용, la peur que, où que

【주안점2】 제롱디프, 소유형용사의 의미, 전치사 à의 의미

【어휘】

libérer 해방하다	rentrer 귀가하다
peur 두려움	dévorant 심한
retour 돌아옴	abandonner 버리다
haleine 숨, 호흡	soulager 진정시켜주다
apaiser 진정시키다	fourrer 기어들다
jupe 치마	participer 참여하다, 관여하다

【구문】

① Dès que : ~하자마자 (=aussitôt que)

② trouver + 직목 + 형용사 : 직목이 형용사 이다라고 생각하다

③ hors d'haleine : 숨을 헐떡이며

④ par le regard : 눈짓으로

【초점】

① en courant, en arrivant : 달리면서, 도착하면서, 〈en+현재분사〉 형태로 제롱디프 구문이며, 여기서는 〈동시성의 의미〉이다.

② à ton retour de l'école : 네가 학교에서부터 돌아왔을 때, 소유형용사가 자동사에서 온 명사와 쓰이면 주격의 역할을 한다. 전치사 〈à〉는 〈시간〉을 나타낸다.

③ La peur que ~ et que : 동격의 〈que〉이며, 두려움이나 공포를 나타내

는 단어 뒤의 〈que〉절에서는 〈접속법〉을 사용한다. 〈trouves〉는 접속법 현재, 〈soit partie, ait abandonné〉는 접속법 과거이다.

④ Où qu'elle aille : 그녀가 어디를 가든지, où que 뒤에 접속법을 쓴다.

【해석】

너희들이 해방되자마자(수업을 마치자마자), 너는 농장으로 뛰면서 귀가한다. 어떤 심한 공포감이 너를 사로잡고 있다. 어느 날, 네가 학교에서 돌아왔을 때, 너는 집이 텅 비었다는 생각이 들어, 엄마가 너를 버리고 떠나지나 않았을까 라고 하는 공포 말이다. 숨을 헐떡이며 도착해서, 네가 엄마를 볼 때에, 너는 마음이 진정되며, 그리고 더 이상 엄마를 떠나지 않게 되지. 엄마가 어디를 가 든지 너는 엄마 치마 품속으로 기어들지 그리고 엄마가 하는 모든 일에 너는 눈길을 떼지 않게 되지.

8. 부사절에 쓰인 접속법

Par "société nouvelle" on peut entendre une société en mouvement, **quelles que soient** les causes et les modalités de ce mouvement. On peut entendre aussi, plus précisément, une société qui est animée par un projet de transformation ou d'évolution, **à condition que ce projet soit soutenu** par un accord national. Lorsque nous parlons de société nouvelle, nous voulons signifier le cas où le projet se définit par une finalité explicite et par rapport à des objets précis sur le plan politique et sur le plan économique.

【주안점1】 quel que, à condition que + 접속법
【주안점2】 수동태, 수동적 의미의 대명동사
【어휘】

cause 원인	modalité 방법, 형태
animé 생기 있는	transformation 변형, 변화
évolution 발전, 변화	projet 계획
soutenir 지지하다, 옹호하다	accord 합의, 일치

signifier 의미하다   se définir 명확하게 되다

finalité 합목적성   explicite 명확한, 명백한

objet 목적, 물건   précis 정확한, 분명한

【구문】

① en mouvement : 움직이는, 활동적인

② plus précisément : 더 정확히 말하자면

③ à condition que + 접속법 : ~하는 조건으로

④ par rapport à : ~와 관련하여

⑤ sur le plan + 형용사 : ~적인 측면에서

【초점】

① quelles que soient : 〈quel que〉는 〈~ 어떠하든지〉라는 〈대립, 양보〉의 의미를 나타내며, 뒤에 접속법을 쓴다. 뒤에 오는 〈soient〉가 〈être〉 동사의 접속법 형태, 주어는 〈les causes et les modalités〉이다.

② à condition que ce projet soit soutenu : 〈à condition que〉도 접속법을 요구하며, 뒤에 오는 〈soit〉가 〈être〉 동사의 접속법이며, 또 수동태가 적용되었다.

【해석】

"새로운 사회"로 인하여, 사람들은 활동적인 한 사회의 소리를 들을 수 있다. 그러한 움직임의 원인과 형태들이 어떠하든지 말이다. 더 정확히 말하자면, 변화와 발전의 계획으로 생기 넘치는 한 사회의 소리를 또한 들을 수 있다. 그 계획이 국민적 합의로 지지받는다는 조건으로 말이다. 우리가 "새로운 사회"에 대하여 이야기할 때, 그 계획이 명백한 합목적성으로 그리고 정치적인 측면과 경제적인 측면에서 정확한 목적과 관련하여 명확하게 되는 경우를 의미하고 싶다.

9. 종속절에 쓰인 접속법

> **Si la société française a toujours été une société mixte** où les hommes et les femmes se côtoyaient, **celles-ci étaient loin d'avoir les mêmes droits que les hommes**. De façon générale, les rôles sont **beaucoup plus égalitaires** dans les couples jeunes. Les hommes et les femmes ont pris l'habitude de partager les mêmes activités, **que ce soit à l'école, au travail ou dans les loisirs**. Il est bien évident que cela a des effets sur la manière dont ils vivent quand ils sont en couple.

【주안점1】 que + 접속법 ou

【주안점2】 대립, 양보의 si, 지시대명사, même ~ que, 비교급 강조

【어휘】

se côtoyer 서로 가까이 지내다   droit 권리

égalitaire 평등주의의   partager 함께하다, 공유하다

évident 명백한   effet 결과, 효과

manière 태도, 방법

【구문】

   ① loin de : ~와 거리가 먼

   ② de façon générale : 일반적으로

   ③ prendre l'habitude de + inf : ~하는 습관을 붙이다

   ④ avoir des effets : 효능이 있다

   ⑤ en couple : 부부로

【초점】

   ① Si la société française a toujours été une société mixte : 프랑스 사회가 언제나 혼성사회였다 하더라도, 〈si〉는 〈même si ~하더라도〉의 뜻으로 쓰였다.

   ② celles-ci étaient loin : 〈celles-ci〉는 앞의 les femmes를 가리킨다.

   ③ avoir les mêmes droits que les hommes : 남성들과 똑같은 권리를 가지다. 〈même〉가 명사 앞에 쓰이면 "~와 같은"의 뜻, 비교의 que를

동반하기도 한다.

④ beaucoup plus égalitaires : 훨씬 더 평등주의적인, 비교급을 강조할 수 있는 표현은 〈beaucoup, bien, encore〉이며, "동등비교, 열등비교"를 강조한다.

⑤ que ce soit à l'école, au travail ou dans les loisirs : 학교에서건, 직장에서건, 여가활동에서건, 〈que ~ ou〉는 "~이건 ~이건"의 뜻이며, 접속법 동사를 요구한다.

【해석】

프랑스 사회가 언제나 남성과 여성이 서로 가까이 지내는 혼성사회였다 하더라도, 여성들이 남성과 똑같은 권리를 가지는 것과는 거리가 멀었다. 일반적으로, 그 역할은 젊은 부부에서 훨씬 더 평등을 목표로 한다. 남성과 여성들은, 학교에서건, 직장에서건, 여가활동에서건, 같은 활동을 함께하는 데에 습관이 되어버렸다. 이러한 현상은 그들이 부부로 있을 때에 그들이 살아가는 방식에 대해 효력을 발휘한다는 것은 정말로 명백하다.

10. 형용사절에 쓰인 접속법

De nos jours, de plus en plus de gens souffrent d'un terrible sentiment de vide et d'ennui, comme s'ils attendaient quelque chose qui n'arrive jamais. La télévision ou les spectacles sportifs les distraient pendant un temps mais ils **se retrouvent sans cesse épuisés et désenchantés** devant le désert de **leur propre vie**. La seule aventure **qui vaille** encore d'être vécue pour l'homme moderne se situe dans le royaume intérieur de sa psyché inconsciente. C'est avec une conscience vague de cette idée que beaucoup se tournent aujourd'hui vers le Yoga ou d'autres pratiques orientales.

【주안점1】 선행사에 유일함의 표현이 올 때, 관계대명사절에 접속법 사용
【주안점2】 변형된 수동태, c'est ~ que 강조구문

【어휘】

vide 공허   ennui 지루함

distraire 기분전환하다   épuisé 지친

désenchanté 실망한   désert 허무

aventure 모험, 운명   valoir 가져다 주다

royaume 왕국   psyché 종합적 심리현상

pratique 종교의례

【구문】

① de nos jours : 오늘날

② de plus en plus de gens : 점점 더 많은 사람들

③ comme si : 마치 ... 인 것처럼

④ sans cesse : 끊임없이

⑤ valoir à qn de + inf : ...에게 ..하게 하다

⑥ se tourner vers : ... 쪽으로 향하다, ..에 관심을 갖다

【초점】

① se retrouvent sans cesse épuisés et désenchantés : 수동태 대신 쓰는 표
  현. 〈se trouver + p.p, se voir + p.p〉에 준한다.

② leur propre vie : propre(자신의)가 명사 앞에 쓰여 소유의 의미를 강
  조한다.

③ qui vaille : vaille 는 valoir(..할 만한 가치가 있다)의 〈접속법 현재〉이
  다. 접속법 시제를 쓴 이유는 선행사가 〈유일함〉을 나타내는 seule 가
  있기 때문이며, 접속법을 씀으로써 그 단정적인 어조가 완화된다.

【해석】

오늘날 점점 더 많은 사람들이, 마치 그들이 전혀 일어나지 않는 일을 기대하는 것 처럼, 끔찍한 공허감과 지겨운 감정으로 고통을 받고 있다. 텔레비전이나 스포츠 광경들은 한동안 그들의 기분을 전환시켜 준다. 그러나 그들은 끊임없이 그들 자신의 삶의 허무 앞에서 지치고 실망하게 된다. 현대인이 여전히 경험하게 되는 그 유일한 모험(운명)은 자신이 의식하지 못하는 종합적 심리현상이라는 내적 왕국 안에 자리하고 있다. 바로 이러한 생각의 모호한 의식 때문에 오늘날 많은 사람들이 요가 혹은 다른 동양의 종교의례로 관심을 가지게 된다.

11. 허사의 ne

Ces évocations tournoyantes et confuses ne duraient jamais que **quelques secondes** ; souvent ma brève incertitude du lieu où je me trouvais ne distinguait pas mieux **les unes des autres** les diverses suppositions **dont elle était faite, que nous n'isolons**, en voyant un cheval courir, les positions successives **que nous montre le kinétoscope**. Mais je finissais par me les rappeler toutes dans les longues rêveries, qui suivaient mon réveil.

【주안점1】 불평등 비교구문에서 허사의 ne
【주안점2】 제롱디프, que의 다양한 기능, 관계절에서 주어 찾기
【어휘】

évocation 상기, 환기	tournoyant 맴도는
confuse 혼란스런	bref 짧은
incertitude 불확실성	distinguer 구별하다
suppositions 가정	isoler 고립시키다
kinétoscope 영사기	rêverie 몽상
suivre 뒤따르다	réveil 기상

【구문】

   ① ne … jamais que : que 이하 이외는 결코 .. 않다

② distinguer A de B : A 와 B 를 구별하다

③ faire A de B : B 를 A 로 만들다

④ finir par + inf : 마침내 … 하게 되다

【초점】

① quelques secondes : quelques 는 부정형용사로서 〈몇몇의〉라는 뜻이다.

② les unes des autres : 〈서로〉의 뜻으로, les diverses suppositions 을 강조한다. 〈les unes de + les autres〉의 de 는 distinguer de 에 걸리기 때문이다.

③ dont elle était faite : 〈faire A de B〉구문이 수동태로 되었고, 거기에 〈de B〉에 해당하는 부분이 선행사가 되어 관계대명사 dont 으로 연결되었다.

④ que nous n'isolons : que 는 mieux 에 걸리는 〈비교의 que〉이며, 불평등비교 구문에서 que 이하가 절일 때, 〈허사 ne〉가 온다.

⑤ que nous montre le kinétoscope : qui 를 제외한 모든 관계대명사와 접속사 뒤에서 〈주어〉를 찾는 것이 급선무이다. 본문은 동사가 montre, 즉 3인칭 단수이니, 주어는 le kinétoscope 이다. nous 는 montre 의 간목이다.

【해석】

머리에서 맴돌며 혼란스런 그 환기들은 단지 몇 초 동안만 지속되곤 하였다. 종종 내가 존재해 온 장소에 대한 나의 잠깐동안의 불확실성은 말이 달리는 것을 보면서 우리들은 영사기가 우리들에게 보여주는 연속적인 지점들은 분리해 내는 것 보다 그 불확실성이 만들어졌던 갖가지의 가정들을 더 잘 서로 구별짓지 못하는 것이었다. 그러나 나는 나의 기상 뒤에도 계속되곤 하였던 그 긴 몽상속에서 마침내 그 모든 가정들을 회상해 내고야 마는 것이었다.

◀ 단순시제의 동사 어미변화표 ▶

구분		규칙동사		불규칙동사		
		1군 (-er)	2군 (-ir)	3군 (-ir, -oir, -re)		
직설법	현재	-e -es -e -ons -ez -ent	-is -is -it -issons -issez -issent	-e -es -e	-s -s -t(d) -ons -ez -ent	-x -x -t
	단순미래	-erai -eras -era -erons -erez -eront	-irai -iras -ira -irons -irez -iront	-rai -ras -ra -rons -rez -ront		
	반과거	-ais -ais -ait -ions -iez -aient	-issais -issais -issait -issions -issiez -issaient	-ais -ais -ait -ions -iez -aient		
	단순과거	-ai -as -a -âmes -âtes -èrent	-is -is -it -îmes -îtes -irent	-is -is -it -îmes -îtes -irent	-us -us -ut -ûmes -ûtes -urent	-ins -ins -int -înmes -întes -inrent
조건법	현재	-erais -erais -erait -erions -eriez -eraient	-irais -irais -irait -irions -iriez -iraient	-rais -rais -rait -rions -riez -raient		
접속법	현재	-e -es -e -ions -iez -ent	-isse -isses -isse -issions -issiez -issent	-e -es -e -ions -iez -ent		
	반과거	-asse -asses -ât -assion -assiez -assent	-isse -isses -ît -ission -issiez -issent	-isse -isses -ît	-usse -usses -ût -ssion -ssiez -ssent	-insse -insses -int
명령법		-e -ons -ez	-is -issons -issez	-e	-s -ons -ez	-x
부정법		-er	-ir	-ir	-oir	-re
분사법	현재	-ant	-issant	-ant		
	과거	-é	-i	-i -s	-t	-u -é

La Une
라윤 프랑스어
문법과 해석연구

초판 1쇄 발행일 2019년 02월 13일

지은이 이욱재
펴낸이 박영희
책임편집 윤석전
디자인 박희경
표지디자인 원채현
마케팅 김유미
인쇄·제본 태광 인쇄
펴낸곳 도서출판 어문학사
　　　　서울특별시 도봉구 쌍문동 523-21 나너울 카운티 1층
　　　　대표전화: 02-998-0094 / 편집부1: 02-998-2267, 편집부2: 02-998-2269
　　　　홈페이지: www.amhbook.com
　　　　트위터: @with_amhbook
　　　　페이스북: https://www.facebook.com/amhbook
　　　　블로그: 네이버 http://blog.naver.com/amhbook
　　　　다음 http://blog.daum.net/amhbook
　　　　e-mail: am@amhbook.com
　　　　등록: 2004년 4월 6일 제7-276호

ISBN 978-89-6184-492-5 13760
정가 17,000원

이 도서의 국립중앙도서관 출판예정도서목록(CIP)은 e-CIP홈페이지(http://www.nl.go.kr/ecip)와
국가자료공동목록시스템(http://www.nl.go.kr/kolisnet)에서 이용하실 수 있습니다.
(CIP제어번호: CIP2019001862)

※잘못 만들어진 책은 교환해 드립니다.